教養としての中国古典

YUASA Kunihiro
湯浅邦弘
【編著】

ミネルヴァ書房

はしがき――中国古典への招待

本書は、ミネルヴァ書房刊行「中国シリーズ」の四冊目となる概説書である。既刊の『概説中国思想史』（二〇一〇年）、『名言で読み解く中国の思想家』（二〇一二年）、『テーマで読み解く中国の文化』（二〇一六年）の三冊は、互いに補完し合い、中国の思想・歴史・文化を知るための貴重な手がかりになっている。ただ、古典（テキスト）そのものについての詳しい解説は、紙幅の都合もあって充分に行っていない点もあった。そこで本書は、中国の古典を初めて学ぶ人のために、あるいはもう一度基礎からじっくり学んでみたいという読者のために企画されたものである。全体は五部構成。

まず第Ⅰ部は「古典の精華」として、代表的な儒家系文献を取り上げた。『論語』『尚書』『左伝』『礼記』『孝経』など。いわゆる「四書五経」として権威をもつ重要古典を含む。

続く第Ⅱ部は「諸子百家の世界」として、『老子』『孫子』『墨子』『韓非子』を取り上げた。高校や大学の漢文授業でも必ず取り上げられる著名な諸子の文献である。

また、第Ⅲ部「歴史と故事を伝える」では、歴史・故事関係の古典を取り上げた。『呂氏春秋』『戦国策』『列女伝』『十八史略』である。これらは、第Ⅱ部の諸子百家の古典とともに、いわゆる故事成語の宝庫ともなっている。

そして第Ⅳ部「古典籍の展開」は、唐代以降の古典を取り上げ、古代の文献がその後どのように中国世界の中で展開していったのかについて考える。高校漢文までの学習ではややなじみが薄いかもしれないが、『貞観政要』『朱子語類』『家礼』『菜根譚』『呻吟語』の五つである。

なお、各章で取り上げる古典については、冒頭にその図版を一枚掲げることとした。写本（手書きの本）、版本（木版で印刷し冊子とした本）いずれにしても、実際に見る機会は少なくなった。あえて大きく掲げたのは、かつて人々がどのようなテキストで学んでいたのか、その雰囲気をお伝えしたいと思ったからである。

また各章は、四つの節で構成するが、このうちの第四節は、「名文読解」として、その古典の中から名文を二条選び出すこととした。この場合の「名文」とは、文章として優れているという意味だけではない。その古典の真髄を端的に示す言葉、あるいは著名な故事成語となっているもの、現代人をうならせる意表を突く言葉など様々な意味をもっている。

ただ、これら一八章（一八冊）の選択については異論もあろう。思想・歴史の文献に偏っているのではないか、学術史上にもっと重要な書物もあるのではないか、という声が聞こえてきそうである。しかし、本書のねらいは、今、多くの読者の方々に是非とも読んでいただきたい古典を紹介するという点にある。学術史の定番ではないとしても、現代人にとって有意義な古典を取り上げることとした。

もっとも、中国の古典はこれらに留まらない。早熟な文字文化の国・中国は数多くの古典を生み出した。そこで第Ⅴ部を「中国の古典五〇選」として、それ以外の重要な古典を精選し、簡潔に解説することとした。

本書を概観していただければ、中国古典がいかに豊かな世界であるかを、ご理解いただけよう。中国の古典は、単なる過去の遺物ではない。今をどう生きるか、これからどのように歩んでいったらよいのかという人生の問題に、重要なヒントを与えてくれる。今も決してその生命力を失っていない。いや、世界が混迷すればするほど、これら古典の意義はますます高まるとも言える。本書は、そうした中国古典への招待状である。

湯浅邦弘

教養としての中国古典

目次

はしがき――中国古典への招待

第Ⅰ部　古典の精華

第Ⅱ部　諸子百家の世界　93

第Ⅲ部　歴史と故事を伝える

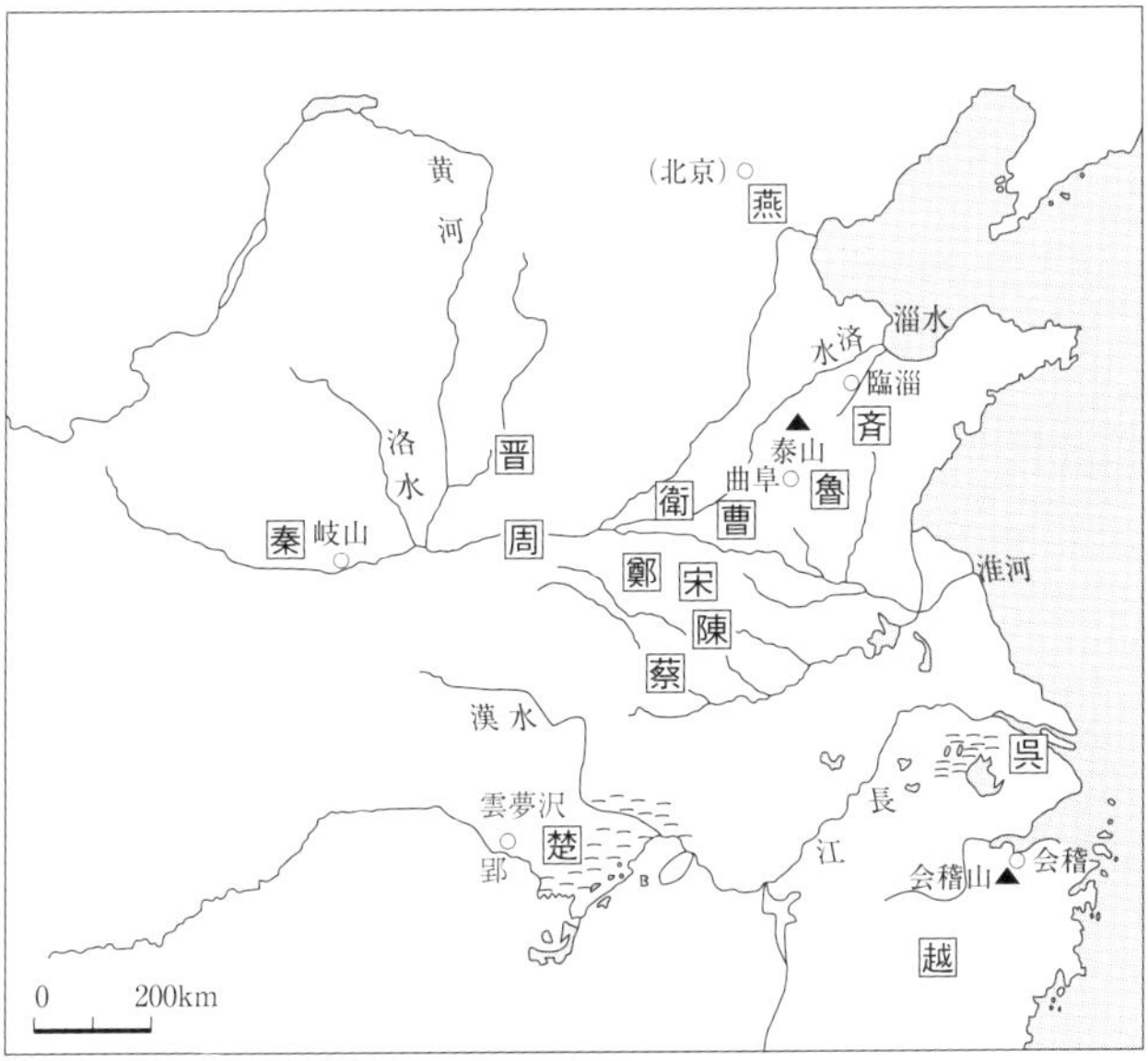

春秋時代の中国

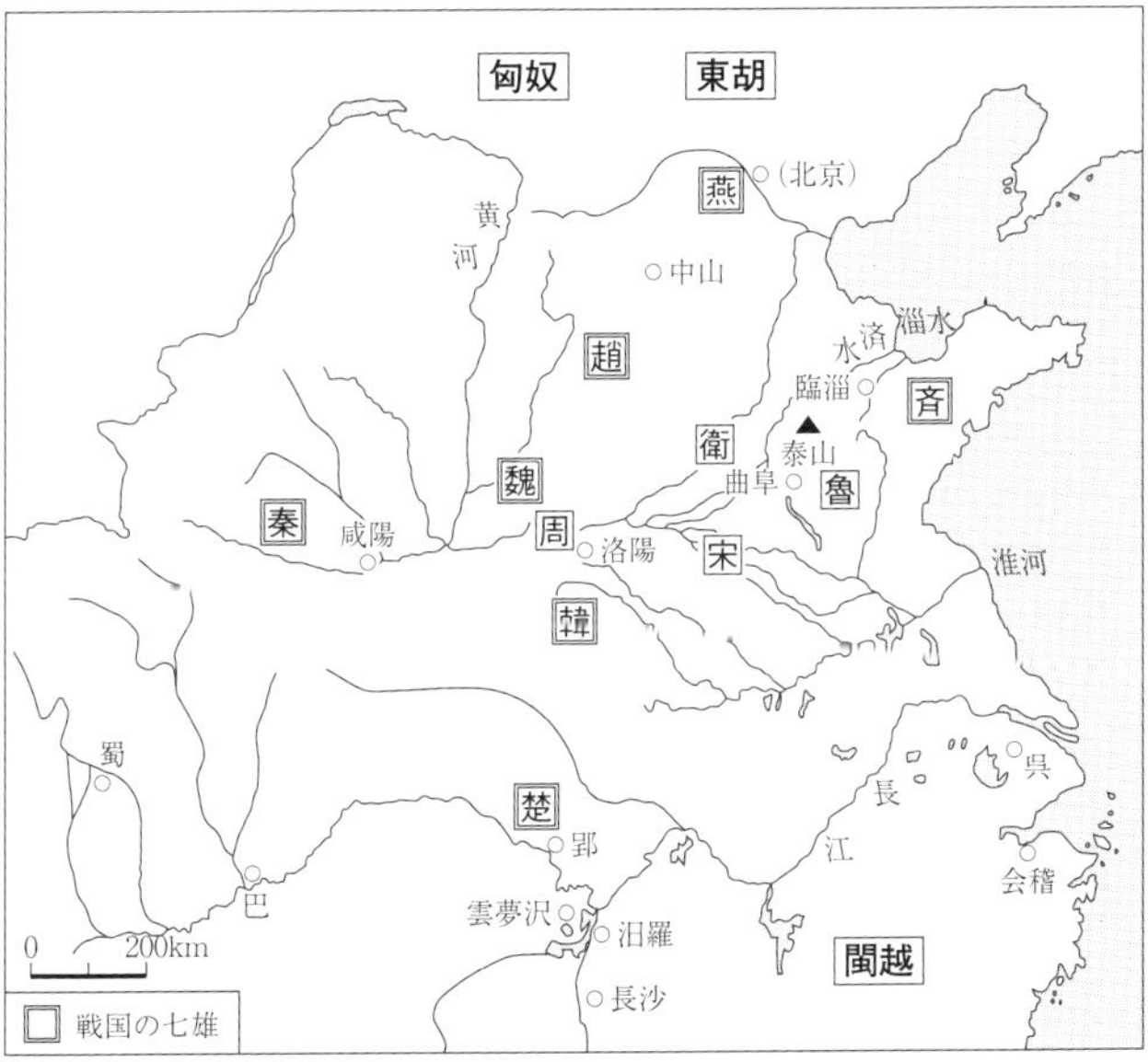

戦国時代の中国

序章 文字と文献の歴史

湯浅邦弘

黄帝陵（中国最古の聖王黄帝の陵墓，
その臣下の蒼頡が漢字を発明したとされる）

この序章では、中国における文字と文献の歴史を概観してみよう。私たちが今でも中国の古典を味わえるのは、その文章が文字（漢字）で記してあるからに他ならない。また、その文字は、甲骨（亀の腹甲や牛の肩甲骨）、青銅器、石、竹簡、木簡、帛（絹）、紙など様々な書写材料に記されてきた。多くの読者に提供されるようになったのは、それが書物としてまとめられたからである。こうした歴史があってこそ、古典は今も読み継がれているのである。

巻子本から冊子へ

そこでまず、次頁の二つの写真を見比べてみよう。右が巻子本、左が冊子である。

古代中国で紙が発明され、従来の竹簡・木簡や帛にかわって紙が主要な書写材料となった。おおよそ今から二千年ほど前の後漢時代である。

墨と筆で文字を紙に書写し、それを横につなげていく。その末端に軸を付けると巻子本になる。第一巻、第二巻などという呼び方は、ここに由来している。横に長くつなげられた紙は、折りたたむ必要はなく、読んだ後は巻いて保存・携帯することもできる。本の姿は、長くこの巻子本であった。

ところが、唐代末に木版印刷の技術が発明され、それが宋代に確立すると、書籍は、冊子の形態へと大きく変化した。今から千年ほど前である。版木に文字を彫り、それに墨を塗り、紙を押し当てて刷るという技法である。刷り上がった紙を真ん中で縦に二つに折り、袋とじにしたのが版本（冊子）である。

読書観の変化

書かれている内容は同じでも、本としての機能は劇的に変化した。巻子本では、巻を解きながら先頭から順に文字を読む。任意の場所にジャンプするのは難しい。巻末まで読み終えると、また軸を巻き、もとに戻しておかなければならない。

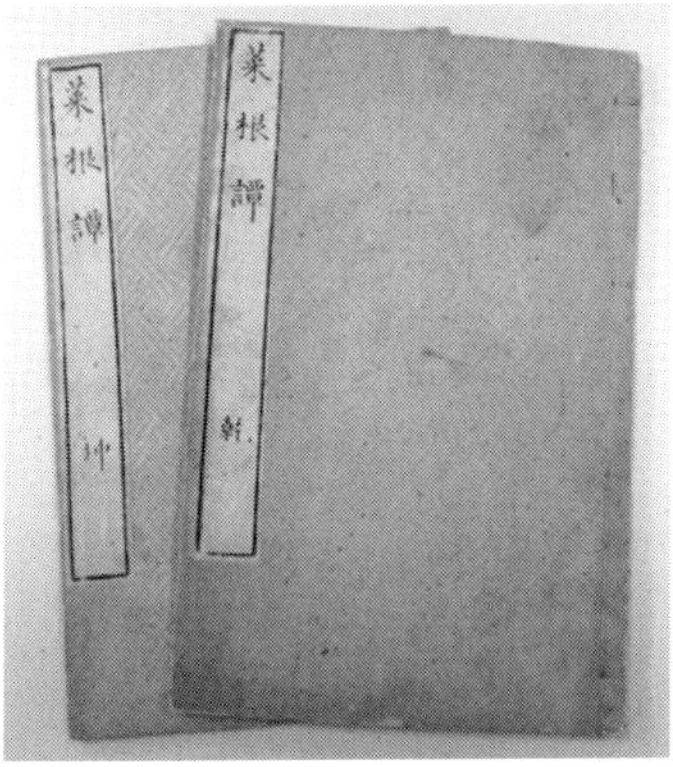

冊子（和刻本『菜根譚』）

巻子本（唐卜天寿抄写鄭氏注論語）

これに対して、冊子では、各葉（頁）が横で綴じてあるので、全体をパラパラとめくることができる。目次や索引があれば、読みたい場所に容易にたどり着ける。読書を中断しても、しおりをはさんでおけば、またその場所から再開できる。その利便性から、巻子本に代わって冊子が本の通常の形態になっていった。

ただし、冊子本の出現は、それまでの読書の形に負の影響も与えた。巻子本のときには常識であった精読型の読書がないがしろにされるという一面も出てきたのである。つまり、先頭から順に熟読していくのではなく、途中から、あるいは末尾から、さらには資料検索的な読書も登場し、それはつまみぐいだとして保守的な知識人を嘆かせたのであった。しかし、そうした嘆きをよそに、冊子体の文献は普及していった。

巻子本から冊子への移行は、単に書物の形が変わったというだけではなく、人々の読書観や読書の姿そのものの大きな変革を意味していたのである。

文字の誕生にまつわる伝承

ただいずれにしても、文字を記すという文化は、すでに数千年以上にわたって続いている。そこで、文字の誕生にさかのぼってみよう。

文字（漢字）は、いつ誰が発明したのか。それに関わる一つの伝承がある。蒼頡造字伝説である。はるか昔、中国最古の聖王黄帝に仕えた蒼

蒼頡

頡という臣下がいた。蒼頡は、あるとき、鳥の足跡を見て、それが鳥という「物」と対応していることに気づいた。鳩には鳩の足跡、雀には雀の足跡という具合に、鳥（物）には、それを表す足跡（記号）がある。ならば、この世のすべての事物についても、それを表す名（字）を作れるのではないかと考え、文字を作ったとされる。上にあげる図版は、後世描かれた蒼頡の肖像であるが、そのすぐれた洞察力を示すものとして、目が四つ描かれている。

ただ、これはあくまで伝承で、歴史的な事実となると、今から三千年くらい前の話となる。

甲骨文字の発見

古代の殷王朝で使われていたのが甲骨文字である。現在確認されている最古の文字で、その発見については次のような逸話が伝わっている。

一八九九年、清朝末期の王懿栄（一八四五〜一九〇〇）という学者が、北京の漢方薬店で、当時「竜骨」と称して売られていた薬（骨片）に古文字が記されているのを発見した、とされる。

ただ実際は、骨董商人が王懿栄に持ち込んだというのが真相らしい。その出所を調査したところ、安陽の小屯村（現在の河南省安陽市）から出土したものであることが判明。そこで、一九二八年、最初の考古学的発掘が行われ、以後、一〇年間で一五度にわたる発掘調査の結果、殷王朝の宮殿や王陵の遺跡、および甲骨を含む多数の文物が発見された。これが殷の都「殷墟」と甲骨文字の発見である。

戦争による混乱のため、発掘調査は一時中断したが、一九五〇年に再開され、一九八六年までに一五万件の甲骨が発掘されている。殷墟で発見された甲骨文字は、中国最古の体系的な象形文字である。

神の声としての卜辞

甲骨文字は亀の甲や獣の骨に刻まれた占卜（うらない）の記録で、卜辞とも呼ばれる。殷王室では、重要事案に際して占卜が行われた。亀の腹甲や牛の肩甲骨を使用し、熱をあててできた表面のひび割れの状態によって吉凶を占うという技法である。「卜」という文字は、そのひび割れの形を示している。

殷では、占卜によって、天帝、祖先、自然神などに加護を祈り、吉凶の占断を得た。占卜の内容は、古代の王権で最も関心のあった天象、農業、戦争、築城、疾病など。その占断の結果を甲骨に刻んだのが甲骨文字である。たとえば、甲骨文字の中で、我々でも容易に判別できる文字として「雨」の字が頻出するが、これは、古代の人々にとって、雨が降るかどうかが深刻な問題であったことを示している。雨は、その年の農作物の収穫を大きく左右するからである。

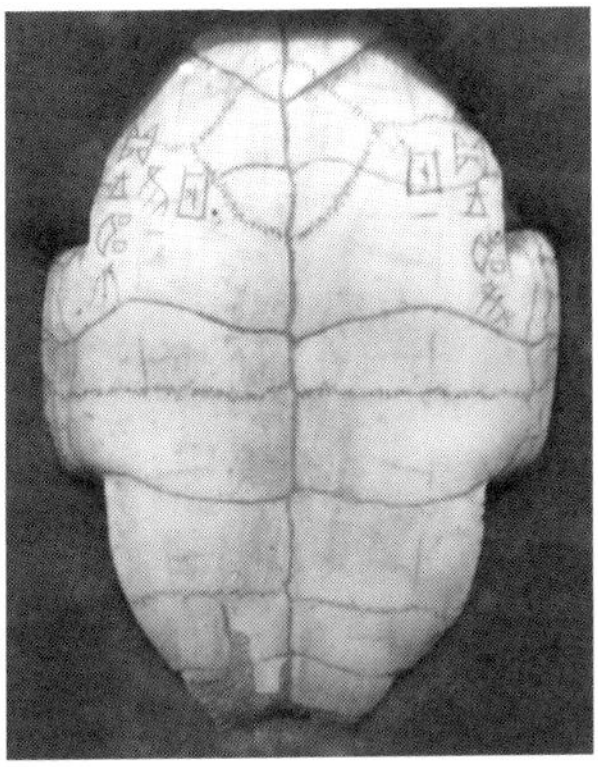

甲骨文字

金石文

甲骨文字に次ぐ古代の文字としては、金石文がある。これも紙が発明される前の文字で、青銅器や石に記されたものである。青銅器の文字を金文と呼び、石の文字と合わせて金石文という。二〇世紀になって甲骨文字が発見されるまでは、この金石文が古代文字の主要な研究材料であった。

金文は、甲骨文字とは違い、青銅器に文字を刻むのではなく、鋳造する際に、あらかじめ文字の鋳型を作っておくのである。殷代から周代にかけての青銅器が多く伝わっているが、そこに記されたのは、たとえば、国家への貢献が評価され、王から立派な青銅器を授与されたなどの経緯である。そして、文字がどこに記されているかという観点から大きく分けると、青

竹簡（郭店楚簡『太一生水』）

銅器の内側に見られるものと、外側に見られるものとの二種がある。

いずれにしても金文は、その当人と一族にとっての内部情報を記したものであり、広く世界の人々とのコミュニケーションツールになっていたわけではない。石に記された文字も同様である。自己の意見や思想を自由に記し、それを広く世界の人々に伝えていくという状況にはなかったのである。

竹簡と諸子百家の時代

そうした中、いわゆる諸子百家の時代に主要な書写材料となったのが、竹簡である。竹を細く切り、墨と筆で文字を記し、横糸（紐）で綴じて「冊」とする。携帯にも保存にも便利で、諸子百家と呼ばれた思想家が、自らの思想を記し、また、他者の意見を知る重要なツールとなった。今から二千数百年前の孔子や孟子の時代、彼らが読み書きしていたのは、この竹簡である。

孔子は晩年『易』を愛読し、その綴じ紐（韋編）が三度も切れたとされる。いわゆる「韋編三絶」の故事であるが、それはこの竹簡の形状を基にする言葉である。諸子百家の活動は、周王朝の衰退により、それまでの政治理念が崩壊して、新たな思想が求められたことによる。ただ彼らの活動を支えたものの一つとして、この竹簡というコミュニケーションツールがあったことを忘れてはならない。

木簡と帛書

また木簡も併用された。ただ、用途が異なる。木簡は一枚物の書写材料で、用途は、名刺・戸籍・帳簿・荷札などである。これに対して、竹簡は、細く薄く加工することができ、糸（紐）で綴じることによって、大量の文章をまとめることができる。木簡が一枚のカードだとすれば、竹簡はルーズリーフノートである。

帛（絹）は、この竹簡と紙との中間の時代に使用された書写材料であり、それに書かれた文書を帛書と言う。ただ、高価な貴重品であったため、普及するという状況にはなかった。

そしてこの時代、文字と文献の歴史にとっての大事件があった。それは、秦の始皇帝による文字統一である。春秋戦国時代には、まだ国ごとに文字（漢字）のばらつきがあり、また字形も複雑であった。そこで始皇帝は、紀元前二二一年に中国を制覇すると、文字を統一した。それが小篆という字体であり、次の漢代でそれがさらに簡略化され、隷書となった。これが現在我々が使っている楷書の前身である。

いずれにしても、漢代に紙が登場して、帛書も竹簡もその役割を終えた。木簡は、その用途の特殊性から後世も併用されていくが、竹簡と帛書は、遣隋使・遣唐使が中国に渡ったときには、すでに淘汰された後だったのである。

竹簡から巻子本・冊子へ

そして、紙が登場してから後の巻子本と版本（冊子）については先に述べたとおりである。ただ、留意したいのは、巻子本の形態は、竹簡から着想されているのではないかという点である。竹簡も巻子本も、文字を縦に書き、下までいくと次（左）の行に移る。巻いて保存するという点でも共通している。近年、中国で次々に古代の竹簡が発見され、巻子本以前の本の形が明らかになって、このことが確認されるに至ったのである。

本書の章立てにそって言えば、第Ⅰ部と第Ⅱ部で取り上げる文献のほとんどは、もともと竹簡に記されていたはずの古典である。そのうちで、近年、実際に竹簡の形で発見されたものとしては、『老子』『孫子』があり、また、

『論語』『尚書』『礼記』などについても、その一部、あるいは関連文献ではないかと見られる竹簡が出土している。

一方、第Ⅲ部の『列女伝』『十八史略』、そして第Ⅳ部の各文献は、すべて紙の時代の古典である。特に、第Ⅳ部の『菜根譚』や『呻吟語』など、広範な読者を想定した処世訓は、印刷製本技術が飛躍的に進歩した明代の産物である。読者層が一気に拡大し、本が広く流通した、まさに印刷の時代の古典なのである。

新たな古典の時代

そして今、文字と書籍は、千年ぶりに大きな変革期を迎えている。パソコン・スマホなどの普及による文字文化の変化である。文字は「書く」ものではなく「打つ」あるいは「タッチする」ものとなり、漢字も、正確に覚えてきちんと表記するのではなく、変換候補からふさわしいものを選ぶという時代になった。さらに読書の形も、書店で本を買って読むのと並行して、電子書籍をダウンロードして画面で見るというのも増加傾向にある。

この時代にいる私たちは、そのことを自覚していないかもしれないが、数百年後に文字文化を振り返った人々は、ちょうどこの時代が一つの移行期であったと総括するのではなかろうか。しかし、文字は、そして書物は、どのような形であれ、もうしばらくは存続するであろう。あるいは、様々に形を変えながらも、人類がいる限り、滅びることはないのかもしれない。

第Ⅰ部　古典の精華

第一章　『論語』——孔子とその弟子たちとの名言集

矢羽野隆男

曲阜孔子廟の杏壇（孔子講学の場と伝えられる）

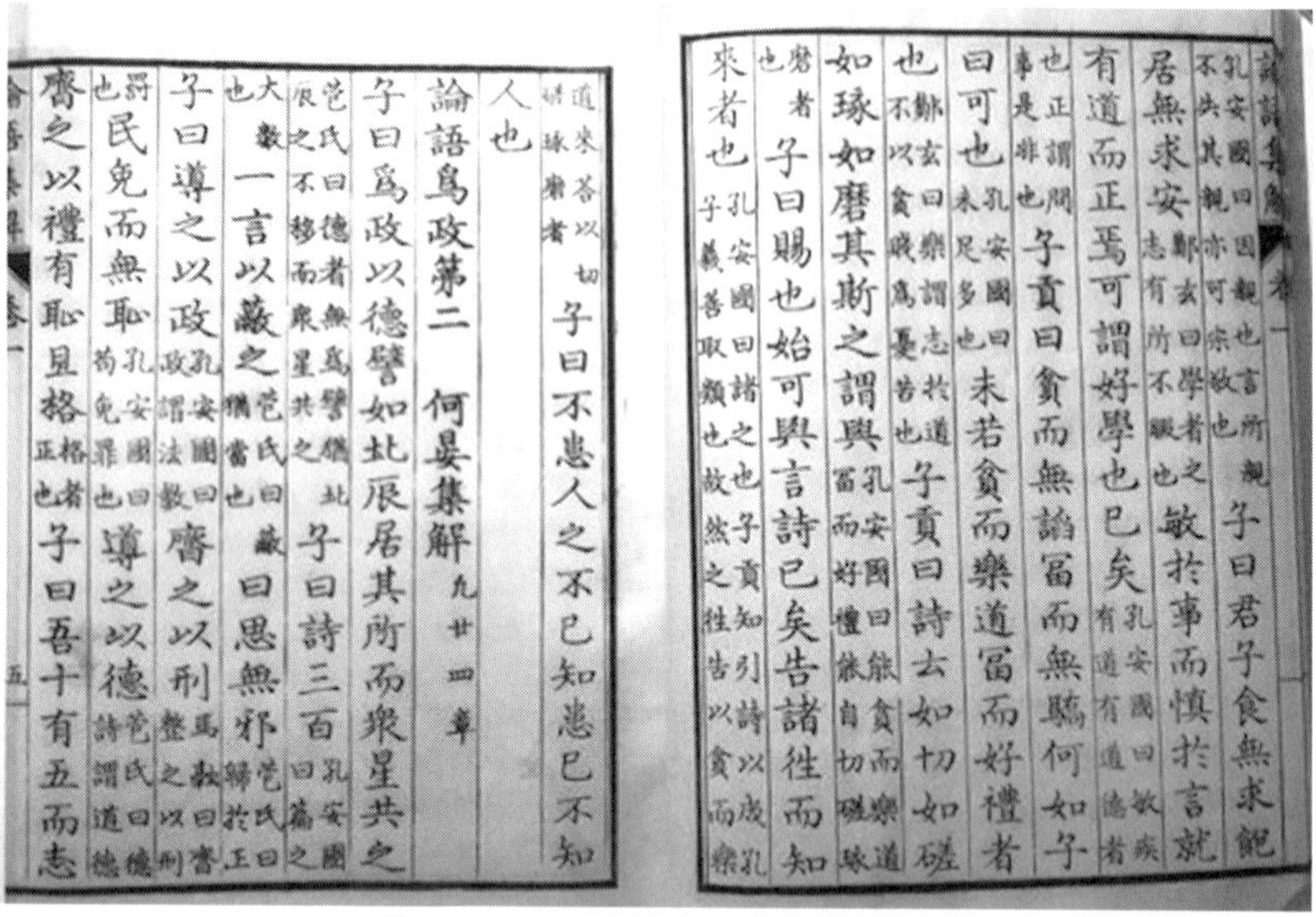

論語集解卷一

孔安國曰因親也言所親不失其親亦可宗敬也 子曰君子食無求飽居無求安 鄭玄曰學者之志有所不暇也 敏於事而慎於言就有道而正焉可謂好學也已矣 孔安國曰有道有道德者也正謂問事是非也 子貢曰貧而無諂冨而無驕何如子曰可也 孔安國曰未足多也 未若貧而樂道冨而好禮者也 鄭玄曰樂謂志於道不以貧賤爲憂苦也 子貢曰詩云如切如磋如琢如磨其斯之謂與 孔安國曰能貧而樂道冨而好禮能自切磋琢磨者 子曰賜也始可與言詩已矣告諸往而知來者也 孔安國曰諸之也子貢知引詩以成孔子義善取類也故然之往告以貧而樂道來答以切磋琢磨者 子曰不患人之不已知患已不知人也

論語爲政第二　何晏集解　凡廿四章

子曰爲政以德譬如北辰居其所而衆星共之 苞氏曰德者無爲譬猶北辰之不移而衆星共之 子曰詩三百 孔安國曰篇之大數 一言以蔽之 苞氏曰蔽猶當也 曰思無邪 苞氏曰歸於正也 子曰導之以政 孔安國曰政謂法教 齊之以刑 馬融曰齊整之以刑罰也 民免而無恥 孔安國曰苟免罪也 導之以德 苞氏曰德謂道德 齊之以禮有恥且格 格正也 子曰吾十有五而志

論語集解卷一　五

『縮臨古本論語集解』（天保８年版の後印本）

津藩（現三重県）の藩校有造館に所蔵していた何晏『論語集解』の古写本を臨書し縮小して出版したテキスト。津藩の督学かつ侍講であった石川竹厓（1794～1844）による天保８年（1837）の序があるが，これは明治になって刊行された後印本である。大字が『論語』の経文（本文），双行の小字が何晏の注である。これは一般に流布する『十三経注疏』本とは系統を異にするテキストで，助字が特別に多いなどの特徴がある。流布本との異同の一例を示すと，右頁３行目「可謂好學也已矣（学を好むと謂うべし）」は，流布本より「矣」字が多い。

1　『論語』の成立と展開

『論語』とは

『論語』二〇篇は儒家の祖である孔子（名は丘、字は仲尼、前五五一〔一説に前五五二〕～前四七九）の言葉や行動、弟子との問答などをまとめた言行録である。孔子の思想を知る最も重要な文献で、師弟の生気あふれる対話や孔子の口吻まで写し取ろうとした文章は文学的な価値も高い。経典としては最高権威の五経ではないものの、それに準ずる尊重を受け、宋代には四書の一つとして経典となり、朱熹（字は元晦、朱子は尊称、一一三〇～一二〇〇）の注釈『四書集注』によって中国をはじめ東アジアで広く読まれた。儒教が国教・官学としての権威を失った現在も『論語』は身近な古典として親しまれ、一〇年程前には中国・日本で『論語』ブームが起った。日本では今も静かなブームが続く。不確かな時代の心の拠り所として『論語』は生き続けている。

『論語』の編纂と成立

『論語』の魅力は何より「学びとは」「人間らしい生き方とは」など、人間の本質を衝く名言にある。また、どこから読んでもよい雑纂のスタイルも関係していよう。簡潔な名言のゆるやかな雑纂という『論語』の文体・形式は、他の諸子百家の書にはない特徴である。

これは『論語』の成立過程に由来する。その事情を記した最古の文献である『漢書』芸文志の六芸略（前漢末の劉歆『七略』に基づく経典目録）にいう。

論語は孔子弟子時人に応答し、及び弟子相与に言いて夫子に接聞するの語なり。当時弟子各記す所有り。夫子既に卒し、門人相与に輯めて論纂す。故に之を論語と謂う。

孔子が弟子や同時代の人々と対話する中、弟子がそれぞれに記録した孔子の語（言葉）を、孔子の死後に門人が議論して論纂（編纂）したので「論語」と名づけられたと言う。孔子は弟子と様々なことを語ったが、弟子が記録に留めたのは核心をなす言葉に限られた。対話の経緯や背景など個別特殊な事情の多くは脱落し、普遍性に富むエッセンスが残った。こうして簡潔な名言が、多くの人の手と時間とを経て編纂された（後述）。自ずとその編纂は、類似の内容をまとめるなど一定の意図はうかがえるものの、明確な構想と緊密な構成をもって行われたのではなかった。つまり雑纂である。それは篇名にも見て取れる。次に掲げた『論語』二〇篇の名称は、「各篇のテーマ」ではなく各篇の冒頭の二〜三文字、たとえば学而篇は冒頭「学而時習之（学びて時に之を習う）」の二字を便宜的に取ったに過ぎない。

学而第一	為政第二	八佾第三	里仁第四	公冶長第五
雍也第六	述而第七	泰伯第八	子罕第九	郷党第十
先進第十一	顔淵第十二	子路第十三	憲問第十四	衛霊公第十五
季氏第十六	陽貨第十七	微子第十八	子張第十九	堯曰第二十

なお『論語』の書名には異説もある。『論語』の「論」に「倫」の字を当て、「倫理・道理の言葉」という深い意味を読み込むものである（皇侃『論語義疏』序）。この影響は大きく、現代中国語でも『論語』の「論」は一般的な発音 lùn ではなく特別に「倫」と同じく lún と読む。日本でも江戸時代までは「りんぎょ」（「語」は呉音「ご」、漢音「ぎょ」）が正式であった。また『論語』の「語」を、荻生徂徠（一六六六〜一七二八）は単なる言葉ではなく「教えとすべき言葉」とした。近年、新出土資料によりこれを補強し展開する説もある。

では『論語』はいつ誰がどこでどのように編纂したのか。伝統的には孔子の弟子の仲弓・子游・子夏（鄭玄説）、有子・曾子の門人（朱熹説）などとされたが、『論語』には章の重複や、「子曰」「孔子曰」といった呼称の不統一、文体の相違などがあり、特定の人物による一時期の編纂と見るには無理がある。こうして『論語』各篇の表現形式から編纂過程が考察された。たとえば伊藤仁斎（一六二七～一七〇五）は、前半一〇篇（上論）と後半一〇篇（下論）との違いに着目し、下論には極端に長文の章があり、また「九思」「三戒」「三友」など名数を用いた表現が多い点などから、上論が先に成立した本篇、下論はその続篇とした。こうした見方はより詳細に検討された（武内義雄『論語之研究』岩波書店、一九三九年、津田左右吉『論語と孔子の思想』岩波書店、一九四六年、木村英一『孔子と論語』創文社、一九七一年）。諸説あって一概には言えないが、孔子の孫弟子以降に百年程にわたって魯および斉（ともに現在の山東省）で編纂が行われたと考えられる。

こうして漢代には三種の『論語』が伝わった。『魯論語』『斉論語』『古論語』である。魯は孔子の祖国、斉はその隣国で、ともに学問が盛んであった。その魯・斉の学者が伝えたのが『魯論語』二〇篇と『斉論語』二二篇で、いずれも漢代の標準書体（今文）で書かれていた。一方、景帝（在位前一五七～前一四一）の時に魯の共王（景帝の皇子）が宮殿拡張のために孔子の旧宅を壊すと、壁の中から秦以前の文字（古文）で書かれた数十篇の文献が現れた。その一つが『古論語』二一篇である。これら三種を整理して標準テキストの作成に貢献したのが、前漢末の張禹（？～前五）と後漢末の鄭玄（一二七～二〇〇）であった。初め『魯論語』を学んだ張禹は、『斉論語』を参考に取捨選択し、『魯論語』二〇篇を基礎に今文のテキストを定めた。これを『張侯論』といい、成帝の丞相で安昌侯という張禹の権勢も手伝って流布した。また後漢経学の完成者である鄭玄は、『張侯論』を基礎に『斉論語』『古論語』も参考にして、今文・古文を総合した二〇篇のテキストを定めた。鄭玄の影響力は大きく、彼のテキストは何晏『論語集解』の原型となり現在につながる。

『論語』の注釈

『論語』には中国をはじめ朝鮮・日本でも数多くの注釈が作られ、それぞれの時代・社会を反映してきた。以下、代表的な『論語』注を紹介する。

・鄭玄『論語』注…後漢末の鄭玄は自ら定めたテキストに基づいて注釈を作ったが、何晏注などが重視されて散逸した。二〇世紀に入り敦煌やトルファンで写本の一部が発見され、他の文献に引用された箇所を含め、今では全体の半分程が読める（金谷治編『唐抄本鄭氏注論語集成』平凡社、一九七八年）。

・何晏『論語集解』…魏の何晏（一九〇頃～二四九）が孫邕ら四名の学者とともに、孔安国・馬融・鄭玄・王粛ら何晏以前の学者の解釈を集めて自説も加えた、現存最古の『論語』注である。当時流行の『老子』『荘子』『易経』に基づく深遠な哲学（玄学）を反映し、一部に老荘思想と融和した独特の解釈が見える。朱熹の『論語集注』が出るまで『論語』解釈の標準とされ、朱熹の注を新注というのに対して古注と言われる。

・皇侃『論語義疏』…南北朝・隋唐時代には、漢魏の注釈に基づいて経文・注文の趣旨を解説する義疏学が盛んであった。梁の皇侃（四八八～五四五）の『論語義疏』もその一つである。何晏の『論語集解』に基づき、何晏以後の学者一三名の解釈に自説を加えた私撰の注釈で、玄学とともに当時流行していた仏教の影響を受けた解釈も見られる。

・邢昺『論語正義』…唐代には科挙における経典解釈を統一する必要から、孔穎達（五七四～六四八）らが勅命により、漢魏以来の注釈に基づいて五経の疏（経文・注文の解説）の決定版『五経正義』を編纂した。さらに北宋の初め、邢昺（九三二～一〇一〇）らも五経以外の経典について疏を完成させた。その一つが『論語正義』で、皇侃『論語義疏』も参考に何晏『論語集解』を解説する。これは勅撰による標準解釈として大きな影響力をもった。後に儒教経典一三部の標準解釈『十三経注疏』に収録されたため『論語注疏』とも言う。

・朱熹『論語集注』…宋代には、経典解釈を主とする知識中心の儒教に代わり、体系的で実践的な新しい儒教が生まれた。その集大成者である朱熹は、膨大な五経の基礎として、聖人の教えのエッセンスである四書（大学・論語・孟子・中庸）を経典とし、自ら構築した哲学（朱子学）に基づき簡明かつ周到な注釈を施した。それが『四書集注』（『論語集注』はその一部）である。この朱子の新注は、元の延祐二年（一三一五）に科挙の標準解釈となって以降、六百年にわたって権威をもち、朝鮮・ベトナム・日本など東アジアで広く受容された。

・劉宝楠『論語正義』…宋代から明代には朱子学や陽明学など主体的な実践を重視する学問が展開したが、清代にはその弊害に対する批判から、考証学という文献実証的な学問が興った。劉宝楠（一七九一～一八五五）の『論語正義』は、過去の注釈を再検討し、当時の言語学・歴史学・地理学等の成果を反映した清朝考証学を代表する『論語』注である。

・日本の『論語』注…『論語』の日本伝来は応神天皇の時（五世紀初）とされるが、儒教が普及した江戸時代に至り、日本人による優れた研究も数多く現れた。とりわけ、朱子学を超克して文献実証を重んじた古学派は、清朝の考証学を先取りする性格を備えており、伊藤仁斎の『論語古義』、荻生徂徠の『論語徴』など独創的な注釈が生まれた。この他、大坂の懐徳堂の中井履軒（一七三二～一八一七）による『論語逢原』には商都大坂らしく現実に即した合理的な解釈があふれている。

2 孔子の生涯とその弟子たち

孔子の生きた時代

武王が殷を滅ぼして成立した周王朝は、その弟の周公旦が「礼」によって安寧秩序を築き上げた、文化を誇る王朝であった。しかし春秋時代（前七七〇～前四五三）に入ると、周王の権威・権力が低下して有力な諸侯が覇権を争い、また諸侯の国内でも臣下が君主の地位を脅かした。たとえば孔子の祖国魯は、周公を始祖とする由緒ある国ながら、孔子の時代には重臣の三桓氏（魯の桓公から分かれた有力貴族の孟孫氏・叔孫氏・季孫氏）が実権を握り、さらに三桓氏もその家臣（たとえば季孫氏の家老の陽虎）に牛耳られるあり様であった。しかし下克上の乱世は、反面では伝統的な身分秩序から実力本位への転換期で、下級士族や庶民も能力次第では政治に従事するチャンスでもあった。孔子が周公の「礼」秩序の回復を使命として波乱に富む生涯を送ったのは、こんな変革の時代であった。

孔子の生涯

孔子は最晩年に自らの生涯を振り返り、年齢とともに深まった境地をこう述べた。

吾十有五にして学に志す。三十にして立つ。四十にして惑わず。五十にして天命を知る。六十にして耳順う。七十にして心の欲する所に従えども矩を踰えず。（為政篇）

では、その生涯はどのようなものだったのか。孔子の最も古い伝記である司馬遷（前一四五頃～前八六頃）の『史記』「孔子世家」に基づいて概観する。

紀元前五五一年（『公羊伝』『穀梁伝』では前五五二年）、魯国の昌平郷の陬という村で孔子は生まれた。父孔紇は下級士族で、母顔氏（『孔子家語』によると名は徴在）との結婚は「野合」であったという。「野合」には「礼法に外れた結婚」とする通説のほか諸説あるが、ともかく特殊な事情があったのであろう。三歳のときに父を亡くした孔子は、母方で養育され、青少年期には様々な職に就いて貧しい家を支え、成人前に母も亡くした。二〇代後半から三〇代前半にかけて周や斉に行き、文化の精髄である礼・楽（儀礼・音楽）を修めて魯に帰った。三〇歳頃には礼の学者として身を立て、四〇歳頃には教育に専念し、貴族の教養である古典『詩』『書』（詩経・書経）や礼・楽を教授し、各地から多くの弟子が集まった。

孔子の五〇代は大きな力に突き動かされた激動の時期であった。五〇歳のとき、陽虎が三桓氏に対してクーデターを企てた。この混乱を収束した魯の定公は実権を取り戻し、新たな政治を行うべく人材を登用した。中都という町の長官に抜擢された孔子は、司空（建設大臣）・大司寇（法務大臣）を経て、五五歳で首相代理となる破格の出世を遂げ、果敢に政治改革を推進した。しかし、魯の強大化を恐れた斉の妨害により、定公は政治への意欲を失う。失望した孔子は魯を去り、弟子たちとともに理想を実現する場を求めて諸国を巡ることとなった。一行は幾度も生命の危険に遭遇したが、そのたびに「礼の実現は天から与えられた使命（天命）である」との信念を強くした。一四年に及ぶ遊説を終え、孔子が魯に帰ったのは六八歳のときである。以後、長男の孔鯉（五〇歳）、愛弟子の顔回（四一歳）や子路（六三歳）を相次いで喪う不幸に耐えながら、七四歳で没するまで、『詩』『書』の整理、『易経』の解説や『春秋』の制作、また礼楽による弟子の育成に力を尽くした、という。

以上はあくまで儒教を尊崇した司馬遷の描く、「経典を整理・制作して教えを後世に伝えた聖人」としての孔子像である。近年このような聖人のベールを剥いで孔子の実像に迫る独創的な研究成果が発表されている（たとえば参考文献【専門的文献】の⑥⑦⑧⑩を参照）。

個性的な弟子たち

孔子に学んだ弟子は三千、君子の教養である六芸（礼・楽・射・御・書・数）に通じた弟子は七二人という（『史記』孔子世家）。『論語』には三〇人ほどの名が見え、特に優れた弟子〈四科十哲〉を次のように列挙する（先進篇）。

（　）内は姓名および孔子との年齢差。

・徳行…顔淵（顔回30）、閔子騫（閔損15）、冉伯牛（冉耕？）、仲弓（冉雍29）

・言語…宰我（宰予？）、子貢（端木賜31）

・政事…冉有（冉求29）、季路（仲由9）
・文学…子游（言偃45）、子夏（卜商44）

「徳行」は道徳実践、「言語」は言語能力、「政事」は政治能力、「文学」は広く学問研究を言う。名ではなく字で記されているから、孔子による評価ではなく孔子門下での評判である。十哲の中でもとりわけ個性の際立つのが子貢・顔淵・季路の三人である。孔子が「知者は惑わず、仁者は憂えず、勇者は懼れず」（子罕篇・憲問篇）と言う三つの徳を当てはめれば、優れた論理的思考と表現力で利殖や外交に長けた子貢は「知」の人、貧賤を意に介さずひたすら学問と人間らしさとを追求した顔淵は「仁」の人、一本気で政治的な決断力と行動力とにあふれた季路は「勇」の人と言える。

孔子はこうした弟子たちの性格をよく理解していた。たとえば先進篇の一節に言う。

柴や愚（ばか正直）、参や魯（のろま）、師や辟（格好つけ）、由や喭（がさつ）。

「柴」以下はみな弟子の名で（以下（　）内は字および孔子との年齢差）、高柴（子羔30）、曾参（子輿46）、顓孫師（子張48）、仲由（季路〔子路とも〕9）をいう。字ではなく名を呼ぶから孔子自ら下した弟子評である。歯に衣着せぬ評価は親密な師弟関係の表れであろう。こうした環境に身を置き、為政者や学者として世に立とうと切磋琢磨する弟子たちは、「仁とは」「君子とは」「政とは」という関心事を師に問い、孔子も弟子それぞれの能力・性格に応じて教えを説いた。『論語』の対話には師弟の人柄・思考・感情に思いを巡らす文学的な魅力がある。

３　孔子の思想とその名言

孔子の思想の究極は仁（人間愛）の実現にあった。具体的には、『詩』『書』など古典の教養と礼（道徳的な社会規範）とを身につけた君子（理想的人格）となり、孝悌（儒家の生命観に基づく家族への敬愛）を基礎に、忠恕（真心と思い遣り）と礼の実践とを通して、仁の実現を目指した。これを為政者が実践すれば礼治・徳治による仁政となる。孔子の思想は、個人的修養と社会的秩序とを一体と見る倫理・政治の思想である。

仁の実現と礼と

「仁」という語はすでに『詩』『書』に見えるが、これを人間最高の徳に高めたのは孔子である。孔子は「利益と天命と仁とについては罕にしか言わなかった」（子罕篇）というが、『論語』約五百章のうち五〇章以上に仁が見える。仁というこの人間性全体に関わる徳は、学ぶ者それぞれが自ら追求するもので、師が一般的な定義を示して終わるものではない。仁とは何かを弟子が切実に問い、師がそれに倦まず答える、こうした対話が仁を語る多くの孔子の言葉として残ったのだろう。以下は仁をめぐる顔淵と孔子との対話である（現代語訳のみ）。

顔淵が仁について質問した。孔子「我儘に打ち勝って社会規範である礼に立ち返るのが仁である（己に克ち礼に復るを仁となす）。（為政者が）もし一日でも己に克ち礼に復れば、（感化により）天下は仁に落ち着く。仁は自分次第、他人任せでよかろうか。」顔淵「どうか要点を教えてください。」孔子「礼に外れて見たり、聞いたり、言ったり、行ったりせぬことだ。」顔淵「私は愚かですが、この教えに努めます。」（顔淵篇）

礼の実践を通じて仁が実現され、為政者が実践した場合、天下が仁で満たされるという孔子の言葉は、その倫理・政治の思想を端的に示している。

君子と小人と

「君子」は孔子の学団が目指す理想的な人格であった。理想的人格としては「聖人」もあるが、「聖人には会えない。君子に会えれば良しとしよう」（述而篇）とあるように、聖人は超現実的な存在であった。「君子」はもともと「政治を執り行う指導者」、俗にいう「殿様（とのさま）」の意味であったが、やがて実際に殿様であるか否かにかかわらず、殿様的リーダー的な人徳と教養とを備えた人格を表す言葉となった。これと相対するのが「小人（しょうじん）」で、被支配者である庶民の意味から転じて、人格の劣った利己的な人を表した。『論語』には君子と小人とを人格面で対比した言葉が二〇章近く見え、それらすべてが孔子の発言である。たとえば、

子曰く、「君子は徳を懐（おも）い、小人は土（ど）を懐う」と。（里仁篇）
（先生は仰（おっしゃ）った、「君子は精神を大切にし、小人は財産を大切にする」と。）

子曰く、「君子は和（わ）して同（どう）ぜず、小人は同じて和せず」と。（子路篇）
（先生は仰った、「君子は調和するが同調はせず、小人は同調するが調和はせぬ」と。）

子曰く、「君子は諸（これ）を己（おのれ）に求め、小人は諸を人に求む」と。（衛霊公篇）
（先生は仰った、「君子は何事も自分自身に要求し、小人は何事も他人に要求する」と。）

教養を身につけ人格を高め、君子として政治に従事して能力を発揮したい、こうした志を胸に弟子たちは研鑽を積んだ。そんな彼らに孔子は常々「君子となれ、小人にはなるな」と注意したのだろう。君子・小人を対比した言葉の数々は、師弟の日常を彷彿（ほうふつ）とさせる。

天命への畏敬

孔子は人間の知（知識・認識・判断）と行動との重要さを繰り返し説いた。しかし現実には人間の知恵や努力でどうにもならないこともある。孔子はこうした人知人為を超えた大きな力を「天命」（「天」「命」とも）と呼んで畏れ敬った。安易に天命を口にすれば努力を怠る言い訳となるが、孔子の天命はそうではない。「人事を尽くして天命を待つ」（胡寅『読史管見』）というような、最善を尽くした上での諦観（悟り）である。天命は「運命」だが、それに向き合う姿勢次第で「使命」ともなる。人知人為を信頼した理想の追求と、天命が支配する現実への達観と、この複眼的な見方が孔子の思想に奥行きを与えた。次の引用は『論語』全二〇篇を締めくくる最後の言葉である。

子曰く、「命を知らざれば、以て君子と為す無きなり。礼を知らざれば、以て立つ無きなり。言を知らざれば、以て人を知る無きなり」と。（堯曰篇）

（先生は仰った、「天命を悟らなければ君子たりえない。礼を知らなければ世に立つことはできない。言葉の機微が分からなければ人を理解できない」と。）

『論語』冒頭の言葉「学びて時に之を習う…」（4名文読解参照）と首尾対応した名言である。

4　名文読解

学ぶよろこび

子曰ク、「學ビテ而時ニ習フレ之ヲ、不二亦タ説バシカラ一乎。有レ朋自リ二遠方一來タル、不二亦タ樂シカラ一乎。人不レ知ラ而不レ慍ミ、不二亦タ君子ナラ一乎ト。」

（『論語』学而篇）

子曰く、「学びて時に之を習う、亦た説ばしからずや。朋有り遠方より来たる、亦た楽しからずや。人知らずして慍みず、亦た君子ならずや」と。

先生（孔子）は仰った、「学んで事ある毎に復習する、なんと喜ばしいことではないかね。志を同じくする友がわざわざ遠方から訪ねて来てくれる、なんと楽しいことではないかね。他人が分かってくれないからといって不平不満を抱かない、なんと君子らしい態度ではないかね」と。

孔子の人生を貫くもの

子曰、「參乎、吾道一以貫之。」曾子曰、「唯。」子出。門人問曰、「何謂也。」曾子曰、「夫子之道、忠恕而已矣。」

（『論語』里仁篇）

子曰く、「参や、吾が道は一以て之を貫く」と。曾子曰く、「唯」と。子出づ。門人問ひて曰く、「何の謂ぞや」と。曾子曰く、「夫子の道は、忠恕のみ」と。

先生（孔子）は仰った、「参（曾子の名）よ、私の生き方は一つのことで貫かれているのだよ」と。曾子は答えて言った、「はい」と。先生は退出された。〔孔子の他の〕門人が尋ねた、「どういう意味だい」と。曾子は言った、「先生の道は真心と思い遣り（忠恕）に尽きるということだよ」と。

参考文献

【一般的・入門的文献】

① 吉川幸次郎『論語』（朝日新聞社・中国古典選、一九五九年。のち一九七八年、同社より文庫版全三冊として出版。一九

九六年、朝日選書全二冊として復刊）
＊中国文学者による『論語』全章の解説書。日中の代表的な注釈に基づく穏当な説を、口述による平明な言葉で解説する。『論語』の言葉に対する言語的・文学的な視点からの説明は本書ならではの魅力である。

② 金谷治『論語』（岩波文庫、一九六三年）
＊『論語』のオーソドックスでシンプルな訳注書。正確な本文を定め、江戸期の典型的な訓読を示し、日中の主要な注釈に基づく穏当な解釈を、簡潔な語注と現代語訳とで示す。全体がコンパクトにまとまっていて読みやすい。

③ 貝塚茂樹『論語』（中公文庫、一九七三年。二〇〇三年に中公クラシックス全二冊として復刊）
＊歴史学者が従来の注釈をのりこえて独自の新解釈を試みた訳注書。丁寧な注釈と平明な現代語訳が読みやすい。加えて、歴史研究の成果を背景とした「内容解説」が丁寧かつ詳細で理解を助ける。

④ 宮崎市定『現代語訳　論語』（岩波現代文庫、二〇〇〇年）
＊歴史家が史料として解読した『論語』の現代語訳。『論語の新研究』（岩波書店、一九七四年、のち一九九三年に同書店『宮崎市定全集4』として刊行）の「第三部　訳解篇」の単行本。伝統的な経書解釈にとらわれない歴史家の大胆な解釈が、明快な現代語訳で示される。

⑤ 加地伸行『論語』（講談社学術文庫、二〇〇四年）
＊著者の儒教研究の成果を盛り込んだ訳注書。日中の諸注釈を参考にしつつ、著者独自の解釈を処々に示す。懇切丁寧な注釈を付し、訳語の工夫された現代語訳には、師弟の対話の臨場感が溢れる。巻末の索引も充実していて便利。

⑥ 加地伸行『論語』（角川ソフィア文庫、二〇〇四年）
＊孔子と『論語』との入門者向けの解説書。著者の儒教研究の成果を基に、中学生に向けたやさしい語り言葉で記す。本書は孔子の生涯に沿うが、同著者の『論語のこころ』（講談社学術文庫、二〇一五年）はテーマ別の『論語』解説書である。

⑦ 江連隆『論語と孔子の事典』（大修館書店、一九九六年）
＊論語・孔子に関する基本事項を説明した読む事典。Ⅰは孔子の生涯・系譜・時代・祭祀、Ⅱは『論語』の言葉を「学」「孝」等のキーワードや「言葉と行動」「過失と反省」等のテーマで紹介する。『論語』の登場人物総覧、『論語』全文も載せる。

⑧　湯浅邦弘『論語――真意を読む』（中公新書、二〇一二年）
＊論語・孔子に関する新知見に富んだ刺激的な解説書。『論語』各篇の概要、日中の代表的な注釈書など基本事項を押さえつつ、新出土資料による近年の研究成果を積極的に活用して、『論語』の成立過程や孔子と儒家の思想とに多くの新たな見方を提示する。

⑨　高木智見『孔子――我、戦えば則ち克つ』（山川出版社・世界史リブレット人 10、二〇一三年）
＊孔子の時代とその生涯・思想に迫るコンパクトな解説書。新出土資料の出現による現在の史料状況を概説した上で、多くの文献を用い、孔子は戦士であり、孔子が主張した仁も軍礼に由来する、という独自の孔子像を描き出す。多くの図版が理解を助ける。

⑩　加藤徹『本当は危ない『論語』』（NHK出版新書、二〇一一年）
＊『論語』を読むための基礎知識を踏まえながら、『論語』を知る興味深いトピックを満載した解説書。文化史的に大きな影響力をもった『論語』を通して東アジアを理解し、時には毒となる危険性にも言及する。

【専門的文献】

①　木村英一『孔子と論語』（創文社・東洋学叢書、一九七一年）
＊先行研究を踏まえ、精密な文献分析によって孔子の伝記と『論語』の成立過程とを究明する研究書。その研究成果は、同著者の詳細な訳注書『論語』（講談社文庫、一九七五年）に一般向けの解説として盛り込まれている。

②　合山究『論語解釈の疑問と解明』（明徳出版社、一九八〇年）
＊『論語』解釈に疑問のある五七章を取り上げ、現代人の純粋客観的な立場から新解釈を試みた書。従来の解釈の問題点を整理した上で、伝統経学の束縛を脱し、明快な論理と言葉とで展開される「解明」は新鮮で痛快。

③　松川健二編『論語の思想史』（汲古書院、一九九四年）
＊思想史上重要な『論語』の注釈や関連書二六種についての論考をまとめた論文集。『論語』の成立と伝承を記す序章以下、漢魏から明清さらに朝鮮・日本に及ぶ。日本では林羅山『春鑑抄』、伊藤仁斎『論語古義』、荻生徂徠『論語徴』を取り上げる。

④　橋本秀美『論語――心の鏡』（岩波書店・書物誕生　あたらしい古典入門、二〇〇九年）

＊『論語』解釈史を追って時代・社会・人間を映す鏡としての『論語』の意義を紹介する書。二部から成り、第Ⅰ部「書物の旅路」は成立から清朝に至る『論語』の歴史を紹介し、第Ⅱ部「作品世界を読む」は『論語』解釈が映し出す時代・社会・人間を分析する。

⑤　子安宣邦『思想史家が読む論語――「学び」の復権』（岩波書店、二〇一〇年）

＊先人の『論語』解釈の読み直しを通して、現代において「学び」とは何かを問い直す書。「学ぶこと」「仁について」などのテーマに関連する章を選び、朱熹を批判した伊藤仁斎、仁斎を批判した荻生徂徠に基づいて『論語』を読み直す。

⑥　吉川幸次郎『中国の知恵――孔子について』（新潮社、一九五三年。のち一九五八年に新潮文庫。二〇一二年にちくま学芸文庫として出版）

＊伝統的な聖人孔子とは異なる人間孔子の姿を描いた清新な孔子伝。殺伐とした春秋時代末期に、死や神霊とは距離を置き、人間の善意と文明の進歩とを信じて生きたヒューマニストとしての孔子像を生き生きと描き出す。

⑦　白川静『孔子伝』（中央公論社、一九七二年。のち一九九一年に中公文庫として出版）

＊孔子は巫祝（ふしゅく）出身の反体制者という従来にない神怪（しんかい）な孔子像を描き出した孔子伝。儒の源流は、雨乞いを行った〈巫〉や神への祝詞を捧げる〈史〉など神事への従事者であったとするなど、著者の古代社会研究の蓄積に基づく。

⑧　加地伸行『孔子――時を越えて新しく』（集英社・中国の人と思想、一九八四年。のち一九九一年に集英社文庫、二〇一六年に『孔子』の題で角川ソフィア文庫として出版）

＊孔子の生涯と思想形成とをリアルに描いた孔子伝。農民と巫女との間に生まれた孔子が、学問・教養を修めて君子儒（巫祝は小人儒）となり、生死を一貫する孝の教えを説くまでを追う。同著者の『「論語」再説』（中公文庫、二〇〇九年）はテーマ別の『論語』解説書。

⑨　加地伸行『儒教とは何か』（中公新書、一九九〇年）

＊倫理道徳の教えとされる儒教の根底に潜む宗教性を指摘した画期的な儒教論。死の説明としての「孝」という宗教性を基礎に、家族論、政治論、宇宙論などの礼教性や哲学性が構築されたという。同著者の『沈黙の宗教――儒教』（ちくまライブラリー、一九九四年。のち二〇一一年にちくま学芸文庫として出版）は儒教の宗教性を掘り下げる。

⑩　浅野裕一『孔子神話——宗教としての儒教の形成』（岩波書店、一九九七年）

＊儒教は孔子の誇大妄想と怨念とが生んだ欺瞞と虚構に満ちた宗教であるとする衝撃的な儒教論。本書は学術論文をまとめた専門書で、同著者の『儒教 ルサンチマンの宗教』（平凡社新書、一九九九年。のち二〇一七年に『儒教——怨念と復讐の宗教』の題で講談社学術文庫として出版）は、これを一般向けに書き改めたものである。

第二章　『尚書』——古聖王の伝承

中村未来

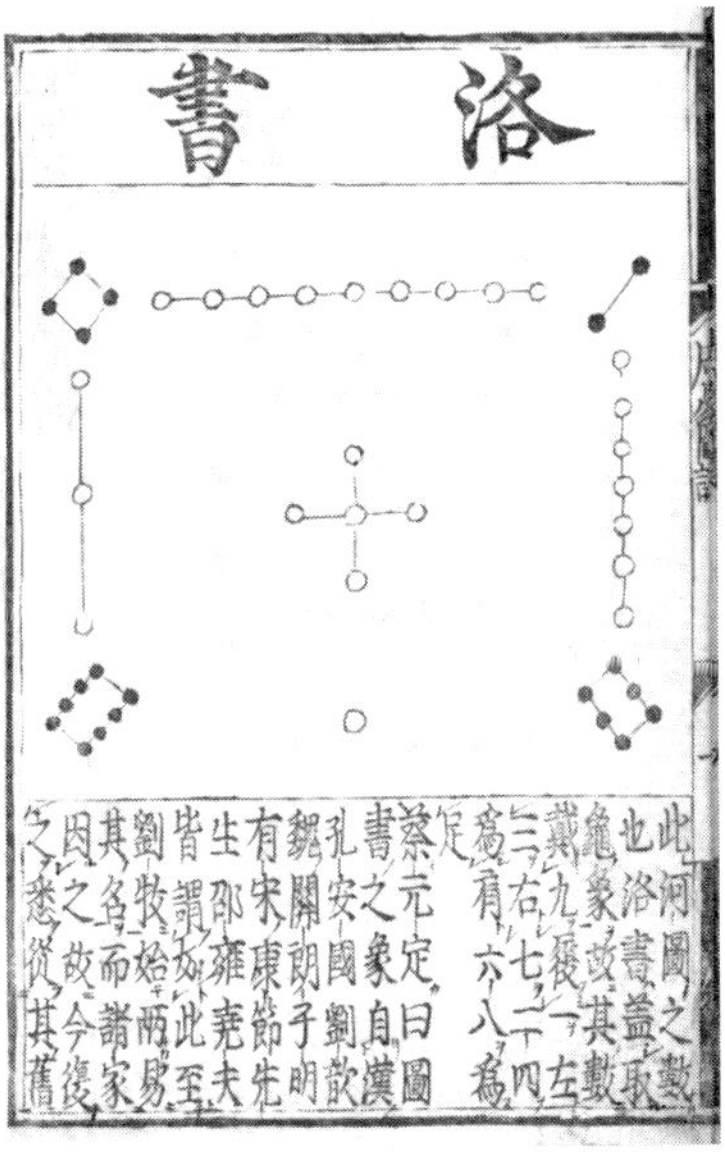

周易朱子図説（『周易経伝』寛永４年刊本）

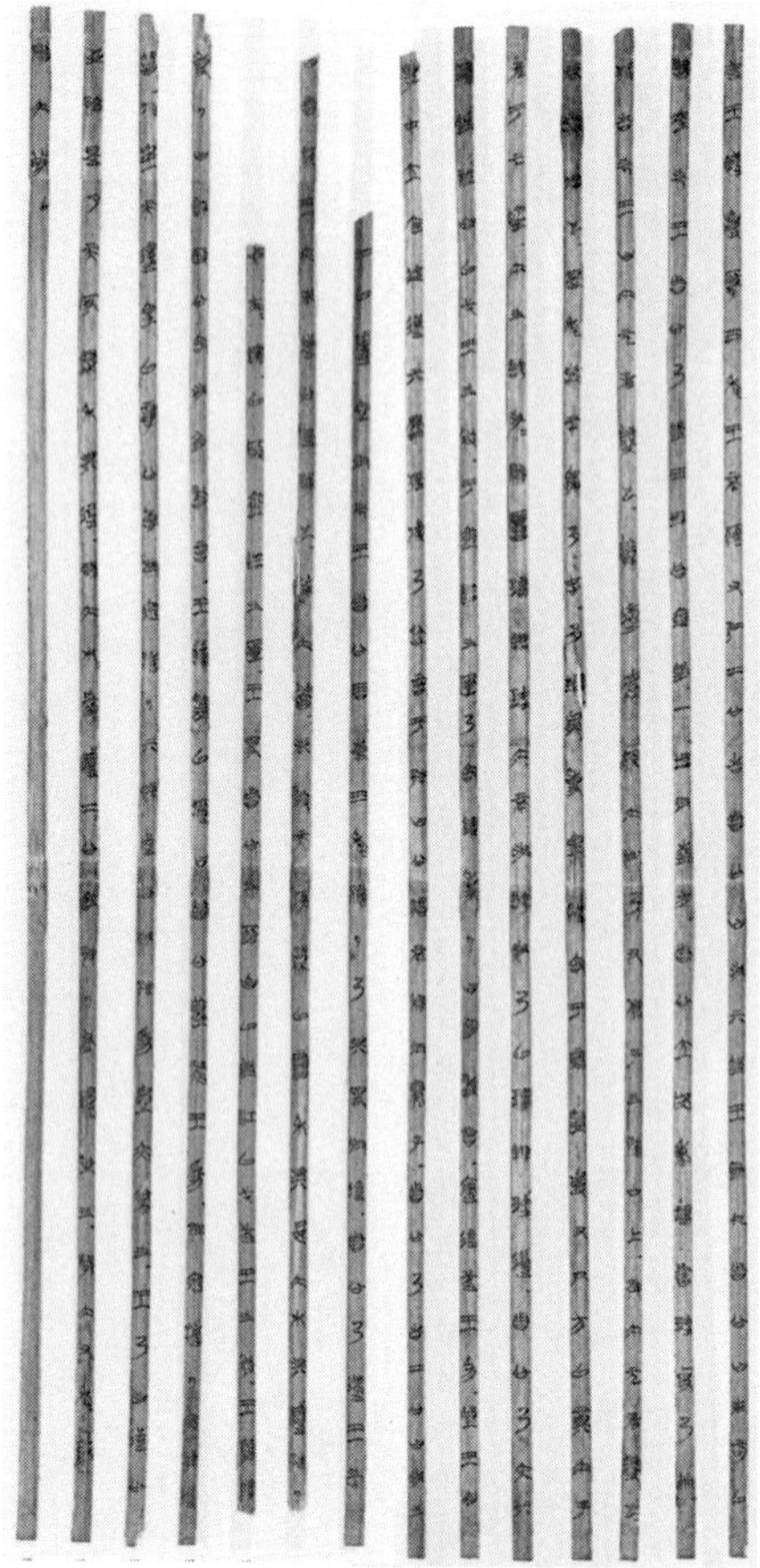

戦国時代の竹簡本『尚書』（清華簡）

清華大学が所蔵する戦国中晩期（前300年頃）の竹簡本『尚書』テキスト。清華簡の中には複数の『尚書』関連文献が含まれているが，これは伝世する『尚書』（今本）の金縢篇に合致する内容の『周武王有疾周公所自以代王之志』。

竹簡は全14簡あり，所々上端や下端に欠損が見られるが，今本と比較することにより全体の内容を復元することができる。最終簡背面には篇題と考えられる「周武王有疾周公所自以代王之志」が見え，最終簡には篇の末尾を示すかぎ状の記号（墨鉤）が記されている。

秦の始皇帝が行った文字統一以前の古文字（楚系文字）で記された貴重な出土文献である。

1　『尚書』の構成と内容

『尚書』とは何か

『尚書』は古くは『書』と呼ばれ、明代以降には『書経』とも称されるようになった経典（五経の一つ）である。「尚書」という呼称は漢代以降のものであり、上古の書という意を表している。「書」という語句には本来、単なる記録を超えた呪術的要素が含まれていたとされており、それを背景に『尚書』にも「祈りをしたためた文言を天や諸神へ向けて宣言する」という神聖な行為が備わっていたのだと考えられている（野村茂夫『書経』）。

唐代、古文復興運動に努めた韓愈（七六八〜八二四）や、宋代の大儒・朱熹（一一三〇〜一二〇〇）にとっても、『尚書』は堅苦しく難解な文献であったと見なされていた。そのような『尚書』の起源については、『漢書』芸文志に次のように見える。

> 古えの王者には代々史官がいて、王者の言行は必ずこれを記録した。それは王者が言行を慎み、法度を明らかにするためである。左史は王の言葉を記し、右史は王の行動を記録した。王の行動を記録したものが「春秋」であり、王の言葉を記録したものが「尚書」である。いかなる帝王もこのようにしない者はいなかった。（『漢書』芸文志）

ここでは、史官の記録した王の言葉が『尚書』となり、それは王自身の言語挙動を規制するものであると同時に、人々へ向けた規範を明示する意義をも有していたとされていることがうかがえる。

また『尚書』の特色の一つとして、神話を歴史化して叙述する点が挙げられる。神話伝承の類を多く残す『楚辞』天問篇や『山海経』、また『国語』や『左伝』などに見える故事には、鯀（禹の父）や禹（夏王朝の初代王）が亀や龍、黄熊などの動物神と関連づけられて説かれているが、『尚書』においては堯や舜に仕えて治水に尽力した臣下として記述されているのである。その背景には、『尚書』の最終的な編纂が「子は怪力乱神を語らず」（『論語』述而篇）とし、怪しげなことを口にしなかったとされる儒家の手を経て行われていたと考えられることが関係していよう。盤古や女媧などの天地創造の神々を切り捨て、聖王としての堯や舜から朗々と語り出す『尚書』の内容は、為政者の現実的な苦悩と祈願とを伝える記録として編纂され、権威づけられていったのである。

その主な構成

伝世する『尚書』テキストは全五八篇という大部なものであるが、それらは主に時代ごとに「虞書（堯・舜二王の時代の記録）」「夏書（禹王より始まる夏王朝の記録）」「商書（湯王より始まる殷王朝の記録）」「周書（武王より始まる周王朝の記録。一部諸侯の記録も含まれる）」の四つに分類できる。その具体的な篇名や王（関連人物）名についてまとめると、次頁の表のようになる。

表を一見して気づくとおり、『尚書』の篇名には「典」「謨」「誓」「誥」「命」などの共通する語句が多く含まれており、ここから唐代の学者・孔穎達（五七四〜六四八）は、『尚書』の形式が一〇種に分けられるとしている（『尚書正義』堯典篇）。ただし陳夢家（一九一一〜六六）はそれを『古文尚書』に基づいた根拠に足らぬものとし、「誥命（天子が下に告げる言葉、命令する言葉）」「誓禱（王が軍隊を戒める言葉、神を祀って災いを払い福を祈る言葉）」「叙事」の三つの文体に類別し直している（『尚書通論』）。

『尚書』の成立は複雑であるが、その根幹をなすものは周書の「五誥」（大誥・康誥・酒誥・召誥・洛誥）篇であったというのが定説である。なぜなら、五誥に記された内容は『尚書』中でも特に難解であり、西周期の金文（青銅器に鋳込まれた銘文）にも通ずるものがあるとされるためである。したがって、これら五誥篇成立後、春秋戦国期にかけて、次々と時代を遡る形で「商書」「夏書」「虞書」が形成されていったのだとする「加上説」（時代が下るほ

『尚書』諸篇一覧（今文『尚書』と偽古文『尚書』の有無について）

	王（関連人物）名	篇名	今文	偽古文	備考
虞書	堯	堯典	○	○	今文では「舜典」は「堯典」に含まれる。今文では「益稷」は「皐陶謨」に含まれる。
	舜	舜典	（○）※	○	
	禹	大禹謨		○	
	〃	皐陶謨	○	○	
	〃	益稷	（○）※	○	
夏書	禹	禹貢	○	○	
	啓	甘誓	○	○	
	太康	五子之歌		○	
	中康	胤征		○	
商書	湯	湯誓	○	○	
	〃	仲虺之誥		○	
	〃	湯誥		○	
	太甲	伊訓		○	
	〃	太甲 上		○	
	〃	太甲 中		○	
	〃	太甲 下		○	
	〃	咸有一徳		○	
	盤庚	盤庚 上	○	○	今文では、「盤庚」は上中下篇を合わせて一篇とされている。
	〃	盤庚 中	（○）※	○	
	〃	盤庚 下	（○）※	○	
	武丁（高宗）	説命 上		○	
	〃	説命 中		○	
	〃	説命 下		○	
	〃	高宗肜日	○	○	
	紂	西伯戡黎	○	○	
	微子啓	微子	○	○	

	王（関連人物）名	篇名	今文	偽古文	備考
周書	武王	泰誓 上	（△）※	○	今文に見える「泰誓」は、漢代に加えられた偽書と考えられている。
	〃	泰誓 中	（△）※	○	
	〃	泰誓 下	（△）※	○	
	〃	牧誓	○	○	
	〃	武成		○	
	〃	洪範	○	○	
	〃	旅獒		○	
	〔燕〕召公奭	金縢	○	○	
	〔魯〕周公旦	大誥	○	○	
	〃	微子之命		○	
	成王	康誥	○	○	
	武王	酒誥	○	○	
	〃	梓材	○	○	
	〃	召誥	○	○	
	〔燕〕召公奭	洛誥	○	○	
	〔魯〕周公旦	多士	○	○	
	〃	無逸	○	○	
	〃	君奭	○	○	
	〃	蔡仲之命		○	
	〃	多方	○	○	
	〃	立政	○	○	
	成王	周官		○	
	〃	君陳		○	
	〃	顧命	○	○	今文では「顧命」「康王之誥」篇は合わせて一篇とされている。
	康王	康王之誥	（○）※	○	
	〃	畢命		○	
	穆王	君牙		○	
	〃	冏命		○	
	〃	呂刑	○	○	
	平王	文侯之命	○	○	
	伯禽	費誓	○	○	
	〔秦〕穆公	秦誓	○	○	

ど、その正統性や根拠を古代に求めて、より古い故事を加えること）が唱えられることとなった。

王の権威と訓戒とを語る不動の書

それでは、『尚書』には一体どのような内容が記されていたのであろうか。全篇を通して繰り返し語られる「天命思想」と「明徳慎罰」について注目してみたい。

五誥篇の一つである大誥篇には、周に滅ぼされた殷王紂の子・武庚と周の武王の弟・管叔、蔡叔、霍叔らが手を結び謀叛を起こしたため、成王が周公旦に征伐を命じる内容が記されている。

> 天が殷を滅ぼすのは、農夫が畑の草を除こうとするようなものであった。〔そうであれば、先代の大業を受け継いだ〕私（成王）がどうして畑仕事を途中で投げ出すことができようか。天はまた前の文王のやり方を喜ばれた。〔そのため〕わたしは卜いに従い、文王の大業に従って、国土を治めないでよかろうか。ましてや今、卜いは全て吉と出た。されば私は大いに汝らを率いて東征するのである。天命に誤りはないであろう。亀卜が示すところは、この通り（東征せよ）である。（大誥篇）

ここでは天が殷を滅ぼし、また文王を嘉して周に命を革めたことが述べられている。『尚書』中にはその他にも「天が文王に殷を打ち倒させ、天命を受けよと命じた」（康誥篇）とその武力行使についての正当性を主張する内容や「汝らこの誓いの言葉に従わなければ、私（湯王）は汝らの妻子ともども殺害し、許すことはないであろう」（湯誓篇）というように、専制的に群臣を威圧し、権威を知らしめる内容も見られる。しかし、王は天命を絶対視して権威を振りかざすだけの存在ではなく、「天は信じがたいものである」（大誥篇）や「その終わりには天命を失うことになるかもしれない」（君奭篇）などと、天命が移ろいやすく、その喪失をも視野に入れ、自らを律する必要があった。それは『尚書』中、「明徳慎罰」という語句が多く語られていることからもうかがわれる。「明徳」とは善政につとめること、「慎罰」とは刑罰を慎重に執り行うことを意味する。これらの『尚書』に見える「天命思想」と「明徳慎罰」とは、君主の権威を明示すると同時に、その横暴を抑制する働きを担い、その後、歴代の為政者を正す規範として長く引き継がれてゆくこととなる。

2 『尚書』の変遷と伝播

今文『尚書』と古文『尚書』

司馬遷（前一四五頃～前八六頃）の『史記』孔子世家には「欠落の生じた『書』を孔子が秩序づけた」ことが述べられ、班固（三二～九二）の『漢書』芸文志には「孔子が『書』を撰するには、堯から秦国に至るまで、およそ百篇とし、序を附して各篇の作意を示した」という伝承が記述されている。また『論語』中に「孔子が正しい発音で読んだものは『詩』と『書』であった」（述而篇）と語られるとおり、『尚書』は『詩経』と並び、春秋戦国期には儒家や墨家などの諸子にとって重要な地位を占める文献であったと考えられる。『墨子』には自己の思想の拠り所として禹を賞賛し、「夏書」を多く引用するという特徴が見られるが、後出の『孟子』にはそれを超越する存在としてさらに太古の「虞書」が引かれていることが指摘されている。『尚書』はこのように、君子たるものに共通した必須の知識として広く流布し、自己の主張の権威づけや正当性のために、多くの文献に引用されていたのである。

ところが、その後、秦の始皇帝（前二五一～前二一〇）が天下を統一し、焚書坑儒を断行したことにより『尚書』は散佚の憂き目に遭う。しかし、秦の博士であった伏生（伏勝とも）が『尚書』を壁蔵していたため、漢代初期には辛くも二九篇を再び得ることができた。後に、伏生の『尚書』は斉・魯の間で教授されて、学官（大学の講座）に立てられることとなる。これらは当時の通行字体である隷書で記されていたため、今文『尚書』と呼ばれている。

続いて武帝期（在位前一四一～前八七。一説には景帝期末）にも、『尚書』テキストの重要な発見があった。魯の恭

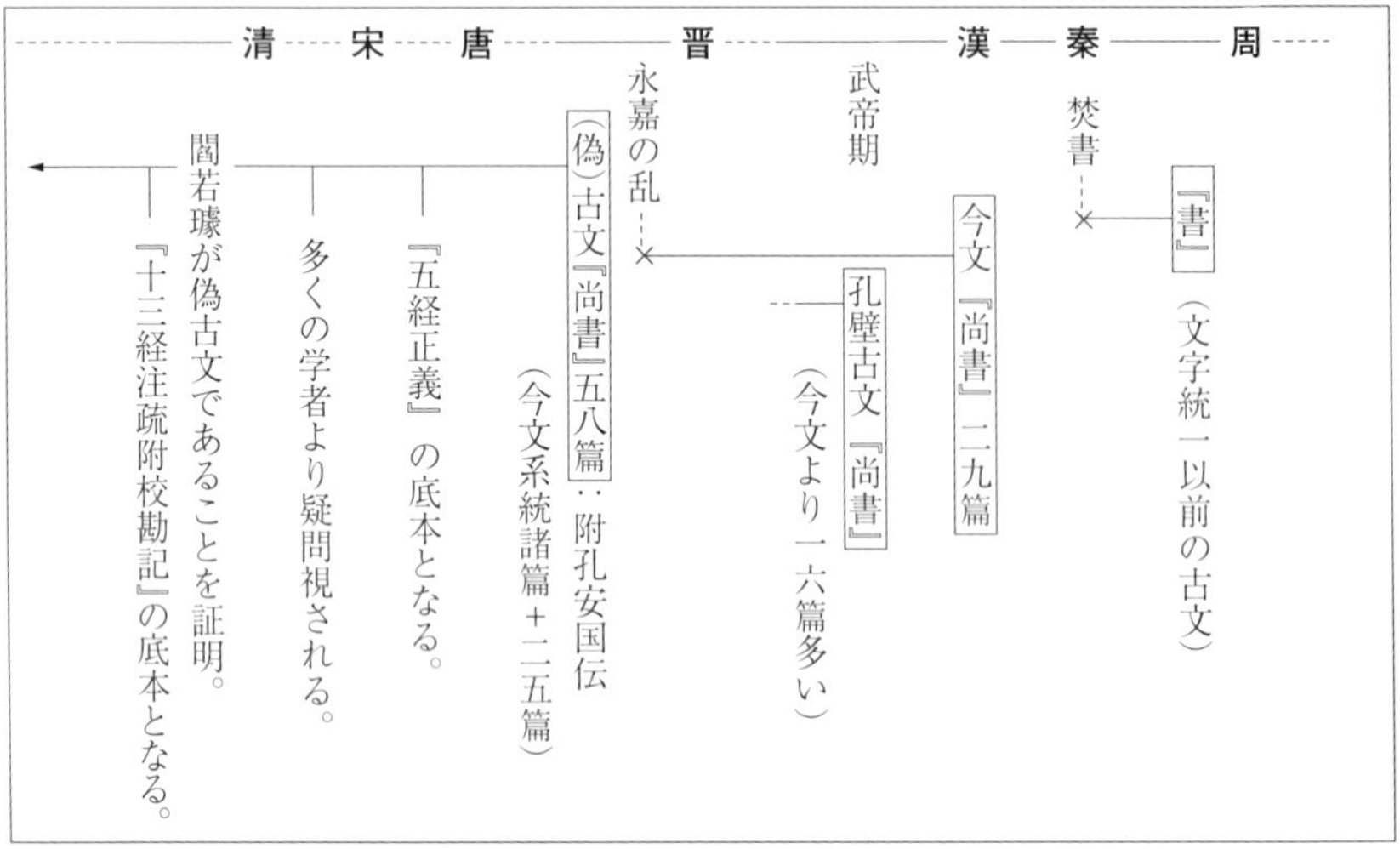

『尚書』関連文献変遷図

（共）王が宮殿拡張のために孔子の旧宅を破壊したところ、先秦時代の古い文字で記された文献が大量に発見されたのである。その中には今文より一六篇多い『尚書』テキストも含まれていた（これを孔壁古文『尚書』と言う）。

偽古文『尚書』とその意義

これら今文・古文のテキストは、学派の対立も手伝い、一大論争を巻き起こすこととなった（今古文論争）。前漢時代には主に今文が、後漢時代には古文が隆盛したとされるが、その他にも数度にわたり、宮中や民間から古文で記された『尚書』が発見されたとの記録も見られる。しかし、西晋末に起こった永嘉の乱によりその大部分は散佚してしまった（『隋書』経籍志）。そのような中、東晋時代に予章の内史（内政を司る官）であった梅賾が、孔安国（漢代の学者、孔子の子孫）の注が付いた古文『尚書』全五八篇を朝廷に献上した。後にこの古文『尚書』は学官に立てられ、唐代には太宗（在位六二六～六四九）の命により編纂された『五経正義』のうち、『尚書正義』の底本に採用されて、より詳細な注釈がほどこされた。唐代の科挙テキストにも利用された『尚書正義』は、こうして経書としての地位を確固たるものとし、現行本『尚書』にまでつながる地盤を築いたのである。

しかしながら、このテキストは早くも宋代には多くの学者により疑問視されるようになる。たとえば、呉棫（?～一一五四）や朱熹は梅賾献上の古文『尚書』のうち、今文系統の諸篇と古文系統との文体に相違があることや、附された孔安国伝・書序の真偽について疑いを抱いた。その後も次々と疑問を呈する者が現れる中、ついに清代になり閻若璩（一六三六～一七〇四）『尚書古文疏証』に至り、その古文系統二五篇が先秦諸子の書に引かれた『尚書』の断片を基として魏晋の間に作られた偽書であったことが裏づけられたのである。そのため、この梅賾が伝えた古文『尚書』は、現在、偽古文『尚書』と呼ばれるが、清の学者阮元（一七六四～一八四九）が校勘した『十三経注疏』にも採られたため、今なおその命脈を保っている。

このように、偽書を含む形で伝世する『尚書』であるが、偽古文系統の諸篇は一時、紛れもなく経典として扱われ、人々に享受されていたのであり、その価値をまったくの無に帰することはできない。それを示す最たるものが、大禹謨篇に見える「人心惟れ危く、道心惟れ微かなり。惟れ精 惟れ一、允に厥の中を執れ。（自己中心化して私欲に覆われた人の心は危うく、自己向上をはかる道義心ははっきりしないものである。そのため、精細純一に振る舞い、心から中道を行わなければならない）」という言葉である。朱熹はここに見える「人心」「道心」の語句を引いて『中庸章句』にその人間観を表す序文を附した。この言葉は宋明理学の中核をなす、重要な思考を導いたと考えられている。

『尚書』テキストと日本への伝来

複雑な変遷を遂げた『尚書』については、現在、主に次の三つのテキストが用いられている。

南宋・蔡沈撰『書集伝』

清・阮元校勘『重栞宋本 十三経注疏附校勘記』

清・孫星衍著『尚書今古文注疏』

『書集伝』は朱熹の弟子で娘婿の蔡沈が、朱熹の命を受けて編纂したもので、漢の孔安国伝（偽孔伝）が古注と呼ばれるのに対し、当該書の注釈は新注と呼ばれている。蔡沈は梅賾が献上した古文系統諸篇に対し疑惑の目を向けながらも、今文系統諸篇と併せてその注釈を収録している。また、清・阮元の著した『重栞宋本十三経注疏附校勘記』は、唐の孔穎達撰『尚書正義』（『五経正義』の一）を基に編纂されているため、梅賾の偽古文系統のテキストを底本としており、偽孔伝をも収載する。一方、清の孫星衍は閻若璩以降、梅賾の古文テキストが偽作であると明らかにされたことを受け、『尚書正義』のうち古文系統諸篇を切り捨て、今文系統諸篇および『史記』をはじめとする古典より関連記述を抽出して復元した「泰誓篇」「書序」のみを取り上げて、注釈をほどこしている。二〇年余りの歳月を費やして完成したというこの『尚書今古文注疏』は、清代における『尚書』注釈の集大成と考えられている。

以上、それぞれのテキストには、偽古文『尚書』をどのように扱うかという時代ごと、また研究史上の相違が反映されていると言える。そのため、我々が当該書籍を利用する際には、それらを考慮した上で文献の読解に臨む必要があるであろう。

『日本書紀』によれば、日本にも早く継体天皇の治世（六世紀）には、百済より五経博士が来朝したと記録されており、『尚書』もその頃には伝来していたものと考えられる。また、平安初期（八九一年頃）に成立したとされる日本最古の漢籍目録『日本国見在書目録』にも、「尚書家」として今文系統・古文系統のテキスト名が見える。当時の知識人たちは中国から伝えられたこれらの学問や制度を積極的に学び、政治改革を推進したのである。

なお、唐代の写本としては、二〇世紀初頭に発見された敦煌文献中に見える古文『尚書』（張涌泉主編審訂『敦煌経部文献合集』中華書局、二〇〇八年）、および日本平安中期～鎌倉中期頃の岩崎文庫本古文『尚書』（公益財団法人東洋文庫監修『国宝　古文尚書　巻第三・巻第五・巻第十二／重要文化財　古文尚書　巻第六』研文出版、二〇一五年）などがある。

3 時を超えた『尚書』テキスト

戦国時代の竹簡本『尚書』の発見

二〇〇八年七月、清華大学は戦国中晩期（前三三五～前二七五頃）のものと考えられる竹簡（竹の札に文字が記されたもの）約二四〇〇枚を入手した。その中には『尚書』に関わる文献が多く含まれており、各国の研究者を驚かせた。

中でも特に注目されたのは、今文『尚書』に含まれる金縢篇と同一と考えられる文献が発見されたことである。当該篇には、①病に伏した武王のために、周公旦が自ら身代わりとなろうと先王に祈る場面、②幼い成王を助け政治を行う周公旦が、兄弟（管叔等）の流言のために不遇な境遇に陥る場面、③成王が周公旦の武王に対する献身的な態度を知り、自らの周公旦への態度を改めたことにより、天災が止むという三つの場面が描かれている。現行本・清華簡本ともに、周公旦の言動に天が呼応するという天人相関の思想がクローズアップされた同一内容の文献であったことがうかがえるが、清華簡本にはもともと竹簡の背面に『周武王有疾周公所自以代王之志』という文献内容を示す篇題が付けられていたこと、また現行本に見える占卜の文句が竹簡本には見られず、語句の相違も散見していることなどが特徴として挙げられる。このように多くの差異が見られることから、両者のうち、どちらの文献がより早く成立したか、あるいはどちらがより整った文献であるかなどについて言及する学者も多いが、これらの問題は現時点においても決着を見ていない。ただし、清華簡本の発見により、戦国中晩期には確実に金縢篇が存在していたこと、孫星衍『尚書今古文注疏』が③の場面を他篇からの誤入だとしたことが誤りであったと証明されたことの意義は大きい。

さらに、清華簡中には偽古文『尚書』に属する説命篇と考えられる文献『傅説之命』も含まれている。ただし、現行本『尚書』説命篇と清華簡『傅説之命』との後半部分の記述内容は大きく異なっており、当該篇の整理者である李学勤（清華大学教授）によって、清華簡本こそが説命篇の真本であり、現行本『尚書』説命篇が魏晋期に創出された偽書であったことが強調されている。

『尚書』と『逸周書』

『逸周書』とは、文王や周公旦など周代の聖賢の言葉や制度が記された文献である。『漢書』芸文志では「周書」と記述されて書類（経書の『尚書』類）に分類され、『隋書』経籍志でも「周書」と記述されるものの史類（歴史書）に分類されるなど、目録類における評価が一定せず、その成立や変遷過程の不確かさから、従来、研究対象として取り上げられることのあまりない文献であった。しかし、清華大学が入手した竹簡本の中には、『逸周書』命訓篇や皇門篇、祭公篇と合致する書が含まれており、また亡佚した『逸周書』程寤篇との関連が指摘されている書が見られることから、改めてその価値が見直されてきている。

唐代の学者顔師古（五八一～六四五）は、『漢書』芸文志の「周書七十一篇」に劉向の言を引いて「孔子が論じた百篇（『尚書』）の余りである」と述べているが、これを裏づけるかのように、先秦時代の文献には「『書』に曰く」として『逸周書』を引用するものも見られる。清華大学が入手した戦国期の竹簡本にも、『尚書』と『逸周書』、さらには『尚書』関連の佚篇と考えられるテキスト（『咸有一徳』『厚父』『封許之命』など）が混在している。現代的な視点で見れば別文献と捉えられるこれらの書は、あるいはもともとはより近い著作意図（王の権威づけと訓戒と）のもとに制作されたものであったのかもしれない。新たな史料の発見により、『尚書』研究は急速に進展していると言える。

現代に通ずる戒めの言葉

酒は古来、洋の東西を問わず、人々に快楽や安らぎを与え、思考を解放させる重要な飲み物であると同時に、失敗や病を引き起こす要因として強く警戒されるものでもあった。『漢書』食貨志下に、酒は「天の美禄」「百薬の長」と讃美の言葉が見える一方で、鎌倉末期の随筆家・兼好（一二八三〜一三五二頃）はそれを引き、「百薬の長とはいへど、万の病は酒よりこそ起れ」（『徒然草』第一七五段）と警句を発している。

『尚書』酒誥篇では、酒を主題にきわめて厳しい記述がなされている。

> 天が威を下し、民が大いに乱れ、正徳を失うのは、酒が行わせたものでないものはない。大小の国を問わず滅亡に至ったのも、酒が招いた罪でないものはない。（酒誥篇）

酒誥篇は、周の武王が弟の康叔を殷の都（妹土）に封ずる際に作成されたものと考えられているが、殷が滅亡したことについても、天が殷を虐げようとしたわけではなく、殷の人々が自ら酒に溺れて招いた結果であると語られている。本篇には、このような殷を鑑として自らの身を慎まねばならないとする武王の戒めの言葉が続いているのである。これと同様に、『尚書』中には夏や殷の滅亡を鑑としなければならないという酒誥篇と類似した教誡が多く語られている。「殷鑒遠からず、夏后の世に在り」とは『詩経』大雅・蕩に見える名句であるが、これらの言葉は、歴史の国、中国の古典に描き出された人類を貫く教訓と言えるのかもしれない。

その他、「備えあれば憂いなし」（説命篇）や「口は好を出し、戎を興さん」（大禹謨篇）など、偽古文『尚書』の中にも現代に通ずる教誡的な句が多く見受けられる。『尚書』は紆余曲折を経て多少歪な形ではあるものの、このように時代や地域を越えて多くの人々に共感をもたらす経典として、今日に至るまで引き継がれているのである。

4　名文読解

元号「昭和」の典拠

克明俊徳、以親九族。九族既睦、平章百姓。百姓昭明、協和萬邦。黎民於變時雍。

（『尚書』堯典篇）

克く俊徳を明め、以て九族を親しむ。九族既に睦みて、百姓を平章す。百姓昭明にして、万邦を協和す。黎民於て変り時れ雍ぐ。

〔帝堯は〕よく大いなる徳を勉め行って、それによって親族たちを親しませた。親族たちが愛し睦み合って、〔その後〕百姓〔の職分〕を分かち明らかにした。百姓〔の職分〕が明らかになって、〔その後〕よろずの邦々を協調和合させた。そこで人民は感化され、こうして和らいだのである。

＊『尚書』の冒頭、堯典の言葉。ここに見える「百姓昭明にして、万邦を協和す」は、元号「昭和」の典拠である。「平章」の「平」は『史記』では「便」に、『尚書大伝』では「辯」に作っている。

手本とすべきものは身近にあり

古人有言、曰「人無于水監、當于民監」。今惟殷墜厥命。我其可不大監撫于時。

（『尚書』酒誥篇）

古人言える有り、曰く「人は水に于て監みること無く、当に民に于て監みるべし」と。今惟れ殷は厥の命を墜せり。我其に大いに時に監撫せざる可けんや。

昔の人が言うことには、「人は水に〔自らの姿を映して、その言行を〕考えるのではなく、民〔の様子〕に照らして〔自らの言行を〕考えなければならない」と。今、殷は〔酒に耽(ふけ)り〕その天命を失ってしまった。我々はどうして大いにこのことに反省しないでよかろうか。

＊「無于水監」「當于民監」はそれぞれ「無監于水」「當監于民」が倒置された文章と考えられている。また、「我其可不大監撫于時」の「其」字は、「豈(あに)」や「奚(なんぞ)」などの反語の言葉と解釈される。

参考文献

【一般的・入門的文献】

① 野村茂夫訳『書経』（明徳出版社・中国古典新書、一九七四年）

＊『尚書』の訳注書（抄訳）。特定の部分に偏ることなく、堯舜から西周末に至るまでの重要な事件を大まかにたどることができる。冒頭の解説、および丁寧な現代語訳は入門書に相応しく、分かりやすい。

② 池田末利訳『尚書』（集英社・全釈漢文大系、一九七六年）

＊『尚書』の全訳注。著者の「原典の正確な解明なくして書篇の成立過程も今・古文説の是非判断も不可能」という姿勢が存分に発揮された書。全篇を通して、詳細な解説と注釈が附されている。

③ 加藤常賢・小野沢精一訳『書経』上・下（明治書院・新釈漢文大系、一九八三・一九八五年）

＊『尚書』の全訳注。上巻の今文『尚書』を加藤氏が、下巻の偽古文『尚書』を小野沢氏がそれぞれ執筆担当している（冒頭の解説は、宇野精一氏によるもの）。なお、加藤氏は本書以前に、今文『尚書』の訳注書である『真古文尚書集釈』（明治書院、一九六四年）を発表している。

④ 竹内照夫『四書五経入門——中国思想の形成と展開』（平凡社ライブラリー、二〇〇〇年）

＊四書五経の解説書。『尚書』については、「神話と歴史」という観点から、所どころ訓読文を交えながら記述されている。「四書五経の伝承」や「日本の四書五経」についても章をさいて解説を加えている。

⑤ 野間文史『五経入門――中国古典の世界』（研文選書、二〇一四年）

＊五経（「三礼」「春秋三伝」を含む）の解説書。内容から伝来に至るまで、簡にして要を得た記述となっている。『尚書』に関しては、四種の翻訳本を取り上げてその文意解明の困難さを明示したり、元号「平成」の出典について論究するなど、読者の興味をひく内容が多く見える。

【専門的文献】

① 吉川幸次郎訳『尚書正義』全四冊（岩波書店、一九四〇～一九四三年）

＊『尚書正義』の現代日本語訳注書。序には、東方文化研究所（現・京都大学人文科学研究所）の経学文学研究室が編纂した「尚書正義定本」の余業として本書が成ったと記述されている。偽古文二五篇を偽作としながらも、中世以降の社会では真のものとして認められてきたことを述べ、評価する姿勢が示されている。

② 小林信明『古文尚書乃研究』（大修館書店、一九五九年）

＊古文『尚書』に関する研究書。前漢の古文『尚書』から東晋の梅賾本（偽古文『尚書』）を経て唐代の隷古定書（敦煌本、日本伝存写本などを含む）に至るまで、その文字や構成、評価について、その他多くの版本や抄本と比較検討している。

③ 松本雅明『春秋戦国における尚書の展開』（弘生書林・松本雅明著作集、一九八八年）

＊春秋後期より戦国末に至る古典（『論語』や『墨子』、『礼記』や『呂氏春秋』、『韓非子』など）に引用された『書』を中心に考察し、『書』の展開を捉えることを目指した研究書。なお、松本氏にはこの他、『尚書』の成立について検討した『原始尚書の成立』（弘生書林・松本雅明著作集、一九八八年）もある。

④ 白川静『金文と経典』（平凡社・白川静著作集、二〇〇〇年）

＊第一部「金文の世界」と、第二部「尚書札記」「尚書洛誥解」「尚書大誥篇」よりなる研究書。特に「尚書札記」では、『尚書』の問題の所在を示し、神話と経典に関する諸篇を取り上げて考察を加えた後、周書に見える諸篇を検討している。

⑤ 青木洋司『宋代における『尚書』解釈の基礎的研究』（明徳出版社、二〇一四年）

＊『尚書正義』の成立から林之奇『尚書全解』に至るまでの『尚書』解釈に関する研究書。劉敞・王安石・蘇軾・呉棫・林之奇らの解釈について検討している。その他巻末には「金履祥の『尚書』解釈の再検討」「呉棫『書裨伝』佚文」を附す。

第三章 『左伝』——春秋諸国の盛衰を記す

湯城吉信

鼎（獣面紋鼎）
（故宮博物院編『故宮青銅器』1999年）

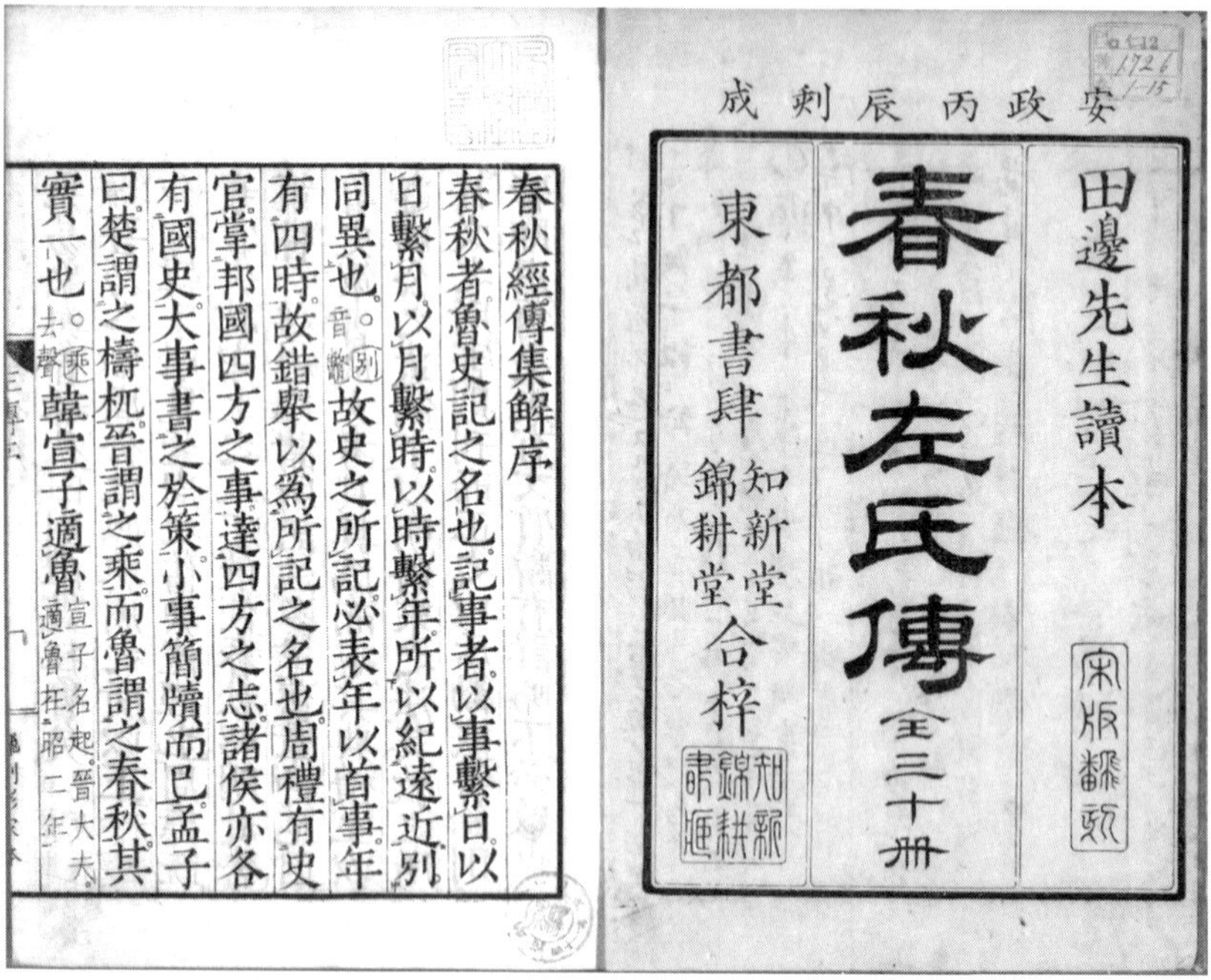

和刻本『春秋経伝集解』（安政３年刊本）（早稲田大学附属図書館所蔵）

日本には，早くから『左伝』が伝わり，貴重な写本が残されている（旧金沢文庫所蔵の宮内庁書陵部所蔵巻子本など）が，ここでは印刷の鮮明な版本を取り上げた。この版本は，江戸時代の安政３年（1856）に江戸の出版社から出版された和刻本（日本で出版された漢籍）である。右下に篆書体で「宋版翻刻」とあるのは，中国の宋版を翻刻したものであることを言う。右上に「田辺先生読本」とあるのは，江戸時代の儒者田辺楽斎（1754〜1823）の読み方に従うことを言う。ただ，この版本では，訓点が漢字の配列に影響しないように，返り点が控えめに付けられているだけで，送り仮名はない。実際の宋版と比較しても，字体（「宋朝体」）や字の配列も似ており，原典を忠実に再現した版本であることが分かる。左の序文は，杜預の『春秋経伝集解』の序であり，『春秋』がどのような本であるか，なぜ『春秋』と言うかについて明解に説明されている。

1　『春秋』とは何か、『左伝』とは何か

経と伝

『春秋』は魯国の歴史書であるが、孔子が制作したものとされ、五経の一つとして尊重されてきた。隠公から哀公までの一二代、二四二年間（前七二二～前四八一）の出来事を記録する。春秋時代という時代区分名称はここに由来する。

この『春秋』は箇条書きで出来事を列挙するに過ぎない。そこで、この『春秋』（経）を解説する注釈（伝）がいくつか作られた。その代表が『左伝』『公羊伝』『穀梁伝』の三伝である。この中、『左伝』（『左氏伝』『春秋左氏伝』とも言う）は、分量も多く、事件の顛末を詳しく記述しており、『春秋』の内容を具体的に知るのに役立つ（ただし、三伝については立場による毀誉褒貶の歴史があるので後述する）。『春秋左氏伝』の書名に見える左氏とは、伝統的には魯の史官左丘明であるとされてきた。左丘明は『論語』にも登場し、孔子の弟子であるとも言われるので、『左伝』は孔子と同時代に書かれた書ということになる。

『左伝』の記述の実際

『春秋』および『左伝』がどのようなものか、冒頭部分（隠公元年）を見てみよう。

経

元年、春、王正月。（元年、春、王の正月。）

三月、公及邾儀父盟于蔑。（三月、公邾の儀父と蔑に盟う。）

……

伝

元年、春、王周正月。不書即位、摂也。（元年、春、王周の正月。即位を書せざるは、摂すればなり。）

三月、公及邾儀父盟于蔑、邾子克也。未王命、故不書爵。曰儀父、貴之也。……

（三月、公邾の儀父と蔑に盟う。邾子克なり。未だ王に命ぜられず。故に爵を書せず。儀父と曰うは、之を貴べばなり。……）

経では、「王正月」とだけあるのを、伝では、それが周の暦であると補足し、また即位と書かないのは「摂」（即位の儀式を挙げずに政治を摂った）であったからだと説明している。三月の項でも、「隠公が邾の儀父と蔑（という場所）で盟約を交わした」とあるのを、儀父の名が「克」であったこと、まだ周王から命ぜられていなかったので「子爵」を記さなかったこと、儀父と字で記しているのは尊敬しているからだと説明している。

この例を見ると、『春秋』の経文がいかに簡潔に書かれているかが分かろう。ただ、その経文は確固たる価値判断のもと、厳密に表現が選ばれたとされる。そもそも書くか書かないかにも深い意味があるというのである（書き加えることを「筆」、削除することを「削」、合わせて「筆削」と言う）。このように、『春秋』の経文はわずかな言葉の中に深い意味が含まれているとされる（「微言大義」または「一字褒貶」と言う）。この厳格な価値判断を込めた記述法は「春秋の筆法」と呼ばれ、春秋学とは、春秋の筆法を読むことを目的とする学問を言う。三伝の一つ『公羊伝』では特にその傾向が強い（孔子の「撥乱反正」〔乱を治め正に返す、勧善懲悪〕の思いを読み解こうとする）。

ただ、『左伝』には、経文に対応する伝文だけではなく、経文に呼応しない伝文もある（「無経の伝」という）。そして、『左伝』の中でまとまった話（故事）が見えるのは、経文に対応しない伝文に多い。特に、ある話の後に、「初めに〜（かつて）」という書き出しで、その話に先立つ出来事を記述する部分には故事として興味深いものが多い。『左伝』の魅力はここにあり、江戸時代の儒者が文章の手本としたのもこの部分である。

歴史書の記述形式――編年体、紀伝体、紀事本末体

先に述べたように、『春秋』は魯の一二公の事績を時代順に列挙している。このように時代順に記す方法を「編年体」と言う（簡単に言うと「年表」形式）。一方、司馬遷『史記』の記述方法は、「紀伝体」と呼ばれる（簡単に言うと「伝記」形式）。王の伝記である「本紀」、諸侯の伝記である「世家」、臣下らの伝記である「列伝」などに分類しているからである。この二つの形式が中国の歴史の二大書式であるが、実はもう一つ「紀事本末体」という書式がある。これは、ある出来事の顛末をまとめた形式である。紀伝体は人を主とし、編年体は年を主としているのに対し、紀事本末体は事を主としていると言える。編年体は事件がばらばらに記されていて事件の全容が分かりにくいことから、その欠点を補うために生まれた形式である。南宋の袁枢『資治通鑑紀事本末』がその始まりであるが、『左伝』についても、清の高士奇『左伝紀事本末』などがある。

また、『左伝』には無数の人名が登場し、同一人物が様々な別名で呼ばれるので分かりにくい。索引で同一人物の事績をたどることも可能であるが煩瑣である。そこで、ある人物についての事績をまとめた本もある。方朝暉編著『春秋左伝人物譜』上・下（斉魯書社・中国孔子基本文庫、二〇〇一年）がそれである。この書は、『左伝』中の一五〇名ほどの重要人物について『左伝』の記事を集めて解説を加えている。紀事本末体が「事」を主とするのに対し、この書は「人」を主にしていると言える。『左伝』に登場する人物に関する記述を確認するのに便利である。

以上のように、『左伝』が「事」や「人」を中心に改編されてきたことからも、編年体で書かれた『左伝』がいかに読みにくい書物であったかが分かるであろう。

2 『春秋』『左伝』の歴史・研究史

『春秋』と孔子

先に述べたように、『春秋』は簡潔な歴史記述が箇条書きで列挙されるに過ぎないが、それが儒教の聖人・孔子の手が加わったものとされたために、経書として尊重された。最初に孔子と『春秋』の結びつきを指摘したのは、孟子である。『孟子』滕文公下篇には以下のようにある。

世の中が衰微して、邪道の説が起こり、臣下が君を殺したり、子が父を殺すことも起きた。孔子は危惧して『春秋』を作った。……孔子は言った。「我（が真意）を知る者はこの『春秋』によってであり、我を罪する者もまたただこの書によってであろう」と。

ここの「我（が真意）を知る者…」は、孔子が『春秋』に自らの思いを込めた文句だと言われる。春秋学とは、この孔子の思いを読み解こうとする学問であることは先に述べたとおりである。

孔子の思いを読み解く典型的な例が「獲麟伝説」である。「西に狩して麟を獲た」という記述が『春秋』の末尾に見える。これは、太平の世に現れるべき瑞獣である麒麟が乱世に現れたことを嘆くものだとされている。

だが、一方、歴史記録の断片に過ぎないとして軽視する見方もある。有名なものでは、北宋の王安石（一〇二一～八六）が『春秋』を「断爛朝報」（切れ切れの官報）と言ったという逸話がある。以上は『春秋』についての評価だが、『左伝』についても「経書の伝であるとして崇める立場」と「偽書であるとして否定する立場」とがある。

『左伝』と今古文論争

先に述べたように、『左伝』を尊重する立場では、『左伝』の作者は孔子も敬意を払った史官左丘明であるとする。だが、この『左伝』が世の中に現れるのはそれよりも後の漢代である。

漢代になって儒教が国教となり、『春秋』も尊重されるようになるが、三伝の中、『公羊伝』と『穀梁伝』が先に登場した（「今文」と呼ばれる）。それに対して、劉歆がより古い経書を発見したとして新たなテキストを提出した。『春秋左氏伝』もその一つである。これは古文字で書かれていたことから「古文」と呼ばれる。以後、この両派が正統争いを繰り広げる（「今古文論争」）。今文派は、『左伝』は劉歆による偽作であるとして、『左伝』という書物そのものを否定した。後述するように、その争いは清末まで続く。

中国における『左伝』

晋の時代、杜預（二二二〜二八四）が『春秋経伝集解』（略称は「杜注」）を著した。この本は、経文と伝文を合わせて、先人の注を取捨採録し、また『左伝』の義例（体例）を明らかにしており、後、『左伝』の最も信頼される注釈書となる。特に、唐代に至り、孔穎達（五七四〜六四八）らが勅命を受け五経正義を作成する際に採用されて以後は、標準的なテキストとしての地位を確立する。我が国に多く残されている『左伝』のテキストもこの『春秋経伝集解』である。ちなみに、杜預は武将であったが、三国時代の有名な武将である関羽（?〜二一九）も『左伝』を読んだとされる。

宋代には、それまでの儒学の注釈（古注）に対して、朱子学という新しい注釈（新注）が起こった。それに対応し、『春秋』も三伝にこだわらない独自の動きが出た（「伝を舎て経を求む」（舎伝求経））。胡安国（一〇七四〜一一三八）『春秋胡氏伝』がそれである。これは、北方の金王朝という外患に直面していた時代背景のもと、攘夷復讐論が色濃く反映されている特徴があるが、朱子学の隆盛とともに重視された。

清末には、変法自強を主張した公羊学派が『左伝』を否定した。康有為（一八五八～一九二七）『新学偽経考』がその代表である（「新学」とは新の王莽のために劉歆が作った学という意味）。一方、『左伝』は偽書でないという反駁も行われた。章炳麟（一八六八～一九三六）『春秋左伝読叙録』、劉師培（一八四八～一九一九）「左氏不伝春秋辨」（『左盦集』巻二）がそれである。

以上のように、中国における『左伝』の評価は、政治的立場（イデオロギー）に基づく場合が多いことには注意が必要である。

なお、『春秋左伝』は『左氏春秋』という呼び名がある（『史記』に見える）が、これは『呂氏春秋』（第Ⅲ部第十章参照）が『春秋』と関係しないのと同じく『春秋』の伝ではないからだとする説がある。この立場からすると、現・『左伝』の解経の部分（『春秋経』に対応する部分）は後からの竄入で、そうでない故事を記した部分が元来の『左氏春秋』であるということになる。ただ、これも『左伝』を肯定するか否定するかという価値判断に関わるものであったことは注意したい。伝統的経学の立場では、「経書の伝である＝価値がある」となり、「経書の伝でない＝価値がない」となるからである。すなわち、『左伝』は『春秋』の伝でないという説は、伝統的には今文派が古文派を攻撃する論法だったのである。ただ、現在の我々はこの価値観にとらわれる必要はない。『左伝』の記述は解経の部分以外に故事として魅力のある話が多く、中国でも近代以降はそれを評価する立場も現れる。

日本における『左伝』

日本にも早くに『春秋経伝集解』が伝わり、博士家であった清原家の写本などが今も多く残されている。これらの写本が貴重なのは、中国で失われた古本の様子を留めるからである。特に、宮内庁書陵部に所蔵する旧金沢文庫本は鎌倉時代の写本であるが、唐代の写本の様子を留めると言われる。金沢文庫とは、鎌倉時代中期、金沢実時（一二二四～七六）が武蔵国の金沢（現・横浜市金沢区）につくった文庫である。後に、日本の『左伝』研究の代表である竹添進一郎『左氏会箋』や鎌田正『春秋左氏伝』（明治書院・新釈漢文大系）が底本として採用したのもこの金沢文庫本である。

江戸時代、『左伝』は、『国語』『史記』『漢書』とともに「左国史漢」と呼ばれ尊重された。この四書はすべて歴史書である（『国語』は各国の話という意味）が、こう併称されたのは叙事文の模範とされたからである。

以上のように、『左伝』は日本に早くから伝わり尊重されたため、現在の日本語にも『左伝』由来の表現が多く見える。たとえば、「病膏肓に入る」（病気がひどくなり、治る見込みがなくなること。引いて、何かに熱中しすぎて抜け出せなくなること。膏肓は「こうもう」ではなく「こうこう」と読むのが正しい）、「牛耳を執る」（同盟の盟主になる、引いて主導権を握る）、「鼎の軽重を問う」（上位の権威を疑い、その地位を奪おうとする）、「食指が動く」（食欲が起こる、引いて何かをしたくなる）、「唇亡びて歯寒し」（一方が危うくなるともう一方も危うくなること。持ちつ持たれつの関係）などである。

日本における『左伝』研究の成果としてまず挙げるべきは、竹添進一郎（号は井井、一八四二〜一九一七）『左氏会箋』（明治講学会、一九〇三年）であろう。善本を底本に『左伝』の定本（標準のテキスト）を目指したもので、中国・日本の注釈を広く集めて考証を加えており、『左伝』注釈本の集大成として日本のみならず中国でも評価されてきた（ただし、出拠を明示しない場合もあることは問題点として指摘されている）。日本では、中国古典の精髄一二冊を集めた冨山房・漢文大系にも収録されている（『左氏会箋』は一九一一年刊）。

次に、『左伝』がどのような書物であるかを探求した近代の研究を紹介しよう。

日本における『左伝』研究は、中国のように今文派と古文派による学閥闘争による束縛はない。だが、やはり『左伝』の真偽、成立年代を中心に議論が展開されてきた。いや、客観的歴史研究を目指すからこそ、その内容から教えを読む経学的研究ではなく、『左伝』の内容からその年代を特定しようとする歴史的研究がなされたとも言える。

たとえば、津田左右吉（一八七三〜一九六一）は、『左伝の思想史的研究』（東洋文庫論叢、一九三五年）において、その思想内容を分析することにより、『左伝』には前漢時代の儒家思想が色濃く表れていると言う。日本では、中国古代の天文暦法に対する科学的研究も盛んであった。飯島忠夫『支那暦法起原考』（岡書院、一九三〇年）も、暦法の研究から『左伝』を前漢末の作であるとした。

一方、『左伝』は偽書ではないという反駁は、日本においては、新城新蔵『東洋天文学史研究』（弘文堂、一九二八年）、鎌田正『左伝の成立と其の展開』（大修館書店、一九六三年）などがある。

現在の『左伝』が実際にいつ頃成立したかは不明である。だが、もし偽書（後世の編集）であったとしても、完全に捏造されたものではなく、それ以前にあった史料を利用したと考えるのが妥当であろう。また、『左伝』に見える不整合もその破綻や分裂ではなく、当時の多様性を留めるもので、『左伝』の魅力であると考えるべきであろう。『左伝』は、基本的に儒教的価値観（周王朝崇拝、礼による秩序の志向）により記述されている。ただ、後の儒教ほど凝り固まっていない（刑法なども否定しない）。それは、『左伝』の魅力であり、経でもあり史でもあり文学でもあると言われるゆえんである。

3『左伝』の内容

春秋という時代

まず、春秋時代がどういう時代であったか確認しておこう。

夏王朝は四百年以上続くが、暴君桀が登場し、殷の湯王に滅ぼされる。その殷も最後には紂という暴君が現れ（桀紂は後、暴君の代名詞となる）、周の武王に滅ぼされる。

周王朝も創立当初は、武王やその弟・周公旦、太公望呂尚ら人材に恵まれ栄える。周王は、一族や功臣、地方の有力な土豪を諸侯として、土地と人民の支配権を与え統治した。「封建制」である。

ただ、紀元前七七〇年、西北から異民族犬戎（けんじゅう）が侵入し、都の鎬京（こうけい）が陥落し、周の幽王も殺される。諸侯は都を捨てて東に逃げ、洛邑（らくゆう）を都とする。これ以前を西周（前一一〇〇頃～前七七〇）、これ以後を東周（前七七〇～前二五六）と呼ぶ。そして、東周の前半（前七七〇～前四五三）を春秋時代、後半（前四五三～前二二一）を戦国時代と呼ぶ。

春秋時代は不安定な時代である。周王朝の権力が低下し、数多くあった諸侯国は戦争を繰り返した（多くの戦いがあったため「春秋七二戦」と言われる）。また、異民族の侵略もたびたびあり、まさに内憂外患（ないゆうがいかん）の時代であった。ただ、権威が低下したとは言え周王朝は存在し、諸侯は宗主として敬意を払った。大国の晋や楚の争いもその諸侯国でトップの座に立つ盟主争いであり、少なくとも名目上は「尊王攘夷（そんのうじょうい）」を掲げていた。尊王攘夷とは、周王を尊び、異民族を追い払うという意味である（中華思想＝中華秩序の萌芽はここにある）。続く戦国時代（名前は『戦国策』に由来する、第Ⅲ部第十一章参照）が、秦・楚・斉・燕・趙・魏・韓のいわゆる戦国七雄に収斂し、各国が王を称し周王朝が完全にないがしろにされた時代とは状況が異なるのである。

魯という国

『春秋』が魯（ろ）の歴史書であったことはすでに述べた。それでは魯とはどのような国であったのか。魯は、現在の山東省に位置し、周の開祖・武王の弟であり優れた政治家であった周公旦（しゅうこうたん）を始祖とする国である（周公旦の子が封建された）。小国ながら由緒正しき国としてプライドを保ち、礼儀を重んじた。孔子の出身地であり、儒教発祥の地である。そこで、『左伝』にも「礼にかなっている（礼也）」とか「礼にかなっていない（非礼也）」という言葉が頻出する。『左伝』が儒教的秩序を求める人により記録されたものであることは確かであろう。礼にかなっていない行動をした人について「誰々があの人はきっと滅ぼされるであろうと言った」という予言の類も多く見える。

『左伝』の魅力

ただ、『左伝』はあくまで史書である。儒教道徳にかなう話だけを記述しているわけではなく、また、話のいきさつまで生き生きと描かれている。それは経書（儒教経典）としては雑駁かもしれないが、『左伝』の大きな魅力になっている。

晋・楚二大国の覇権争いは『左伝』の見どころの一つである。春秋五大戦の描写もそうだが、晋の趙盾の活躍も見逃せない。趙盾は晋が盟主になることに大きな役割を果たした名政治家である。その趙盾について「一飯の報い」として知られる故事がある。

> ある時、趙盾はある人が飢えているのを見て食料を与えたが、その人は半分しか食べなかった。理由を聞くと、「母に食べさせてやりたい」と言う。趙盾はその人に全部食べさせて、母の分も与えてやった。その後、その人は、危急の際に趙盾を救った。理由を聞くと、「私はあの時あなたに飢えを救ってもらった者です」と答え、名前も告げずに立ち去ったという。（宣公二年）

また、春秋時代は大国に挟まれて数多くの小国が生き残りに苦心した。その中で、外交手腕を発揮し小国・鄭を守った子産の活躍はすばらしく、『左伝』には多くの逸話が残されている。たとえば、学生が政治の得失を議論する場となるので学校など壊すべきだという意見が起きたときに、子産は以下のように言ったという。

> とんでもない。彼らが議論して、善しとすることは私は行い、悪しとすることは私は改める。これが私の教師になるのだ。「善いことを行って怨みを減らせ」とは聞いたことがあるが、「威を振りかざして怨みを防げ」とは聞いたことがない。議論は禁止しようと思えば禁止できる。だが、川の氾濫と同じことだ。大きく決壊すれば人に及ぼす被害は大きく手に負えなくなる。それより小さく決壊させて水を流す方がよい。議論に耳を傾け

て自らの薬とする方がよいのだ。（襄公三一年）

以上紹介した趙盾や子産の話以外に、『左伝』は当時の社会や人の様子を様々に描き出している。たとえば、実際の外交の様子（会盟、牛耳を執る）や、人を説得する際に、後、五経となる『詩』や『易』が頻繁に引用されたこと、自然現象に対して人がどのように反応したかなどである。

『春秋』一二公は、隠公、桓公、荘公、閔公、僖公、文公、宣公、成公、襄公、昭公、定公、哀公であり、「インカンソウビンキ、ブンセンセイジョウ、ショウテイアイ」と覚える（このまとまりで三つの時代に分ける説〔三世説〕もある）。ただ、大部な文献なので、全体を読了することは難しく、「隠公左伝」という言葉がある。これは、冒頭の隠公あたりで多くの人が読むのをやめてしまうことを言う。そこから、読書・勉強を中断してしまうことを意味するようになった。「雍也論語」（雍也篇は『論語』二〇篇の六番目の篇）も同じである。通読にこだわらず、まずは有名な故事の部分を読んでみるとよいだろう。

4　名文読解

本当の宝とは

宋人或得レ玉、獻二諸子罕一。子罕弗レ受。獻レ玉者曰、「以示二玉人一、玉人以爲レ寶也。故敢獻レ之。」子罕曰、「我以レ不レ貪爲レ寶、爾以レ玉爲レ寶。若以與レ我、皆喪レ寶也。不レ若三人有二其寶一。」

（『左伝』襄公一五年）

宋人或ひと玉を得、諸を子罕に献ず。子罕受けず。玉を献ずる者曰く、「以て玉人に示すに、玉人以て宝と為すなり。故に敢て之を献ず」と。子罕曰く、「我は貪らざるを以て宝と為し、爾は玉を以て宝と為す。若し以て我に与えれば、皆宝を喪うなり。人ごとに其の宝を有つに若かず」と。

宋国のある人が、玉を得て〔宋国の賢臣〕子罕に献上した。子罕は受けなかった。玉を献上した者は、「これを玉の職人に見せると宝だと言うのであえて献上したのです」と言った。子罕は言った。「私は貪らないことを宝とし、お前は玉を宝としている。もし、お前がその玉を私に与えると、二人とも宝を失うことになるだろう。各自がその宝を持ったままにしている方がよいだろう。」

刑罰と褒美の使い方

善爲國者、賞不僭而刑不濫。賞僭、則懼及淫人、刑濫、則懼及善人。若不幸而過、寧僭無濫。與其失善、寧其利淫。無善人、則國從之。

（『左伝』襄公二六年）

善く国を為むる者は、賞僭わずして刑濫りならず、と。賞僭えば、則ち淫人に及ばんことを懼れ、刑濫れれば、則ち善人に及ばんことを懼る。若し不幸にして過つとも、寧ろ僭うとも濫りなること無かれ。其の善を失わんよりは、寧ろ其れ淫を利せん。善人無ければ、則ち国之に従わん。

「国を治めるのが上手な者は、賞賜は分を過ぎず、刑罰は濫用せず」と聞いています。賞賜が分を過ぎると悪人にまで賞が及ぶおそれがあり、刑罰が濫用されると善人にまで刑が及ぶおそれがあります。不幸にして行き過ぎがあるとしても、〔賞賜〕過分の方がましで、〔刑罰〕濫用はいけません。〔刑罰濫用で〕善人を失うぐらいなら、〔賞賜過分で〕悪人に得をさせた方がましです。善人を失うと国はそれに従って滅びます。

参考文献

【一般的・入門的文献】

① 小倉芳彦訳『春秋左氏伝』上・中・下（岩波文庫、一九八八・一九八九・一八八九年）

＊『左伝』全文の現代語訳。経文と伝文の対応を番号で明示している、関連する前後の記述を（　）で注記しているなど工夫がある。巻末の解説も非常に分かりやすい。また「列国大事索引」も附されている（韓席籌『左伝分国集註』を参考にする）。

②安本博『春秋左氏伝』（角川ソフィア文庫、二〇一二年）

＊『左伝』の入門書。一三の話の書き下し文・原文・現代語訳を挙げ、解説を加えている。一般読者を対象とするため、記述は平易で分かりやすい。思想史上の意義や現代的意義についても述べている。『左伝』にまつわるコラムも興味深い。

③松枝茂夫訳『左伝』（徳間書店・中国の思想、改訂版一九九七年、徳間文庫から再版あり）

＊『左伝』の現代語訳（抄訳）。春秋時代を八つの時代（「鄭の荘公小覇の時代」「斉の桓公制覇の時代」など）に区切り、各時代の代表的事件を抄訳している。原文と書き下し文も挙げている。冒頭の解題は分かりやすい。

④竹内照夫訳『春秋左氏伝』（平凡社・中国古典文学大系、一九六八年）

＊『左伝』全文の現代語訳。一冊にまとまっている点は便利である。解説も簡潔で分かりやすい（特に春秋の筆法について）。附録として、「春秋時代の王室と諸侯の世系表」および「春秋時代要地図」を付けている。

⑤常石茂・稲田孝『春秋を読む』（勁草書房、一九八八年）

＊『左伝』の紹介書。常石茂『新・春秋左氏伝物語』（河出書房新社・中国古典物語、一九五八年）の再版。あとがきで、稲田氏は、『左伝』を紀事本末体に仕上げた本で、明解な紹介により古典の面白さを明らかにしていると自負する。原文はない。

【専門的文献】

①鎌田正『春秋左氏伝』全四冊（明治書院・新釈漢文大系、一九七一年）

＊『左伝』全文の訳注書。原文・書き下し文・現代語訳・注釈を備える。竹添進一郎『左氏会箋』と同じく、旧金沢文庫蔵本を底本とする。本文冒頭および末尾には、杜預（どよ）の序および後序も載せる。巻末には「書陵部蔵鎌倉時代写本春秋経伝集解識語」「語句索引」がある。

②野間文史（ふみちか）『春秋左氏伝――その構成と基軸』（研文出版、二〇一〇年）

＊『左伝』の研究書。参考文献、研究史が詳しく説明されており、情報に富む。『左伝』の内容についても詳しく記述されている。同氏『五経入門――中国古典の世界』（研文出版、二〇一四年）の『春秋』の説明（第六章）も『春秋』および三伝について分かりやすくかつ詳しい。

③ 岩本憲司『春秋学用語集』（汲古選書、二〇一一年）

＊春秋学の用語の解説書。「一般篇」と「特殊篇」に分けて解説している。『春秋』に見える用語について原文を引用して詳しく説明している。なお、本書に続いて、続編、二編～五編が出版されているが、内容はより特殊になる。

④ 岩本憲司『春秋左氏伝杜預集解』上・下（汲古書院、二〇〇一年）

＊杜預『春秋経伝集解』全文の訳注書（底本は十三経注疏本）。上冊七七三頁、下冊八八六頁の大冊。「はじめに」で、『左伝』は、読まれた形跡からすると前漢末の成立であるとし、『春秋経伝集解』は春秋左伝学成立に立ち会える場であるという。

⑤ 鎌田正『左伝の成立と其の展開』（大修館書店、一九六三年）

＊『左伝』の研究書。『左伝』偽書説に詳細な反駁を加え、『左伝』は子夏の春秋学に影響された魏の史官左氏某が紀元前三二〇年頃に制作したものであるとする。杜預『春秋経伝集解』に至るまでの『左伝』学史についても詳細に論じている。

第四章 『礼記』——礼学の集大成

矢羽野隆男

中井履軒が『礼記』深衣篇・玉藻篇に基づいて制作した深衣
（大阪大学附属図書館懐徳堂文庫所蔵）

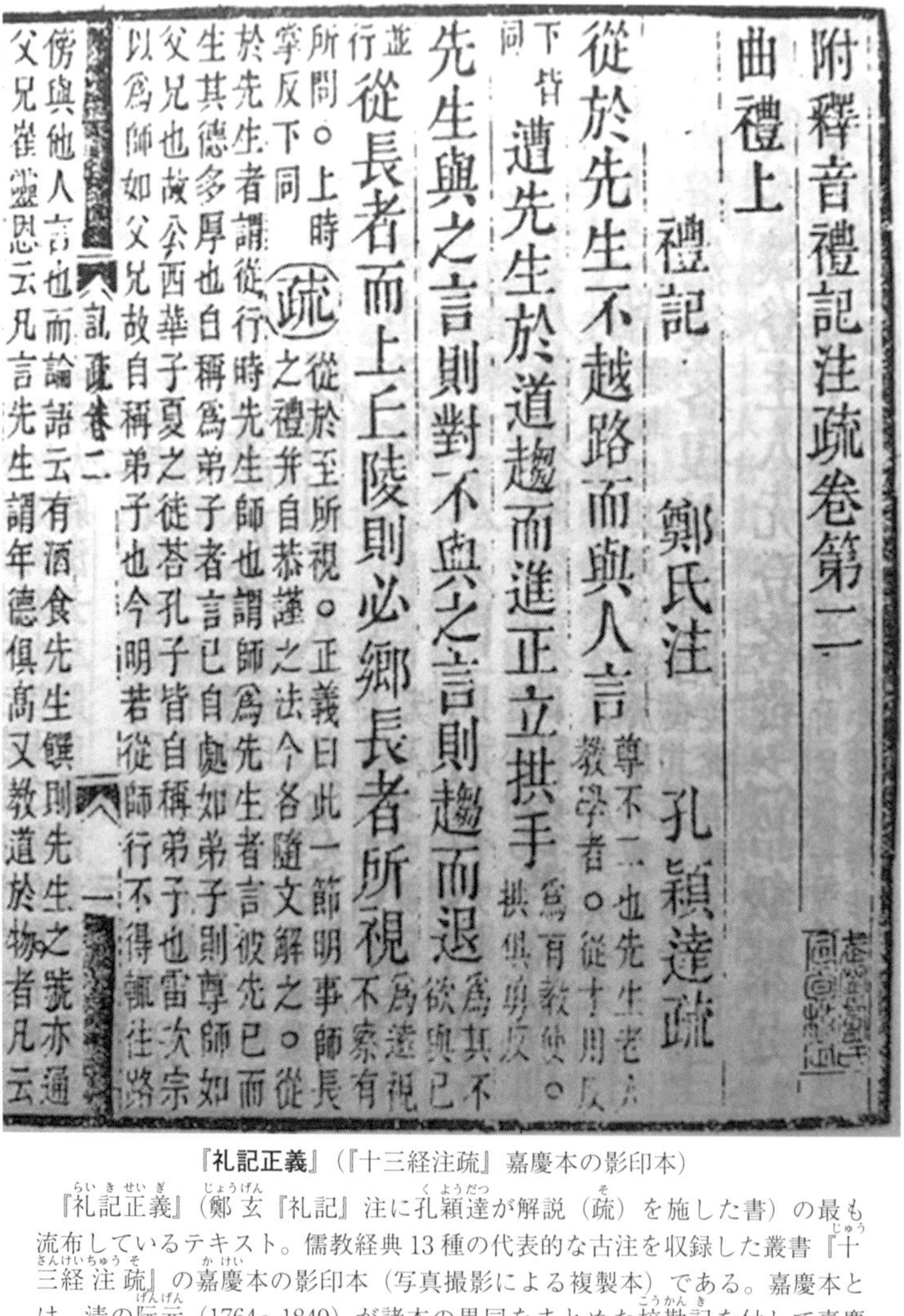
附釋音禮記注疏卷第一

曲禮上

禮記　鄭氏注　孔穎達疏

從於先生不越路而與人言 尊不二也先生老人教學者○從才用反

遭先生於道趨而進正立拱手 爲有教使○拱俱勇反下皆同

先生與之言則對不與之言則趨而退 爲其不欲與己並行

從長者而上丘陵則必鄉長者所視 爲遠視不察有所問○上時掌反下同

〔疏〕從於至所視○正義曰此一節明事師長之禮并自恭謹之法今各隨文解之○從於先生者謂從行時先生師也謂師爲先生者言彼先已而生其德多厚也自稱爲弟子者言己自處如弟子則尊師如父兄也故公西華子夏之徒荅孔子皆自稱弟子也雷次宗以爲師如父兄故自稱弟子也今明若從師行不得輙往路傍與他人言也而論語云有酒食先生饌則先生之號亦通父兄崔靈恩云凡言先生謂年德俱高又教道於物者凡云

禮記疏卷一　一

『礼記正義』（『十三経注疏』嘉慶本の影印本）

『礼記正義』（鄭玄『礼記』注に孔穎達が解説（疏）を施した書）の最も流布しているテキスト。儒教経典13種の代表的な古注を収録した叢書『十三経注疏』の嘉慶本の影印本（写真撮影による複製本）である。嘉慶本とは，清の阮元（1764～1849）が諸本の異同をまとめた校勘記を付して嘉慶21年（1816）に刊行したもので，一般に流布した。大字が『礼記』経文（本文），経文に続く双行の小字が鄭玄の注（注に続く○印以下は，唐の陸徳明『経典釈文』の発音表示），本文・注の後ろの〔疏〕以下が孔穎達の疏（経文・注文の解説）である。

1 礼に関する三つの経典「三礼」

『礼記』とは

今に残る『礼記』四九篇は、前漢後期の戴聖が編纂したもので、もとは『小戴礼記』と言った。後漢を代表する経学者である鄭玄（字は康成、一二七～二〇〇）が、『周礼』『儀礼』とともに『小戴礼記』にも注釈を施し、「三礼」として体系づけたことから重視されるようになった。『小戴礼記』と同時期に戴徳の『大戴礼記』八五篇も編纂されたが伝承が廃れ、現在では四〇篇を残すのみである。よって『礼記』といえば普通『小戴礼記』を指し、後に儒家の経典として五経の一つに数えられることとなった。

そもそも『礼記』という名は、礼の根本経典である「礼経」（後の『儀礼』）に対する「記」（解説、解釈）という意味であった。『礼記』の冠義・昏義・郷飲酒義・射義・燕義・聘義・喪服四制の各篇は、礼経である『儀礼』の士冠礼・士昏礼・郷飲酒礼・大射儀・燕礼・聘礼・喪服の諸篇に対応してその意義を解説するもので、「礼経」に対する「記」という性格をよく示している。もっとも『礼記』四九篇にはこのほか、政治制度、倫理道徳、日常生活の作法、音楽理論など多様な内容を含み、全体としては戦国期から秦・漢期にかけて成立した儒家の文献を原資料として編纂されたものである。

『儀礼』と『周礼』

『儀礼』はもと「礼経」「士礼」とも呼ばれ、晋代以後は儀（法るべき整った作法）を記すことから『儀礼』と称された。伝統的には周公旦（周の武帝の弟、前一二世紀）の制定あるいは孔子（名は丘、字は仲尼、前五五一〔一説に前五五二〕～前四七九）の編纂とされたが、今日では春秋期から次第に整理され荀子（名は況、前三二〇頃～前二三〇頃）

以後に成立したとされる。内容は周代の士階級（下級貴族）の冠（成人儀礼）・昏（婚姻儀礼）・喪（臨終から忌明けまでの儀礼）・祭（祖霊祭祀）を中心に、卿大夫（上級貴族）や諸侯が主催する酒宴や弓道の作法（燕礼、射礼）、諸侯と天子との会見の作法（聘礼、覲礼）などにおける具体的な作法を含む。現在の『儀礼』は次の一七篇から成る。

士冠礼	士昏礼	士相見礼	郷飲酒礼	郷射礼	燕礼
大射	聘礼	公食大夫礼	覲礼	喪服	士喪礼
既夕礼	士虞礼	特牲饋食礼	少牢饋食礼	有司	

『周礼』はもと『周官』と言い、周代の官僚制度の記録とされる。次の六篇から成り、三六〇もの官職の名称・人員・職掌を記す。周公の制定とされるが、周初にこれほど大規模で整った官制が構想されたとは考えがたく、戦国から秦にかけての成立と考えられている。

・天官冢宰…宮廷管理、全官僚の統括を司る。長官は冢宰。所属官職は六三種。
・地官司徒…教育財政を含む地方行政を司る。長官は大司徒。所属官職は七八種。
・春官宗伯…国家の儀礼、祭祀を司る。長官は大宗伯。所属官職は六九種。
・夏官司馬…軍事を司る。長官は大司馬。所属官職は六九種。
・秋官司寇…法務および国賓の接待等を司る。長官は大司寇。所属官職は六六種。
・冬官考工記…土木、建築、道具の製作を司る。長官は大司空。所属官職は三〇種。
（＊冬官は当初から欠けていたため、製作技術を記した「考工記」で補われた。）

礼と今古文論争

『周礼』の伝承には注意を要する。『儀礼』が儒家の間で断絶なく伝承されたのと異なり、『周礼』はいったん伝承が絶えた後、前漢の武帝（在位前一四一～前八七）の時に民間から収集された古文献の一つであった。漢代になって出現したこれらの古文献は、漢代の標準書体である隷書（今文）ではなく秦以前の篆書（古文）で記されていたため、今文の経典に基づく学派とは異なる学派を形成した。具体的には、今文学は楊何の『易』、欧陽氏の『尚書（書経）』、轅固生の『斉詩』、后蒼の『礼（儀礼）』、胡毋生・董仲舒の『公羊春秋』などで、前漢の武帝期に五経博士（五経の教授官）に立てられた。これに対し、前漢末から王莽の新代（八～二三）にかけて、古文の経書である『左伝』『毛詩（詩経）』『逸礼』『古文尚書』そして『周礼』に博士が立てられた。こうして経学は今文・古文の両学派に分かれ、経典の書体の違いのみならず、依拠する経典やその解釈、さらには思想の違いから論争・対立することとなった。漢代経学上のこの問題を「今古文論争」という。

2 礼の思想と『礼記』の編纂と

儒家思想における礼

「礼」とは人間関係を規定し社会を秩序づける慣習的な規範である。一般に礼は宗教儀礼に起源するとされる。「礼」の正字は「禮」で、字形によって字源を考察した現存最古の字書『説文解字』（一〇〇年成立）によると、「禮」とは「示」（神事）と「豊」（供物を盛った祭器）とから構成され、天地の神々に仕えて幸福を招き寄せる手段と言う。こうした天地の神々や祖霊の祭祀を基に、家族をはじめとする人間社会の秩序へと慣習的に形成されていったのが礼であり、その礼を整備し理論化したのが孔子を祖とする儒家であった。

孔子の生きた春秋時代は、下克上によって社会秩序が混乱し、周の文化の精華である礼が崩壊しつつある時代であった。その礼を回復して社会に文化的・道徳的な秩序を取り戻すことこそ、孔子が自身に課した使命であった。よって孔子の学団では「詩書礼楽」、すなわち貴族の教養であった古典『詩』『書』（詩経・書経）とともに「礼楽」（儀礼の作法と音楽）とを主要科目とした。もっとも『詩』『書』には書かれたテキストがあったが、礼にテキストがあったかは疑わしい。『論語』に『詩』『書』に対して礼を「執礼」（述而篇）と称するのは、礼（および楽）は実地に執行する演習の形で学ばれたからであろう。

孔子が公私にわたり礼に法ったことは、『論語』郷党篇の記述にもうかがえる。ただし重視したのは単に礼の形式ではない。礼の形式とそこに込められた精神との調和こそが重要であった。よって礼は人間性全体に関わる最高の徳目「仁」（人間愛、人間らしさ）と結びついた。「子曰く、人にして不仁ならば、礼を如何せん。人にして不仁ならば、楽を如何せんと。」（『論語』八佾篇）。この仁徳に根ざした礼は、個人の人格の表現であるとともに、為政者が統治に用いた場合（礼治）、社会を文化的かつ道徳的に秩序づける規範となった。

礼説の伝承

孔子の死後、儒家は二つの流れとなって展開した。一つは、心のあり方や礼の精神・目的を重んじる主観的な傾向をもつ一派で、孔子の弟子の曾子（名は参、前五〇五～前四三六）からその弟子の子思（孔子の孫、名は伋、子思は字、前四九二～前四三一）を経て孟子（名は軻、前三七二頃～前二八九頃）に至る。孟子は仁・義・礼・知の四徳は人の本性に根ざすとして性善説を説いた。いま一つは、知識や礼の形式を重んじる客観的な傾向をもつ一派で、孔子の弟子の子游・子夏から荀子に及ぶ。荀子は利欲を追求する人の本性を悪として性悪説を説き、外的な規範（礼）によって欲望を規制すべしと説いた。『荀子』礼論篇・王制篇にその礼思想がまとめられる。『孟子』に「礼に曰く」（公孫丑下篇、滕文公下篇）、『荀子』に「礼を読む」（勧学篇）とあり、その頃には文字化された礼の文献が存在したことが分かる。

礼の文献は、その後も儒家、ことに荀子の一派によって主要なものが形成され、秦の始皇帝の焚書坑儒による弾圧と破壊とを受けながらも漢代に受け継がれた。漢の成立後、『士礼』（『儀礼』）一七篇は、魯（孔子の祖国、現在の山東省）の高堂生が伝え、武帝期には五経博士の后蒼へと伝わった。この后蒼の弟子が戴徳と戴聖である。戴徳と戴聖は伯父・甥の関係で、戴徳を大戴、戴聖を小戴と呼ぶ。宣帝期（前七四～前四九）には彼らの礼学はともに学官（国立大学の正式教科）に立てられた。以上が今文『儀礼』の伝承である。

二つの『礼記』

戴徳・戴聖は『儀礼』の博士であったが、講義で解説や補足を行うため、各々が「礼記」（礼に関する解説・解釈）を編纂した。『隋書』経籍志によると、河間献王（武帝の異母弟）が民間から入手した孔子の弟子やその後学らが記した礼の「記」一三〇篇（前漢末の劉向『七略』に基づく書籍目録である『漢書』芸文志には「記百三十一篇」と記す）、その他に『明堂陰陽記』三三篇、『孔子三朝記』七篇、『王史氏記』二一篇、『楽記』二三篇の五種、合わせて二一四篇を原資料として、まず戴徳がこれらを削って『大戴礼記』八五篇とし、さらに戴聖が『大戴礼記』を削って『小戴礼記』四六篇とした。その後、後漢の馬融（七九～一六六）が『小戴礼記』に月令・明堂位・楽記の三篇を合わせ、計四九篇としたのが現行の『礼記』である、という。

『隋書』の説は詳細だが問題もある。後漢の馬融が三篇を加えて四九篇としたというが、戴聖の弟子の橋仁がすでに『礼記章句』四九篇を著しており、また馬融の弟子の鄭玄が『小戴礼記』の注釈を作りながらこの件に何も言及しないことなどから、『小戴礼記』は編纂当初から四九篇だったと考えられる。また、原資料とされる二一四篇も、戴徳・戴聖と同時代の劉向（前七七～前六）が「古文記二百四篇」（『別録』）、晋の陳邵が「古礼二百四篇」（「周礼論序」）としており疑問が残る。さらに『大戴礼記』を削って『小戴礼記』としたという点も、いやしくも博士が他の博士の書を削って使うとは考えにくいと疑念が挟まれ、新説が立てられた。たとえば、『小戴礼』四九篇のうち曲礼（きょくらい）・檀弓（だんぐう）・雑記（ざつき）は大部のため各上下二篇に分かれるが上下を一篇と数えると四六篇になる。この『小戴礼記』四六篇と『大戴礼記』八五篇とを合わせれば一三一篇になるから、原資料は二一四篇ではなく『漢書』芸文志に記す「記」一三一篇であるとし、戴徳がそこから八五篇を取り、戴聖が残りの四六篇を取った、とする説である（銭大昕（せんたいきん））。これに対し『大戴礼記』と『小戴礼記』との間に内容がほぼ同じ篇や類似の多い篇があることから、戴徳・戴聖がそれぞれ任意に原資料から八五篇あるいは四六篇を取ったとする説も現れた（陳寿祺（ちんじゅき））。『大戴礼記』の過半が失われており確実なことは分からないが、現在この陳説が通説となっている。

『礼記』の経典化

『小戴礼記』の画期となったのが後漢経学を大成した鄭玄（じょうげん）である。彼は、周公の制作とされる『周礼』を中心に『儀礼』『小戴礼記』（『礼記』）を関連づけて注釈を施し、今文学・古文学を総合する「三礼」の体系を構築した。この鄭玄の三礼注により、礼経たる『儀礼』のほか、『周礼』も経典としての価値を高め、礼経の記（解説・解釈）に過ぎなかった『礼記』も重視された。そして唐初に経典解釈の統一のため勅命によって『五経正義（ごきょうせいぎ）』が編纂されると、孔穎達（くようだつ）（五七四～六四八）は鄭玄の『礼記』注を標準解釈として『礼記正義』（鄭玄『礼記』注に対する解説）を制作した。こうして鄭玄注の権威はいっそう高まり、また礼経であった『儀礼』に代わって『礼記』が五経の一つとなった。一方、宋代には鄭玄より後の学者一四〇人の説を集めた衛湜（えいしょく）の『礼記集説（らいきしゅうせつ）』が著され、元代にはより簡明な陳澔（ちんこう）（一二六〇～一三四一）の『礼記集説』が著された。鄭玄注を古注というのに対し、この朱子学系の注を新注という。明代に『五経大全（ごきょうたいぜん）』が編纂されると陳澔の『礼記集説』が採用され、標準解釈として普及した。

3 『礼記』諸篇とその名言

『礼記』諸篇の内容

『礼記』(『小戴礼記』)四九篇は、漢代に伝わった多くの礼の記録を編纂したもので、原資料をいつ誰が著したのかは明らかでない。中庸は子思の著作である、月令は呂不韋(?~前二三五)の『呂氏春秋』から取り、中庸・表記・坊記・緇衣は子思の著述の『子思子』から取った、という伝承があるが確かではない。また『礼記』の内容は多様で、諸篇の配列も無秩序である。これを内容によって分類したのは劉向が最初で、さらに唐の魏徴(五八〇~六四三)の『類礼』、元の呉澄(一二四九~一三三三)の『礼記纂言』が内容の分類と再編集を行った。いま『礼記』の全体像を示すため、劉向の九分類に基づき四九篇を列挙する(九分類に基づくため本来の順序とは異なる)。

・通論…礼・政治・道徳・学問に関する儒家の思想
　檀弓上　檀弓下　礼運　玉藻　大伝　学記　経解　哀公問　仲尼燕居　孔子閒居
　坊記　中庸　表記　緇衣　儒行　大学

・制度…国家の礼制度から日常生活のマナー
　曲礼上　曲礼下　王制　礼器　少儀　深衣

・喪服…臨終から喪明けまでの儀礼
　曾子問　喪服小記　雑記上　雑記下　喪大記　奔喪　問喪　服問　間伝　三年問
　喪服四制

・祭祀…天神地祇や祖霊を祭る儀礼

　郊特牲　祭法　祭義　祭統
・吉礼…元服・結婚・饗宴などめでたい儀礼
　投壺　冠義　昏義　郷飲酒義　射義　燕義　聘義
・世子法…天子・諸侯の跡継ぎの教育　文王世子
・子法…子供の教育をはじめとする家庭内の礼節　内則
・明堂陰陽記…天子が明堂で陰陽五行説に法り行う政令　月令　明堂位
・楽記…儒家の礼に不可欠な音楽に関する理論　楽記

このうち特記すべきは大学・中庸の二篇である。子思の作とされる中庸篇は、偏らず程よい（中）コンスタント（庸）な実践道徳とともに、天と人とを貫く「誠」の思想を説き、南朝期からその哲学性が注目された。一方、著者未詳の大学篇は、自己の修養を基に他者へ教化を及ぼす儒家の修養論・政治論を、「三綱領」「八条目」という明快な論理で述べる（4名文読解参照）。そのため唐代以降、個人救済に傾く仏教や道教に対する儒教の優位性を示す文献として尊重された。宋代になって、堯・舜から孔子を経て孟子へと伝えられた先王の道（教え）の継承者を自任する学派（道学派）が生まれると、両篇はいよいよ重視され、道学の完成者である朱熹（字は元晦、朱子は尊称、一一三〇～一二〇〇）によって孔子『論語』―曾子『大学』―子思『中庸』―孟子『孟子』という道の系譜（道統）に位置づけられた。こうして両篇は『礼記』から独立し「四書」として経典の地位が与えられ、朱熹による注釈『四書集注』が作られた。もっとも『大学』を曾子の作とする文献的な根拠は乏しい。

新出土文献による新知見

前述のとおり『礼記』の原資料については分からないことが多いが、近年相次いで現れた竹簡（竹の札）などの新出土資料により見えてきたこともある。たとえば、戦国中期から後期の成立とされる郭店楚簡（一九九三年に湖北省荊門市の郭店楚墓より出土）と上博楚簡（一九九四年に上海博物館が香港の骨董市場から購入）には、『礼記』緇衣篇とほぼ同じ内容をもつ文献が含まれており、楚簡『緇衣』と『礼記』緇衣篇とを比較すると、一篇を構成する章の順序に相当の差があった。また『礼記』孔子間居篇は「民之父母」と「三王之徳」の二章から成るが、上博楚簡には孔子間居篇「民之父母」章と同内容の『民之父母』と名づけられた文献が含まれていた。このように新出土文献によって、『礼記』に編入される以前の、戦国期から漢代にかけて流布していた文献の姿が明らかになりつつある。

また、『礼記』中庸篇の冒頭には、「天」を根源に「天→命→性→道→教」と展開する過程が記されるが（後掲）、このように整然とした内容をもつ文献の成立は前漢まで下るとも考えられていた。しかし郭店楚簡の『性自命出』や上博楚簡の『性情論』という文献には、「天」からの「命」によって「性」が出、「性」から「情」が生まれ、「情」から「道」が始まる「天→命→性→情→道」といった中庸篇に似た内容が記されていた。これにより、「中庸は子思が作る」とする伝承もあながち無理ではないと見直されるようになった。今後、新出土文献のさらなる出現によって『礼記』の成立・思想内容に新たな見方が加わることとなろう。

天に根ざした性善説（中庸篇）

最後に『礼記』の三篇から一節を取り上げてその内容を紹介する。まず中庸篇の冒頭の一節で、一篇の主要テーマである「性」「道」「教」を定義する箇所である。

天の命ずるを之れ性と謂い、性に率うを之れ道と謂い、道を修むるを之れ教えと謂う。

（天が命令する〔ように人や物に賦与した〕ものを性（生まれつき）といい、性に従う〔ことによって立ち現れる〕ものを道といい、道を〔人が踏み行えるように聖人が〕整えたものを教えという。）（朱熹『四書集注』の解釈による）

これは、人の生まれつきである「性」を「天」という絶対的な善に根拠づけて性善説を表明するもので、思想史において極めて重要な意味をもった。

儒家の生命観（祭義篇）

次に天地の神々や祖霊の祭祀の意義を説く祭義篇から「孝」に関する一節を取り上げる。

曾子曰く、「身なる者は父母の遺体なり。父母の遺体を行う、敢えて敬せざらんや」と。

（曾先生が仰った、「我が身は父母の遺体である。それを取り扱うのに慎まなくてよかろうか」と。）

「遺体」とは、いわゆる死体ではなく、両親が自分に「遺してくれた身体」である。孝は儒教倫理の根本だが、存命の親への孝養だけを指すのではない。祖先や亡き親の祭祀を行い、祖先・親から授かった身体を大切にして生き、その身体を子孫に伝えて祭祀を継がせるという、過去・現在・未来を貫く生命観、それが孝の根幹である（加地伸行『儒教とは何か』中公新書、一九九〇年。同『沈黙の宗教――儒教』ちくまライブラリー、一九九四年、ちくま学芸文庫、二〇一一年）。孝行者で『孝経』の作者ともされる曾子の重要な言葉である。

儀礼と音楽との機能（楽記篇）

孔子の学団において儀礼と音楽とは一体であった。戦国から漢代にかけての儒家の音楽理論をまとめたのが楽記篇で、『荀子』楽論篇とのつながりも深い重要な文献である。次の一節は、礼と楽との機能の相違を述べる。

楽は同じくするを為し、礼は異にするを為す。同じなれば則ち相親しみ、異なれば則ち相敬す。楽勝てば則ち流れ、礼勝てば則ち離る。情を合わせ貌を飾るは、礼楽の事なり。

（音楽は人々の心を一つにし、儀礼は人々の立場を分ける。心を一つにすれば互いに親密になり，立場を分ければ互いに尊敬する。しかし音楽が勝つと馴れ合いに流れ、儀礼が勝つと心が離れる。人々の気持ちを一つに合わせ立ち居振る舞いを整えるのが礼楽の働きである。）

礼の機能は異（区別）、楽のそれは同（一体化）で相互補完的な役割を果たす。両者のバランスによって精神上の和合と社会秩序の形成とを目指したのが儒家の礼楽であった。

4　名文読解

男女七歳にして席を同じくせず

七年ニシテ、男女不レ同ジクセレ席ヲ、不レ共ニセレ食ヲ。八年ニシテ、出二-入シ門戸ヲ一、及ビ即キレ席ニ飲食スルニ、必ズ後ルニ二長者ニ一。始メテ教フ二之ニ譲ルコトヲ一。

（『礼記』内則篇）

七年にして、男女 席を同じくせず、食を共《とも》にせず。八年にして、門戸《もんこ》を出 入《しゅつにゅう》し、及《およ》び席に即《つ》き飲食《いんしょく》するに、必ず長者《ちょうじゃ》に後《おく》る。始めて之《これ》に譲《ゆず》ることを教《おし》う。

生まれて七年になったら、男女は一緒の席（敷物）に座らせず、一緒に食事をさせない。八年になったら、家や部屋への出入り、着席、飲食などの際には、必ず目上の人の後にさせる。こうしてはじめて先を譲ることを教えるのである。

政治論の要点

大學之道ハ、在リレ明ラカニスルニ二明徳ヲ一、在リレ新タニスルニレ民ヲ、在リレ止マルニ二於至善ニ一。

（『礼記』大学篇）

大学の道は、明徳を明らかにするに在り、民を新たにするに在り、至善に止まるに在り。

成人が学ぶべき教え（大学之道）は、生まれもった輝かしい徳を輝かせること（明明徳）に在り、民衆を〔教化によって〕革新させること（新民）に在り、〔明明徳・新民の二点において〕究極の善に止まること（止至善）に在る。

＊この「明明徳・新民・止至善」を朱子学では「三綱領」（大学の教えの三つの要点）といい、これに続く「明明徳」「新民」の具体的な行動内容「物に格る・知を致す・意を誠にす・心を正す・身を修む・家を斉う・国を治む・天下を平らかにす（格物・致知・誠意・正心・修身・斉家・治国・平天下）」を「八条目」と言う。なお、本文・解釈は朱熹の説に従った。

参考文献

【一般的・入門的文献】

① 木村英一ほか『論語・孟子・荀子・礼記』（平凡社・中国古典文学大系、一九七〇年）

＊『論語』ほかの現代語訳。『礼記』の訳および解説は竹内照夫による。四九篇の全篇から抄出している（深衣・投壺の両篇は篇の概略の紹介のみ）。大学篇は大部分、中庸篇は全文を訳出。全体を通覧するのに役立つ。

② 吉川幸次郎・福永光司編『五経・論語』（筑摩書房・世界文学全集、一九七〇年）

＊曲礼・檀弓両篇の現代語訳。中国文学者の荒井健により、「〔『礼記』は〕中国文学の代表的な作品」「〔特に散文の模範とされる檀弓篇は〕比類なき簡潔さと力強さにみちている」という文学的観点から訳出されている。

③ 下見隆雄『礼記』（明徳出版社・中国古典新書、一九七三年）

＊『礼記』の訳注書（抄訳）。『礼記』の中から中国思想の特色を示し、現代的意義もある部分を選び出し、書き下し文・現代語訳および丁寧な解説を施す。冒頭の解説は詳しくかつ平明、「各篇の概略」は『礼記』全篇の内容を把握するのに非常に有用である。

④ 小島毅『東アジアの儒教と礼』（山川出版社・世界史リブレット、二〇〇四年）

＊儒教における礼を解説した小冊子。「「礼」ということば」「儒教の成立」「儒教の拡がり」「礼教の浸透」「東アジアのなかの朱子学」の五章から成り、礼の起源、儒教における礼の重要性とその歴史的変遷、東アジアへの展開を平易に解説する。

⑤　矢羽野隆男『大学・中庸』（角川ソフィア文庫、二〇一六年）

＊「ビギナーズ・クラシックス　中国の古典」として刊行された訳書。『大学』『中庸』は朱子学の経典として東アジアに流布したため朱熹の注に基づいて解釈し、その思想史的・文化史的な意義を一一篇のコラムで紹介する。

【専門的文献】

①　竹内照夫『礼記』全三巻（明治書院・新釈漢文大系、一九七一～七九年）

＊『礼記』全篇から大学・中庸を除いた四七篇の訳注書。各篇冒頭に題意を置き、原文・書き下し文・通釈・語釈を備え、時に余説を付す。簡明な訳注で通覧しやすく、研究にも有用な基礎を提供する。同大系に赤塚忠『大学・中庸』（一九六七年）がある。

②　市原亨吉・今井清・鈴木隆一『礼記』全三巻（集英社・全釈漢文大系、一九七六～七九年）

＊大学・中庸を除く『礼記』四七篇の訳注書。原文・書き下し文・通釈・語釈を備える。特色として、各篇冒頭に鄭玄『三礼目録』の該当個所を、また本文にも鄭玄の注を、原文・書き下し文で掲げ参考になる。同大系に山下龍二『大学・中庸』（一九七四年）がある。

③　桂湖村『礼記』全二冊（早稲田大学出版部・漢籍国字解全書、一九二七年）

＊『礼記』全篇の訳注書。原文（訓読文）・義解（通釈）・字解（語釈）を備える。巻頭の叙説（解説）はたいへん詳細で、『礼記』および『礼記』各篇についての評論や中国・日本の注解を列挙する。挿図が豊富で理解を助ける。

④　『武内義雄全集』第三巻（儒教篇二）（角川書店、一九七九年）

＊武内義雄（一八八六～一九六六）の論文集。「礼記の研究」「儒学史資料として見たる両戴記」「礼の倫理思想」「曲礼攷」「礼運考」等を収める。「礼記の研究」は「三礼」の概説的な要素を含み、『礼記』の成立に関する諸説、諸篇の性格を整理した上で自説を述べる。

⑤　工藤卓司『近百年来日本学者《三礼》之研究』（万巻楼図書股份有限公司〔台北〕、二〇一六年）

＊日本における三礼の研究史をまとめた書。一九〇〇年以後の日本人の研究について、研究の問題意識、研究内容、主要な観点、研究史上の影響およびその学術意義を整理し、巻末に関係論著目録を附録する。三礼の研究に大きな助けとなる。

第五章　『孝経』——親孝行の極意とは

佐野大介

曾子像（『三才図会』）

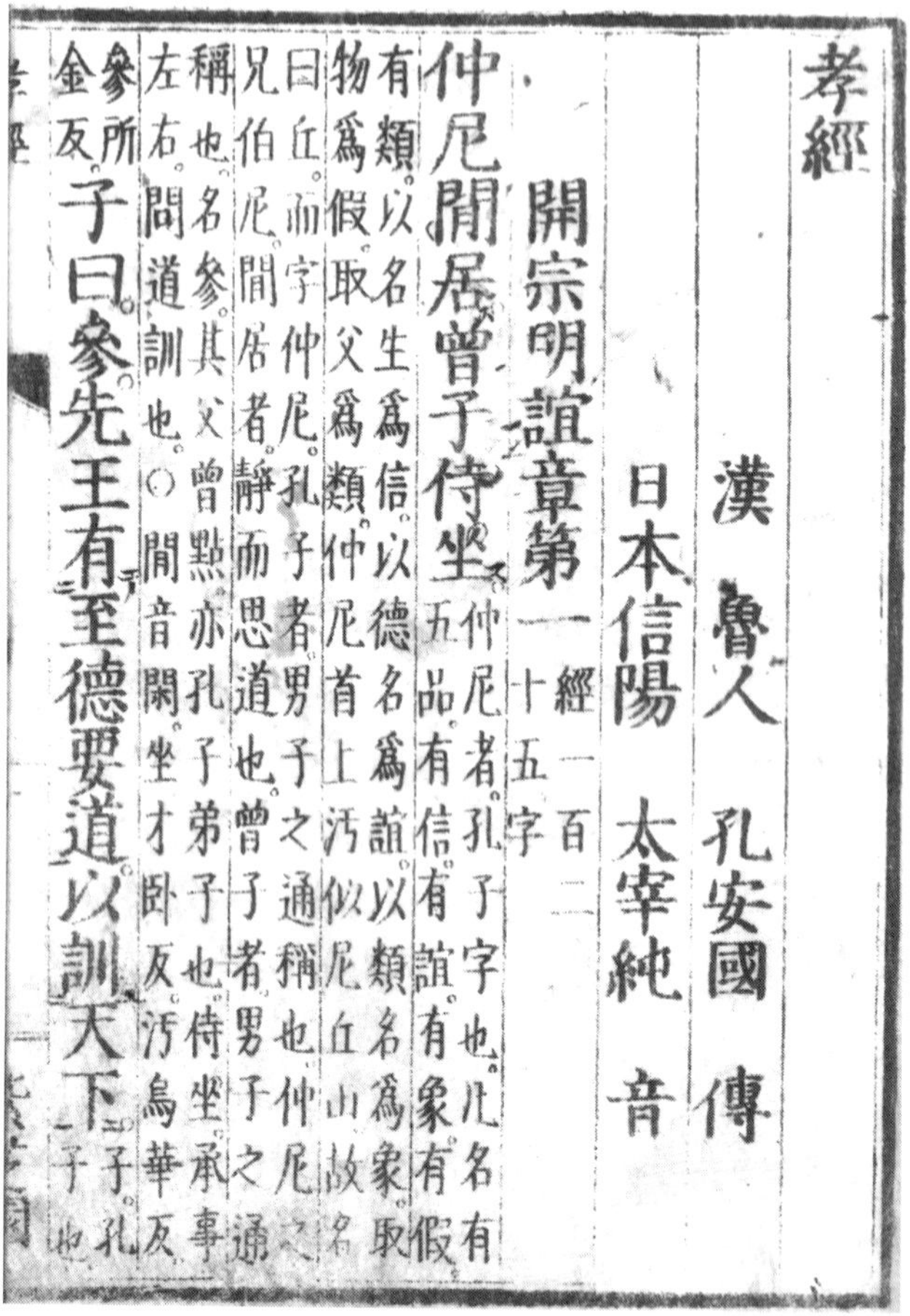

和刻本『孝経』（寛政6年刊本）

太宰春台が，我が国に遺された多くの『古文孝経孔安国伝』を用いて校勘，刊行した和刻本。『古文孝経』の経文の下に，割り注として孔安国の伝（注釈）を配し，その後ろに太宰が漢字の発音の説明を加えている。そのため，全巻の冒頭には，伝の著者である孔安国の名と並んで，太宰の名が記されている（「純」は名）。

出版以後，該書は大きな評判となり，他系列の『古文孝経孔安国伝』を圧倒して，広く行われた。また，すでに『古文孝経孔安国伝』が失われて久しかった中国にもたらされ，かの地の学界にも大きな刺激を与えた。

1　『孝経』の構成と内容

『孝経』の書名

『孝経』は、儒教経典の一つで、その名のとおり、儒教の中心徳目である「孝」について論じたものである。また『孝経』は、唯一もともとその名に「経」字を冠する経書でもある。このことは、「孝」が天地人を貫く要道であることを示しているとともに、その成立に関する示唆をも含んでいると言えよう。

『孝経』の内容と思想

『孝経』伝本には、大きく分けて古文系と今文系との二種類が存在する（後述）。ただ、章分けと閨門章の有無とを除いて、両者の内容に大きな違いはない（次頁の表を参照）。

『孝経』の内容としては、特徴としていくつかの点が挙げられる。

まず第一に、孝を諸徳・教化の根源と定義することである。

孝はあらゆる徳の基本であり、教育の大本である。（開宗明義章）

儒教は多くの徳目を推奨するが、中でも孝は、すべての徳に優先し、かつすべての徳が帰着するという特権的なものとして扱われている。

第二に、五等の身分に分けて具体的な孝行について論じることである。第二章より第六章までを、天子・諸侯・卿大夫・士・庶人の五つの身分に割り振り、それぞれの身分において行うべき孝について論じている。

第三に、孝を「愛」と「敬」との二つの要素に分解して解説することである。

（今文孝経）		（古文孝経）		
開宗明義章	第一	開宗明誼章	第一	孝が諸徳と教化との根本であること
天子章	第二	天子章	第二	天子の行うべき孝
諸侯章	第三	諸侯章	第三	諸侯の行うべき孝
卿大夫章	第四	卿大夫章	第四	卿大夫の行うべき孝
士章	第五	士章	第五	士の行うべき孝
庶人章	第六	庶人章	第六	庶人の行うべき孝
		孝平章	第七	五等の孝も本質は同じであること
三才章	第七	三才章	第八	孝が天地人を貫く法則であること
孝治章	第八	孝治章	第九	孝の政治的活用（孝治）とその効果
聖治章	第九	聖治章	第十	聖人の政治の要点は孝のみであること
		父母生績章	第十一	父母の出生の徳を称えること
		孝優劣章	第十二	愛敬を近くより遠くへ及ぼすこと
紀孝行章	第十	紀孝行章	第十三	生ける親と死せる親への仕え方
五刑章	第十一	五刑章	第十四	不孝の罪の重さ
広要道章	第十二	広要道章	第十五	「要道」即ち孝の政治的効果
広至徳章	第十三	広至徳章	第十六	「至徳」即ち孝を教化に用いる理由
応感章	第十六	応感章	第十七	孝を以て鬼神を祀ること
広揚名章	第十四	広揚名章	第十八	孝悌の徳を以て君に仕えること
		閨門章	第十九	治国の根本は治家の中にあること
諫争章	第十五	諫諍章	第二十	君父の不義に対しては諫争すべきこと
事君章	第十七	事君章	第二十一	君に仕える心得
喪親章	第十八	喪親章	第二十二	死せる親に対する子の行い

父に仕えるのと同じ態度で母に仕えれば、それが親に対する愛となる。父に仕えるのと同じ態度で君に仕えれば、それが君に対する敬となる。だから母には父への愛によって仕え、君には父への敬によって仕える。愛・敬の両方を兼ね備えるのは父である。（士章）

このように、孝が「愛」「敬」という二つの性質より成ると解説し、母に対しては愛を、君に対しては敬をもって接するものとされ、父に対する態度にはその両方が含まれているとされている。

親は、この世で最も近しい情緒的存在であると同時に、自分に対する私的権威者でもある。親子関係は、生み生まれた者同士の愛情の紐帯であると同時に、「親」「子」という役割同士の社会的関係でもある。このため、孝は自然の情愛であるのと同時に、文化的（人工的）な権威に対する服従の性格も有する。『孝経』は、この孝のもつ二面性を、「愛」「敬」と表現している。愛は、孝のもつ私的・先天的・自然的・生物的・内在的・愛着的・情緒的な性質を象徴し、敬は、孝のもつ公的・後天的・文化的・社会的・外在的・服従的・儀礼的な性質を象徴する。

第四に、孝を天地人を貫く法則だと設定することである。

孝とは、天の法則であり、地の規範であり、民の行なうべきものである。（三才章）

孝が、愛の象徴する生得性をもつことは、孝が「天性」（天の与えた性質）であることの根拠ともなっている。天が与えたから、人は生まれつき孝という性質をもっているというわけである。ここで孝は、いわば形而上的な最高善である天と結びつけられることにより、反論不可能な道徳として規範性を与えられていると言える。

第五に、孝が忠に移行可能であるとすることである。

孝の心で君に仕えれば、それが忠となり、敬（父親に対する尊敬）の心で年長者に仕えれば、それが順（従順の徳）となる。（士章）

孝が、敬の象徴する獲得性や社会性をもつことは、親子関係以外の他の社会的人間関係に応用され、拡大することが可能であることを意味する。敬という性質は、上位者に対する社会性を含んでいるので、それを他の上下関係上に拡大することが、社会における秩序とその安定につながるのである。

第六に、孝の政治における効果について述べることである。

〔天子が〕愛と敬とを尽くして親に仕えると、万民にその道徳的教化がいきわたり、天下すべての人々がそれを見習うようになる。（天子章）

儒教では、政治を行うにあたって、権力や法律による強制ではなく、為政者の人徳によって人を治める「徳治（とくち）」が重要だとされる。『孝経』ではさらに具体的に、天子が自ら孝徳を備え、民の手本となりつつ、民に孝を教えることが説かれる。これが孝のもつ政治性を活用した「孝治（こうち）」である。

第七に、生ける親とともに、死せる親への孝について述べることである。

父母が存命の間は愛し敬することによって仕え、父母が死亡したら悲しみ悼（いた）むことによって仕える。これで人の道を尽くしたことになる。（喪親章）

存命中の親への孝とともに、親の死亡後にも感情面（悲しみ悼む）・儀礼面（喪（そう）・祭（さい）の礼を正しく行う）双方にわたる孝を尽くすべきことについて述べる。

2 伝来と日本からの逆輸入

中国における展開

『孝経』は、孔子（前五五一〔一説に前五五二〕～前四七九）とその弟子である曾子（前五〇五～？）との問答という体裁となっており、その作者については、大きく分けて、孔子、曾子、曾子の門人、漢儒、等の諸説がある。それに伴い成立時期についても様々な見解があり、未だ明確な決着をみていない。

史料によると、漢初、顔芝が秦の焚書を避けて蔵していたという一八章本『孝経』を、その子顔貞が世に出したのが、『孝経』が世に現れた初めだとされる。当時の書体である隷書で書かれていたため、これを今文孝経という。また、魯の恭王が邸宅を建てようとして孔子の旧宅を壊した際、その壁の中から多くの儒家系文献が発見された。その中の一つが二二章本『孝経』であり、古い書体である蝌蚪文字（点画がおたまじゃくしのような形の文字）で書かれていたため、これを古文孝経という（『漢書』芸文志）。また別に、昭帝（前九四～前七四）の時、魯の三老が朝廷に古文孝経を献上したとの伝承もある（『説文解字』巻一五、許沖上書）。

漢代の注釈として、古文に孔安国による伝（『孔安国伝』、以下『孔伝』）、今文に鄭玄（一二七～二〇〇）による注（『鄭氏注』、以下『鄭注』）と称するものが伝わるが、それぞれ作者については異論が多い。その後、梁末の乱に『孔伝』が亡佚し、しばらく『鄭注』のみが読まれていた。だが隋に至ると、京師（都）で得られたという『孔伝』に劉炫が注釈を附し『孝経述議』を撰した。そうしてこの『孔伝』が『鄭注』とともに学官に立てられるに至り、今古文両派の争いが起こった。これを解決するために、唐の玄宗（六八五～七六二）は自ら今文を底本として『御注孝経』（以下、『御注』）を撰した。『御注』には、開元年間に撰された開元初注本と、天宝年間に修正を加えた天宝重注本とがあったが、後に開元初注本は亡佚した。

『御注』が通行するに及んで『孔伝』『鄭注』は衰退し、遂に五代の乱に亡佚した。北宋時、邢昺（九三二〜一〇一〇）が、『御注』に対する元行沖（六五三〜七二九）の疏を基に『孝経正義』を撰して、後にこれが『十三経注疏』に入れられた。一方古文孝経は、北宋時には経が残るのみで注解が亡佚していたため、司馬光（一〇一九〜八六）はこれに注釈を加え『古文孝経指解』を撰した。さらに南宋の朱熹（一一三〇〜一二〇〇）は、『古文孝経指解』の経文を経一章と伝一四章とに再構成して、『孝経刊誤』を撰した。後学がこれに注解を附した代表的なものとして、元の董鼎の『孝経大義』がある。また、元の呉澄（一二四九〜一三三三）は『孝経刊誤』にならって今文経を再構成し、注釈を附して『孝経定本（草廬孝経）』を撰した。

日本における受容

『孝経』がいつごろ我が国に伝来したのかは定かでないが、「十七条憲法」に『孝経』の文章を踏まえたと考えられる表現が見られることから、これ以前に将来されたと考えられる。その後、文武天皇の大宝元年（七〇一）制定の大宝律令には、学生は皆『孝経』を学ぶべきであると規定されており、孝謙天皇の天平宝字元年（七五七）には、天下の各家ごとに『孝経』を必備せよとの詔が発せられている（『続日本紀』巻二〇、天平宝字元年）。この詔が実際にどこまで実行されたかには疑問が残るが、当時の朝廷が儒教道徳を基礎とした国造りを目指しており、中でも孝を重視していたことを見てとることができよう。

また、清和天皇の貞観二年（八六〇）には、唐朝にならい、『鄭注』『孔伝』を廃して『御注』を使用すること、ただし、学問は広博を厭わないから、『孔伝』を試用することも聴すとの旨の詔が出された。これ以後、朝廷の公式の儀式では専ら『御注』が用いられたが、民間では『孔伝』も読まれ続けた。明経道の博士家である清原家が『孔伝』を家本としていたことなどから、我が国には多くの『孔伝』の旧抄本が遺されている。

当初、公家や五山僧などを中心に受容されていた『孝経』であったが、近世における儒教の流行や出版の興隆に伴い、多くの『孝経』関係書が刊行され、広く世間に流通するようになっていった。邦儒諸派においては、日本陽明学の開祖とされる中江藤樹（一六〇八～四八）や崎門学派（山崎闇斎の学派）などにおいて『孝経』が重視された。

『孝経』注釈の復原

『孔伝』『鄭注』は中国において長く亡佚したままであったが、清代、考証学が流行するに及び、輯佚の気運が高まった。ここで役立ったのが我が国に残された佚存書（中国で佚したが他国に存している漢籍）である。

その頃、我が国でも『孝経』の輯佚が注目され、享保一七年（一七三二）、太宰春台（一六八〇～一七四七）が我が国に伝わる『孔伝』を校勘して刊行し、さらに、寛政六年（一七九四）、岡田挺之（一七二七～九九）がこれも佚存書である『群書治要』に収載されていた『鄭注』を単行させた。これらは、ともに中国に逆輸入され、鮑廷博（一七二八～一八一四）の『知不足斎叢書』に収載された。さらに二〇世紀に至り、敦煌文書の中に唐写本の『鄭注』やその疏にあたる文献が発見され、『鄭注』の復原はさらに進むこととなった。また我が国には、中国で亡佚した『御注』開元初注も存しており、屋代弘賢（一七五八～一八四一）の刊行した開元初注本が逆輸入され『古逸叢書』に収載されている。こうして現在、『孝経』の主要な注釈群は、ほぼ往時の姿を取り戻していると言えよう。

3　儒教の孝思想

儒教による孝の推奨とその理由

『孝経』は、儒教の孝説を代表する書物である。儒教は各種の倫理道徳を説いたが、中でも孝は「百行の本」と言われ、すべての徳に優先する特権的な地位にあるとされる。では、なぜこれほど孝が重要視されるのであろうか。

儒教が勃興した春秋戦国時代、諸子百家と呼ばれた思想家たちは、どのようにして当時の乱れた世を救うか、という問題に心を砕いた。たとえば墨家は、天下が乱れた原因を、人々が身内だけを愛して人類を平等に愛さないことにあると考え、天下の人々をすべて平等に愛する「兼愛（けんあい）」を主張した。道家は、理想的であった自然の状態に人間が小賢しい知恵を加えたために天下が乱れたと考え、「無為（むい）」を主張した。

　これに対して、儒家は乱れの原因を人倫（人間関係の秩序）の喪失に求めた。つまり、親、子、夫、妻、君、臣といったそれぞれが、自身の立場と役目とを守ることが、最終的に天下の安定につながると考えたのである。そうなれば、人間関係の中でも、親子関係が基本であると考えられるのは自然の流れであろう。さらに儒家は、当時の社会を家族の拡大したものだと見なした。つまり、家族は社会の縮図であり、社会と家族との差異は質的なものではなく量的なものだと考えたわけである。であるなら、人々が家庭において孝の心を取り戻すことが、ひいては天下・社会の安定につながる。こうして、儒教においては、人倫の中でもまず孝が重要視されることとなり、専ら孝について説く『孝経』が誕生したのである。

孝とは何か

「孝」は「親孝行」とも言われるように、親に対する行為・心情であるとの理解が一般的である。孝と言えば、まずは経済的に親を「養う」ことが挙げられよう。しかし儒教では、単なる親への「奉養」は、犬や馬でもできる最下級の孝であるとされる。儒教経典である『礼記』には、孝には三つの種類があり、大孝は親を尊ぶことで、その次は親の名を汚さないこと、さらに下は親を養うことだという（『礼記』祭義）。親を尊敬する心があってこそ、人間の孝と言えるのである。

　さらに、儒教においては、孝は目の前の親に尽くすだけのものではなく、自己を含んだ生命の継承であると意識される。「（孝の道とは）存命中は養い、死去すれば喪に服し、喪が終わればお祀りする」（『礼記』祭統）、「不孝には三種類ある。跡継（あとつ）ぎがいないのが最大の不孝である」（『孟子』離婁上）といった見解がそれである。これらでは、孝が三種類あるとして、親を養うことと喪葬と祭祀とを挙げ、また、最大の不孝として、子孫を絶やすことを挙げている。つまり、すでに死去した親に対する態度（祖先祭祀）、および子孫を将来に残すこと（子孫継嗣）の二つが孝の重要な部分とされ、孝は単に父母（現在）のみならず、祖先（過去）と子孫（未来）とに関わる観念として捉えられているわけである。

ここで、子孫継嗣が孝というのは一見不思議であるが、これは一つには祭祀と関係している。子孫がいつまでも記憶し祭祀を続けることにより、自分を含む祖先は、子孫の記憶の中で生き続けることができる。また、子孫は祖先の分身だと考えることもできるから、子孫が続く限り、祖先は形を変えて生き続けるとも言えるわけである。そこで儒教は、過去・現在・未来を貫く生命論として、（一）祖先を祭祀する、（二）親を敬愛する、（三）子孫を残す、の三者を合わせて「孝」と表現したのである。ここに、『孝経』が「喪親章」として死後の親への孝について独立した一章を立てた理由がある。

人の自己は不安定で、不安・迷妄・執着、そして死の恐怖に常に揺れ動いている。そこで、人は安定を求め、意識的無意識的に自己を拡大させようとする。血縁・地縁重視志向や権力欲は、自己が父系出自集団・地縁集団や権力機構と一体であると見なすことにより、自己が共時的に拡大することにつながる。金銭欲もまた金銭による自己拡大の一環と見なせよう。また、名誉欲は「青史に名を残す」ことにより、自己が未来へと拡大することにつながる。優れた作品を未来へ遺すことなども同様であろう。そうして、孝が象徴する、祖先から子孫へと続く血の連鎖は、自己が過去・現在・未来へと通時的に拡大することにつながるのである。孝とは人間の根源的な欲求である自己拡大欲求の一端を形成する観念であると言えるであろう。

4　名文読解

親孝行の始めから終わりまで

身體髪膚、受之父母。不敢毀傷孝之始也。立身行道、揚名於後世、以顯父母、孝之終也。

（『孝経』開宗明義章）

身体髪膚、之を父母に受く。敢て毀傷せざるは孝の始なり。身を立て道を行い、名を後世に揚げ、以て父母を顕すは、孝の終なり。

人の身体は毛髪や皮膚に至るまで、すべて父母から頂いたものである。だから、これを損傷しないようにするのが孝の始めである。孝を実践し、名を後世まで高く伝え、父母の誉れとなる。それが孝の終わりである。

忠孝は一つ

以孝事君則忠。以弟事長則順。

（『孝経』士章）

孝を以て君に事うれば則ち忠。弟を以て長に事うれば則ち順。

父に仕える際の孝をそのまま移して君に仕えると、忠となる。兄に仕える際の弟をそのまま移して年長者に仕えると、順となる。

参考文献

【一般的・入門的文献】

① 武内義雄・坂本良太郎訳註『孝経・曾子』(岩波文庫、一九四〇年)

＊『孝経』および『曾子』一八篇の原文・訓読より成る。今文孝経を底本とする。『曾子』一八篇は『大戴礼記』より抜き出したもの。また、諸書に引用される曾子の言を輯録した「曾子集語」を附す。

② 林秀一『孝経』(明徳出版社・中国古典新書、一九七九年)

＊『孝経』全文の訳注書。古文孝経を底本とする。訓読・原文・現代語訳に、語釈・余説(章旨や問題点に関する解説と著者の意見)が附されている。また、著者の『孝経』関連の論文五篇と「孝経関係著作目録」・「孝経関係論文目録」とが併載され、著者の孝研究の全体像をうかがうことができる。

③ 栗原圭介『孝経』(明治書院・新釈漢文大系、一九八六年)

＊『孝経』全文の訳注書。古文孝経を底本とする。原文・訓読・通釈(現代語訳)に、語釈(使用語句に関する注釈)・余釈(語句・内容に関するより詳しい解釈)・余説(章旨や重要な問題点についての解説)を附しており、その注釈・解説の詳細さは、数ある『孝経』訳注書の中でも群を抜く。

④ 竹内弘行『孝経』(たちばな出版、二〇〇七年)

＊『孝経』全文の訳注書。今文孝経を底本とする。現代語訳・注釈・訓読・原文より成り、解説・「孝経文献案内」・「『孝経』文化史年表」を附す。

⑤ 加地伸行『孝経〈全訳注〉』(講談社学術文庫、二〇〇七年)

＊『孝経』全文の訳注書。訓読・原文・現代語訳・注釈より成る。今文孝経を底本とする。訳注のみならず、『孝経』の歴史、『孝経』の解説、さらに孝に関する論説なども並載しており、著者の孝や『孝経』に関する学説を概観することができる。

【専門的文献】

① 林秀一『孝経述議復原に関する研究』(文求堂書店、一九五三年)

＊劉炫が『孔伝』に附した疏である『孝経述議』の輯佚書。『孝経述議』五巻のうち、巻一・巻四は現存する旧抄本を用い、

残りの巻二・巻三・巻五は、我が国に現存する『孔伝』旧抄本などに見える引用より輯佚してある。

② 山井湧ほか校注『中江藤樹』（岩波書店・日本思想大系、一九七四年）

＊中江藤樹の『孝経』注釈である『孝経啓蒙』および、『文集（二編）』『翁問答』「藤樹先生年譜」を収める。訓読・原文より成る。「『孝経啓蒙』の諸問題」と題する解説を附す。

③ 林秀一『孝経学論集』（明治書院、一九七六年）

＊「孝経博士」と呼ばれた著者の『孝経』に関する論文二四篇を収載した論文集。『孝経』研究史において、個人の論文集であるだけでなく、当時の日本における『孝経』研究の集大成と言える。

④ 池澤優『「孝」思想の宗教学的研究』（東京大学出版会、二〇〇二年）

＊「孝」と祖先崇拝の連続性に着目し、宗教学的視点より考察する研究書。西周期の祖先崇拝より説き起こし、戦国期儒家における孝思想の展開から『孝経』の成立・内容などを解説する。

⑤ 佐野大介『「孝」の研究――孝経注釈と孝行譚との分析』（研文出版、二〇一六年）

＊『孝経』および孝思想に関する研究書。第一部「『孝経』注釈に関する研究」、第二部「「孝」と「不孝」との間」、第三部「「孝」と血縁性との関係」、第四部「和漢における孝観念の異同」の四部より成る。第一部に、『古文孝経孔安国伝』『古文孝経指解』に関する論考を収める。

▼コラム　親孝行と刑罰

『孝経』の中で最も有名な句とは何であろうか。恐らく、「身体髪膚、之を父母に受く。敢て毀傷せざるは孝の始なり」であるというのが衆目の一致するところだろう。戦前の学生は、寝坊した際、この句をもじって「寝台白布、之を父母に受く。敢て起床せざるは孝の始なり」と嘯いたという。『孝経』が広く受容されていたことが分かるエピソードである。

ここに示されているように、自身の身体を傷付けないことは、孝の第一歩であるとされ、儒教的思惟において強い規範性をもっていた。

『孝経』の著者とも言われる曾子は、死亡する直前、弟子を呼んで、「私の手足を見てご覧（怪我の跡が無いだろう）。ずっと身体を傷付けないよう注意して生きてきたが、これからはもうその心配をしなくてよいのだなあ」と語ったと『論語』にある。また、その弟子の楽正子春は、不注意で足を傷付けてしまった際、怪我が治ってからも父母に申し訳なく思い、ずっと沈んだ顔をしていたという。

中世までの社会において、重罪には肉刑（足や鼻などの切断・刺青などの身体刑）が施された。ために、この「身体を傷付けない」という観念は、刑罰を受けない、すなわち「法令の遵守」という当為に直結する。この句は、「法を守って刑罰（特に肉刑）を受けないようにする」ということも意味するのである。だから、孝を重んじる者は、よき社会人として、決して刑罰を受けるようなことをしないのが当然の義務であった。

ところが、中世の日本で、興味深い事件が起こっている。その概要は、「ある兄弟が、貧しくて親を養えないので、一計を案じ、弟が兄をキリシタンであると訴えて密告の褒賞を得、それで親を養おうとした」というものである。結局、捕まった兄がキリスト教に関して無知であったことから計画がバレる。本来ならお上をたばかった重罪であるところであるが、役人もその孝に感じて、かえって褒美を与えて兄弟を帰したという。

役人は無邪気にその孝心に感動したようであるが、「身体を傷付けない孝」という観点からは、大いに問題を孕む行為である。この事件では、親を養うという孝行を重んじるがゆえに、「法を犯す（刑罰を受けるようなことをする）」という不孝を犯している。なおかつ社会的には、虚偽の通報による賞金の詐取という犯罪でもある。

孝行とは何か、について考えさせられる事件であるといえよう。

第Ⅱ部　諸子百家の世界

第六章　『老子』――「道」と「無為自然」の境地

藤居岳人

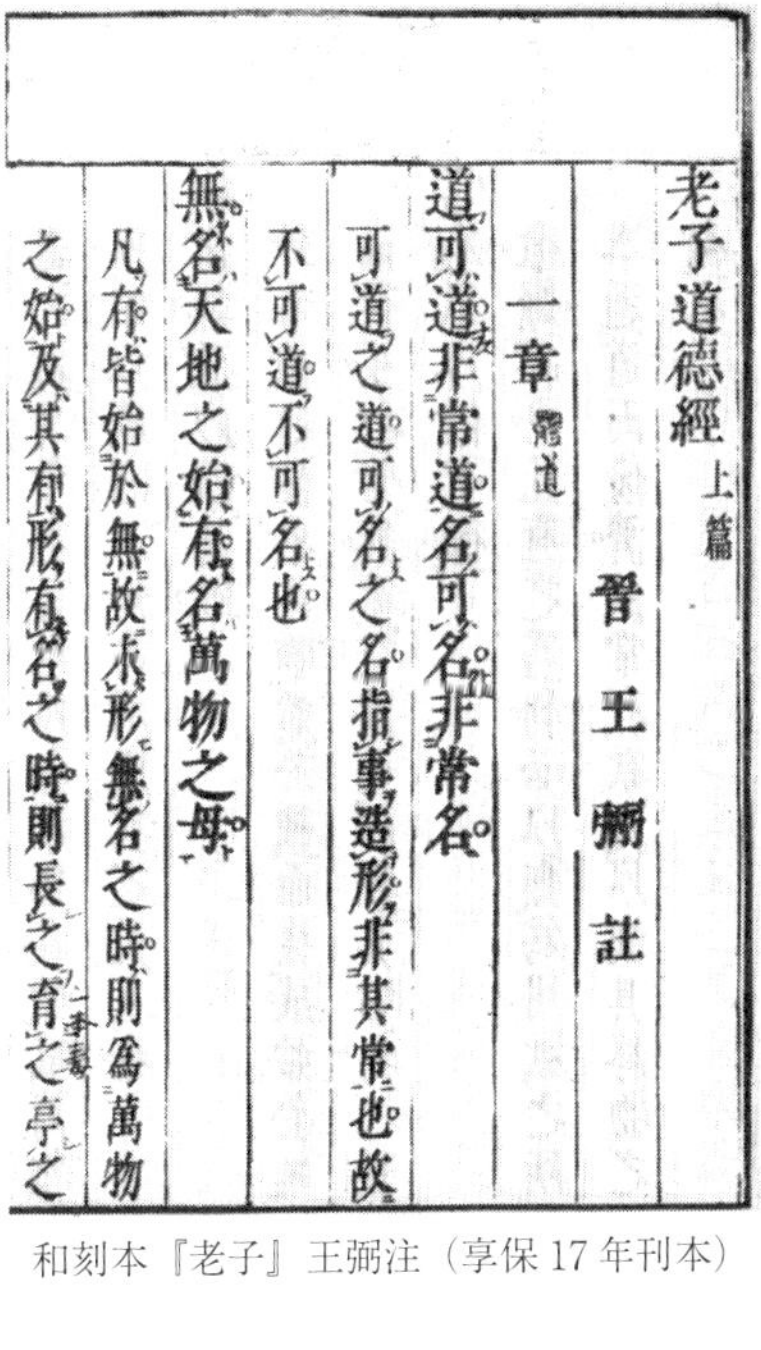
老子道德經　上篇
晉王弼註
一章　體道
道可道非常道名可名非常名
可道之道可名之名指事造形非其常也故
不可道不可名也
無名天地之始有名萬物之母
凡有皆始於無故未形無名之時則為萬物
之始及其有形有名之時則長之育之亭之

和刻本『老子』王弼注（享保 17 年刊本）

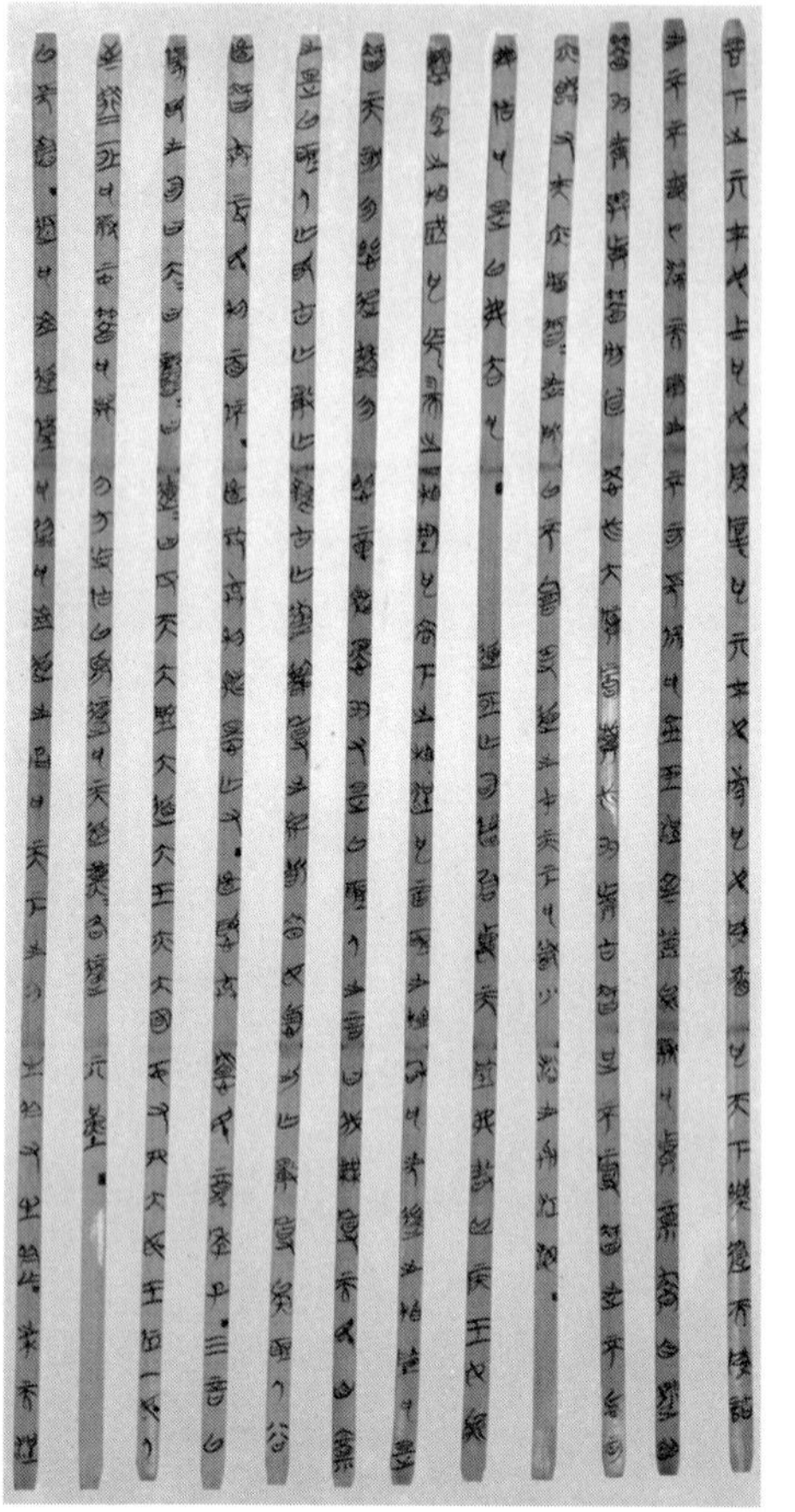

戦国時代の竹簡本『老子』

戦国時代中期の紀元前 300 年頃に造営されたと見られる郭店一号楚墓（湖北省荊門市にある）から出土した竹簡に含まれる『老子』で，現在見られる最も古い『老子』のテキストである。資料に取り上げた 12 点の竹簡のうち，最も左側の竹簡を例にすれば，そこには上から 4 文字目から「返也者道僮也，溺也者道之甬也。天下之勿生於又，生於亡」(句読点は筆者が補った)と見える。この部分は，通行本では第 40 章「反者道之動，弱者道之用。天下万物生於有，有生於無（反は道の動，弱は道の用。天下の万物は有より生じ，有は無より生ず)」に当たる。当時の楚国の文字で書かれていたり，通行本の文字と若干違っていたりしてやや読みにくいが，中国において古代から『老子』が読み継がれ，後に古典となってゆく様相の一端をうかがうことができる。

1　老子と『老子』の書と

老子の人物像

老子は謎の人である。その姿は函谷関の向こう側に広がる深い霧の彼方にある。『史記』老子韓非列伝に、老子に関する最も古い伝記が見える。『史記』は前漢の武帝期に活動した歴史家司馬遷（前一四五頃～前八六頃）が著した歴史書で、その伝記では老子とされる人物として老聃・老萊子・太史儋の三名が取り上げられており、司馬遷のときにはすでに誰が老子なのかよく分からない状況だったことがうかがえる。

『史記』老子伝に見える三名のうち老聃の伝記が最も詳細である。そこでは、老聃は楚の苦県（現在の河南省）厲郷曲仁里の人で、姓は李氏、名は耳、字が聃、周の国の守蔵室（図書館、公文書館に当たる部署）の官吏だったとされる。その老聃に孔子が会いに行き、礼に関する問答をしたが、孔子は老聃にやり込められてしまう。そして、議論で言い負かされた孔子は老聃を「まるで龍のようだ」と譬えて驚嘆したとのことである。その後、周国の衰退を目の当たりにした老聃は、ついに国を去ることにして函谷関までやってくる。彼は、その関所の役人だった尹喜の求めに応じて今に残る『老子』五千言を著し、そのまま関所を越えて行方知れずになった。以上が『史記』に見える老聃の伝記である。ちなみに、老聃と孔子との問答のエピソードは、後に儒家をライバル視するようになった道家が作り上げた伝説のたぐいだとされるが、老子のイメージを形成する一つの契機となった（よく似た内容のエピソードが『荘子』にもいくつか見える）。

この老聃のほかにも、道を修めることで、一六〇歳あまり、あるいは二百歳あまりまでの長寿を保ったとされる楚の老萊子、戦国時代の秦の献公に秦国の未来を予言した太史儋の二人の記事が『史記』老子韓非列伝には記されている。このように『史記』においても三名の老子候補者がいる。そもそも老子という実在の人物の存在を疑う論者もいる。さらに、「老子」とは「年老いた先生」の意で、特定の人物を指すものではないとも言われる。どこまでも老子は謎の人なのである。

『老子』の成立と構成

現在、通行している『老子』のテキストには王弼本と河上公本とがある。前者は三国時代の魏の王弼（二二六～二四九）による注釈が附されたもので、彼は無の思想（後述）を中心とした形而上学的解釈を施しているとされる。後者は前漢時代の文帝期（前一八〇～前一五七）にいたとされる河上公という人物による注釈が附されたものである。この河上公は実在の人物かどうか不明であり、なおかつ、河上公本は後漢時代の後半あるいは六朝時代に河上公の名前に仮託されて作成されたという説が有力である。こちらは生命を長らえさせることを目指す養生説ないしは神仙思想に基づく説の多い点が特徴である。

王弼本・河上公本ともに上下二篇、全八一章から成っており、上篇は第一～三七章、下篇は第三八～八一章となっている。また、上篇は第一章「道可道」の語で始まるところから「道経」、下篇は第三八章「上徳不徳」の語から始まるから「徳経」とも呼ばれる。したがって、『老子』はまた『老子道徳経』とも称される。

『老子』の書の成立については、近年の出土文献の出現によって大きく研究が進展している。まず、一九七三年に湖南省長沙市の馬王堆三号漢墓から出土した帛書（絹にしるされた書）に二種類の『老子』（それぞれ甲本、乙本と呼ばれる）があった。馬王堆漢墓の造営は前漢初期の紀元前一六八年頃と推定されている。この帛書『老子』は分量も内容も通行本とほぼ変わらない。ただ、通行本では上篇・下篇の順であるのが帛書本では甲本・乙本ともに下篇・上篇の順になっていた点に大きな違いがある。

次に、一九九三年に湖北省荊門市の郭店一号楚墓から出土した郭店楚簡に含まれる三種類の『老子』が重要で、これらの『老子』は通行本の三一章分の資料が出土している。郭店楚墓は戦国時代中期の紀元前三〇〇年頃に造営されたと見られ、先の帛書『老子』よりも古い時代にすでに『老子』がまとめられていたことが分かる点は価値が高い。

さらに二〇〇九年に北京大学に寄贈された、前漢時代の竹簡に含まれる『老子』である。こちらはほぼ通行本と同程度の分量があるが、「老子上経」「老子下経」と標題が記されており、これは『老子』という書名が見える最古のものである。また、帛書本と同様に通行本とは上篇・下篇の順序が逆になっている。ここから、少なくとも前漢時代までの『老子』は通行本とは篇の順序が逆であり、その後、順序が入れ替わったらしいことが分かる。

以上に述べたような、二〇世紀以降の新しい出土文献の出現によって、『老子』をはじめとする中国古代思想の研究は、今後も大いに発展してゆく可能性が高いと言えよう。

『老子』の書

郭店楚簡の出土によって、戦国時代中期あたりには、現在通行している『老子』とほぼ同じ内容の書が成立していたと言えることになった。ただ、著者については依然としてよく分からない。実際に論者の間では、『老子』の著者を一人だとする説と複数名がいるとする説とが唱えられている。一人の著者だとする根拠は、『老子』の文体に統一性が見られるという理由が主である。複数名の著者がいるとする説の根拠は、『老子』の文章中に韻（いん）を踏んでいる章もあれば、散文的な章もあり、両者が混在してい

『老子』帛書本（甲本）の一部
（冒頭に「道可道也、非恒道也」とある。『馬王堆漢墓帛書（壹）』より）

るとの理由が一つ。それから『老子』に見える思想に道家系の思想のみならず、法家系や兵家系の思想も含まれるからという理由もある。両説ともにそれぞれ一定の根拠を有しているが、現在では複数名説の方が有力である。要するに、現状では、複数名の老子の言葉が、戦国時代中期あたりから前漢初期までの長い時間をかけて道家の思想家たちの間でまとめられて『老子』の書として現在に伝えられたと考えることが妥当であろう。

さらに『老子』の書は、固有名詞の見えないことが特徴である。中国古代思想に関する書には、たいてい人名や地名といった固有名詞が多く見えるが、『老子』には固有名詞が見られず、その内容はやや抽象的な傾向が強いと言える。このことが、中国のみならず日本や欧米でも様々な『老子』解釈を生む理由の一つになっていると考えられる。

2 『老子』の思想

道と無為自然と

『老子』の思想において、「道」の語は最も重要なキーワードである。後に『老子』は道家に分類されることになるが、その理由もこの「道」の語による。本来、道とは人や物が往来する道路の意味だが、そこから人の踏み行うべき規範の意味にも使用されるようになった。しかし、『老子』の言う道はそのような意味の道ではない。『老子』冒頭には、「道の道とすべきは、常の道に非ず」（第一章）とあって、道は一般的な意味での道ではないと言う。そして、「道は常に名無し」（第三二章）とあるように、道には一般的な名称などなく、「之を視れども見えず、……之を聴けども聞こえず」（第一四章）と言うように、人間の感覚で表現しがたい性格のものだとしている。それにもかかわらず、「道は常に無為にして、而も為さざる無し」（第三七章）と、道は無為でありつつも全能だとする。

また、道はこの世に存在する万物の根源でもある。第四二章では「道は一を生じ、一は二を生じ、二は三を生じ、三は万物を生ず」とあって、「道→一→二→三→万物」のように生成論的に解釈できる。「道」の語は見えないが、第四〇章の「天下の万物は有より生じ、有は無より生ず」も無の性格を有する道から万物が生成したとの立場であろう。

では、『老子』において、万物の根源たる道はどのような性格とされているのか。その性格を端的に示すのは「無為自然」の語である。この語は、道家思想を象徴する用語としてよく使用されているが、元来、「無為」と「自然」とは別々に使用されていた。まず、「無為」の語である。この語は何もしないという意味でも使用されるが、それだけではなく、わざとらしさがないという無作為の意味でも使用される。つまり、『老子』の「無為」には二種類の意味がある。この「無為」の語の解釈は論者によって様々な立場があり、『老子』解釈が困難であることの一因になっている。

このような「無為」であればこそ「自然」の境地に至ることができると『老子』では説く。実はこの「自然」の語も解釈が難しく、「みずから然り」と主体の意志を強調する意味で解する論者もいれば、「おのずから然り」と主体の意志よりもむしろ客観的状態を示す意味を強調する論者もおり、「みずから」「おのずから」などと区別できるものではないとする論者もいる。ともあれ儒家などが様々なことを学んで知識を増すことで世に処してゆこうとするのに対して、「学を為せば日に益し、道を為せば日に損す。之を損して又た損し、以て無為に至る。無為にして、而も為さざる無し」（第四八章）とあるように、儒家のような「有為」を否定するアンチテーゼとして「無為自然」が語られ、人々に日々の行為の反省を促そうという考えを『老子』が主張していることは確かである。そして、『老子』における理想像たる聖人は、「万物の自然を輔けて、而も敢えて為さず」（第六四章）と言うように、自然の流れに従いつつ無為の境地にいるのである。

逆説の思想

儒家は、『論語』冒頭の「学びて時に之を習う亦た説ばしからずや」（学而篇）の語に示されるように、進んで学問をするなどの積極的な行動を推奨する。それに対して、『老子』では、「学を絶てば憂い無し」（第二〇章）のように、学問して不要な知識を増やすよりもむしろ何も知らない方が心配事がなくなるのだと消極的な方策を推奨する。しかし、それは消極的に見える方向でありながら実は真の幸福へつながる道なのだという逆説の論理が『老子』には存在する。真の幸福を得るためには、「夫れ惟だ争わず、故に天下能く之と争う莫し」（第二二章）とあるように、好んで争うようなことがあってはならない。争わないからこそ、他者から傷つけられることもない。『老子』における理想像の聖人にしても、「聖人の道は為して争わず」（第八一章）と他者と争わないことを目指している。

そして、『老子』において、このような逆説の論理を象徴的に表す存在が水である。「天下に水より柔弱なるは莫し。而れども堅強を攻むる者 之に能く勝る莫きは、其の以て之を易うる無きを以てなり」（第七八章）とあるように、水は柔らかでしなやかだが、堅くて強い者を攻めるには水に勝るものはないと『老子』は言う。いわゆる柔弱謙下の尊重である。これらは弱くてもいい、負けてもいいといったニーチェのルサンチマンのような考えとは相違して、実際に柔弱謙下こそが真の強者だと説く点に特徴がある。要するに、老子はあくまでも真の勝利を目指している。

『老子』と政治と

『老子』では逆説の論理を用いて、実は現実世界における成功を目指しているが、その象徴が『老子』に見える政治思想である。『老子』が成立しつつあった戦国時代は、多くの諸侯が血で血を洗う争いを繰り広げていた。その中で老子は「争わない」という信念を掲げて戦乱の社会を批判し、理想的な平和国家を描いた。それが「小国寡民」（第八〇章）の国、すなわち、国土も小さく住民も少ない国である。その国に住む人々はすぐ近くの隣国へも往来しようとはせず、食物にしても衣服にしても粗末な自分たちの暮らしに十分満足している。では、どうすればこのような理想郷を実現できるのか。

それは無為を会得した聖人の政治による。『老子』では、「聖人の治は、……常に民をして無知無欲ならしめ、夫(か)の知者をして敢(あ)えて為さざらしむ。無為を為せば、則(すなわ)ち治まらざる無し」(第三章)と述べるように、住民を無知無欲にするためには、まず聖人による無為の治が必要だとしている。無為の治とは真に何もしない政治であり、『老子』では、「大国を治むるは、小鮮(こざかな)を烹(に)るがごとし」(第六〇章)とあって、小魚を煮るときに形くずれを防ぐために箸でつつき回さないことを心がけるように、国を治める場合も様々な政策を実行するのではなく、むしろ何もしない方がよく治まるのだと述べる。そして、無為の聖人ならば、民衆は「大上(たいじょう)は下之(これ)有るを知るのみ」(第一七章)となり、統治者の存在も気にならないほどに自らの生活を謳歌(おうか)するようになる。

以上のような『老子』の理想郷は、一見、周囲の国々から孤立した国のように見えるが決してそうではない。確かに、その住民は他国との往来がなく無知無欲のままである。しかし、それは統治者の「無為の治」によるものであり、統治者は他国との外交的駆け引きの上でこのような国にしたのである。さらに言えば、『老子』は小国寡民の国の連合体を理想的な天下と考えているようでもある。だからこそ『老子』中に、他国との外交関係で最重要事項に当たる軍事に関する内容も見られるのである。

3 道家の『老子』とその後

「老荘」の枠組みの成立

諸子百家(しょしひゃっか)の一つである「道家」の語は、前漢時代中期の『史記』太史公自序(たいしこうじじょ)に初めて見える。その後、後漢時代に成立した『漢書(かんじょ)』芸文志(げいもんし)(前漢時代以前における重要書籍の目録で、中国古代の学術界の様相がうかがえる)では諸子百家が九つに分類されており、その「道家」の項に『老子』や『荘子』が分類されている。そこから道家思想を老荘思想とも称するようになった。ただし、「老荘」の語が定着するまでには経緯があった。

戦国時代末期に成立したと見られる『荘子』天下篇では、老子（老聃）は関尹とともに取り上げられ、「古の博大なる真人」として高く評価されている。ただ、天下篇において、荘子は老子とは別の範疇の思想家と見なされていた。その後、前漢時代初期になって、老子は中国古代の聖王とされる黄帝とともに「黄老」と併称されるようになったが、これは両者ともに積極的に政策を実施するよりもむしろ一見消極的に見える簡素な政治を標榜していたことによるものである。そして、前漢時代中期に成立した『史記』老子韓非列伝では、後に法家に分類される申不害や韓非子とともに老子が紹介されている。これは老子の現実的側面が法家に通じるとされたためらしい。このように「老荘」の枠組みがはじめからあったわけではなく、様々な分類を経て「老荘」に定着していったのである。

『老子』と魏晋玄学

実際に「老荘」の語が初めて見えるのは、前漢時代中期に成立した『淮南子』においてだが、「老荘」の語が定着するのは魏晋時代以降である。いわゆる老荘思想の流行の契機となったのは、まず、既述した魏の王弼による『老子注』の登場である。そして、三国時代の魏の末期から晋代にかけては、清談が盛んになった。清談とは、当時の貴族たちの中で流行した哲学的談義で、形式に流れる傾向にあった礼教を批判して、老荘思想をベースに空理空論の議論が展開された。当時は政治的な混乱期で、続く南北朝時代も含めて目まぐるしく王朝が交代した。その中で政治に左右されない貴族社会が成立したが、彼ら貴族の中には俗世間の汚れた雰囲気にとらわれず、信念の赴くままに管弦や飲酒にふけりつつ自らの道を行く者たちが現れた。その代表が竹林の七賢である。

そして、この時期には『老子』『荘子』に加えて『周易』が「三玄」と呼ばれ、これら三玄の学を「玄学」と称するようになった。このように魏晋時代以降、道家思想の中心的存在として『老子』は儒家思想の対抗軸としての地位を確立するようになってゆく。

『老子』と仏教・道教と

『老子』はまた中国における仏教の受容にも関係している。仏教が本格的に受容されるようになったのは魏晋時代以後である。そのときに仏教理解の一助として利用されたのが『老子』を中心とした道家思想だった。たとえば、仏教思想の核心の一つに「空」の思想があるが、その概念の理解は難しい。それを道家思想の「道」や「無」で理解しようとする立場があり、それを格義仏教と言う。この手法は確かに仏教の中国受容には有益だったが、「空」の概念と「道」「無」の概念とはよく似てはいるものの、同じ概念ではない。したがって、仏教理解がある程度進んでくると、むしろ仏教は仏教として理解すべきで道家思想とは相違するという主張が見られるようになってきた。確かに両者は成立の基盤が相違するから、この批判は思想の進展としては健全な姿だと言える。

『老子』は後の道教にも影響を与えるようになる。道教は民間信仰に発する中国独自の宗教で、後漢時代末期に張角が始めた太平道や張陵を始祖とする五斗米道あたりが起源とされる。その後、晋の葛洪が『抱朴子』を著し、後の道教の理論的根拠になった。道教では『抱朴子』の神仙思想が主に取り入れられているが、中には『老子』に見える養生説の影響もうかがえる。ちなみに、後の道教では老子自身も神格化して、「太上老君」と称されて三清（道教における三人の最高神）の一人にまでされるようになった。

また、道教では後に老子化胡説が説かれるようになるが、これは老子がインドに行って仏教を開いた釈迦に教えを授けたと説いたり、釈迦が実は老子の生まれ変わりだとする説である。この老子化胡説は、道教が仏教よりも優越していると主張するために創作されたものであり、老子がインドに行ったという説は『史記』老子伝の記述に基づいている。

このように『老子』は思想のみならず、仏教や道教などの宗教に対しても、古典として中国人に大きな影響を与え続けていたのである。

4　名文読解

無用の用

三十輻共二一轂一。當二其無一、有二車之用一。挻レ埴以爲レ器。當二其無一、有二器之用一。鑿二戸牖一以爲レ室。當二其無一、有二室之用一。故有之以爲レ利、無之以爲レ用。（『老子』第一一章）

三十の輻一轂を共にす。其の無に当たりて、車の用有り。埴を挻ねて以て器を為る。其の無に当たりて、器の用有り。戸牖を鑿ちて以て室を為る。其の無に当たりて、室の用有り。故に有の以て利と為すは、無の以て用を為せばなり。

三〇本のスポーク（輻）が一つの車輪の中心（轂）に集まっている。車輪の中心に何もない空間があるから、車輪が回って車として役に立つ。粘土をこねて器を作る。器の中心に何もない空間があるから、物を入れられて器として役に立つ。戸や窓をうがって部屋を作る。部屋の中に何もない空間があるから、中に入ることができて部屋として役に立つ。だから、形のあるものが便利に使えるのは、何もない空間が役立っているからこそなのである。

天はすべてお見通し

天之道、不レ争而善勝、不レ言而善應、不レ召而自來、繟然而善謀。天網恢恢、疏而不レ失。（『老子』第七三章）

天の道は、争わずして善く勝ち、言わずして善く応じ、召かずして自ら来たり、繟然として善く謀る。天網恢恢、疏にして失わず。

天のはたらきは、争わないでおきながらうまく勝ち、ものを言わないでおきながらうまく対応し、呼び寄せないでおきながら自分から来させ、ゆったりとしているように見えながらうまく計画を立てる。天の張りめぐらせた網は広くて大きく、その網の目はあらいが何ものも取り逃がすことはない。

参考文献

【一般的・入門的文献】

① 森三樹三郎『老子・荘子』（講談社、一九七八年。後に講談社学術文庫、一九九四年）
＊『老子』『荘子』について、それぞれの思想・生涯・書の成立・訳文（抄訳）と解説、さらには老荘思想のその後の展開に至るまで、老荘思想全般にわたる内容を懇切に解説した書。特に老荘思想と道教・仏教との関係を詳細に論じる。

② 加地伸行編『老荘思想を学ぶ人のために』（世界思想社、一九九七年）
＊老荘の人と書物・老荘思想の歴史・出土資料と老荘思想研究などの項目ごとの老荘思想概論に加え、老荘思想と儒教・道教・仏教との比較研究を分担執筆によって解説した入門書。重要語解説や文献案内も詳細で充実している。

③ 蜂屋邦夫『老子』（岩波文庫、二〇〇八年）
＊平易な現代語訳と新出土文献などの幅広い資料を活用した詳細な注釈が特色の訳注書。巻末には老子の人物、『老子』のテキストや思想などについての懇切な解説と『老子』に見える主な語句（訓読文）の索引とが附されている。

④ 福永光司『老子』（ちくま学芸文庫、二〇一三年）
＊自由な訓み方による書き下し文など、独自の特徴をもつ『荘子　内篇』の訳注者として著名な著者による『老子』の訳注書。中国の哲学のみならず、宗教思想やヨーロッパ思想にも造詣が深い著者の学問の特徴が訳注の随所に示されている。

⑤ 湯浅邦弘『入門　老荘思想』（ちくま新書、二〇一四年）
＊『老子』『荘子』について、その人物やテキスト、思想などを解説した入門書。老荘思想の中国思想史への影響や西洋への

伝播の様相、日本文化への影響にまで目配りしている。出土文献による老荘思想研究の進展も十分踏まえられた好著。

【専門的文献】

① 島邦男『老子校正』（汲古書院、一九七三年）

＊テキストによって文字の異同が少なからずある『老子』の本文を諸本の系統ごとに並べた上で校正を加えた書。出土文献の研究成果は反映されていないが、著者による詳細な解説も含めて『老子』研究を進めるためには必読の文献。

② 武内義雄『武内義雄全集　第五巻　老子篇』（角川書店、一九七八年）

＊文献学者として著名な著者による道家思想研究のうち、『老子』に関する研究を集めた書。出土文献研究の進展で内容の妥当性には一部疑義が生じているが、著者の実証的研究の方法論は、中国思想史研究を進める上で大いに参考になる。

③ 神塚淑子『『老子』――〈道〉への回帰』（岩波書店・書物誕生――あたらしい古典入門、二〇〇九年）

＊特徴のある『老子』注の内容紹介を中心に、中国宗教思想の基軸として『老子』が読まれてきた歴史の様相と、「道」の教えを中心とした『老子』の思想を五つのテーマから読み解くこととの二部構成から成る『老子』研究の書。

④ 池田知久『『老子』――その思想を読み尽くす』（講談社学術文庫、二〇一七年）

＊出土文献を活用して通行本以前の『老子』本来の姿を描き出すことを目的とした『老子』研究書。『老子』の人・書・思想などを網羅的に解説し、非常に詳細な注釈を附している。著者の創見を多く盛り込んだ、文庫本の枠を超えた大著。

▼コラム 道家思想とタオイズムと

欧米において、「タオ」の語がよく使用されるようになったのは一九七〇年代以降のニューサイエンスの流行あたりからである。中国語で「道」の語を「ｔａｏ」と発音するところからタオイズムと呼ばれるようになったが、欧米でタオイズムと言えば、道家思想と道教とを区別せずに両者を包摂した概念となる。それに対して、日本では道家思想はあくまでも思想、道教は宗教を指すものだとして、両者を区別することが多い。実際に欧米ではタオイズムの宗教的側面の研究が盛んだが、思想としてタオイズムが欧米に与えた影響力の大きさはやはり看過すべきではない。

そもそもニューサイエンスの流行は、一九七五年のフリッチョフ・カプラ *The Tao of Physics*（邦訳名『タオ自然学』）の出版が大きな契機だった。そこでは現代物理学と東洋思想との関連が説かれ、それ以降、物理学に限らず自然科学全体に対して従来の方法論に反省を迫る手法の一つとして、ニューサイエンスが注目を集めることになった。ただし、このようなカプラの東洋思想に対する見解は、オリエンタリズム的だとの批判もある。オリエンタリズムとは、サイード『オリエンタリズム』による概念で、ヨーロッパから見て異質なもの、劣ったものとしてオリエント（東洋）を見なしてヨーロッパと対比する立場である。この批判は、いわばステレオタイプ的に東洋思想あるいはタオイズムを位置づけることに対するものであり、欧米における禅の流行にもややその傾向がうかがえる。

しかし、以上のようなタオイズム理解とは別に、欧米ではタオイズムをタオイズムとして理解しようとする立場もある。たとえば、ドイツの哲学者ハイデガー（一八八九～一九七六）は、「道は、ものを考えようとする人間に向かって語りかけられた、言葉の中でも根源的な語なのかもしれません。……タオという語には、思考しつつ言うことのもつ、あらゆる秘密の中の最たる秘密が匿（かく）されているように思われます」（『言葉への途上』）と述べる。このハイデガーの言葉は、タオイズムの思想的普遍性を示す一例である。

東洋と西洋との思想の普遍性は、必ずしも完全一致で求められるものではない。ある程度の共通性が認められるということであり、その共通性を探ることが比較文化の醍醐味でもある。欧米で翻訳されている中国の古典としては、『論語』よりも『老子』の方が圧倒的に多いと言われており、その点からも、比較文化の契機として『老子』の果たした役割の大きさをうかがうことができる。

第七章 『孫子』——東洋兵学の最高峰

椛島雅弘

孫武像（山東省恵民孫子故園）

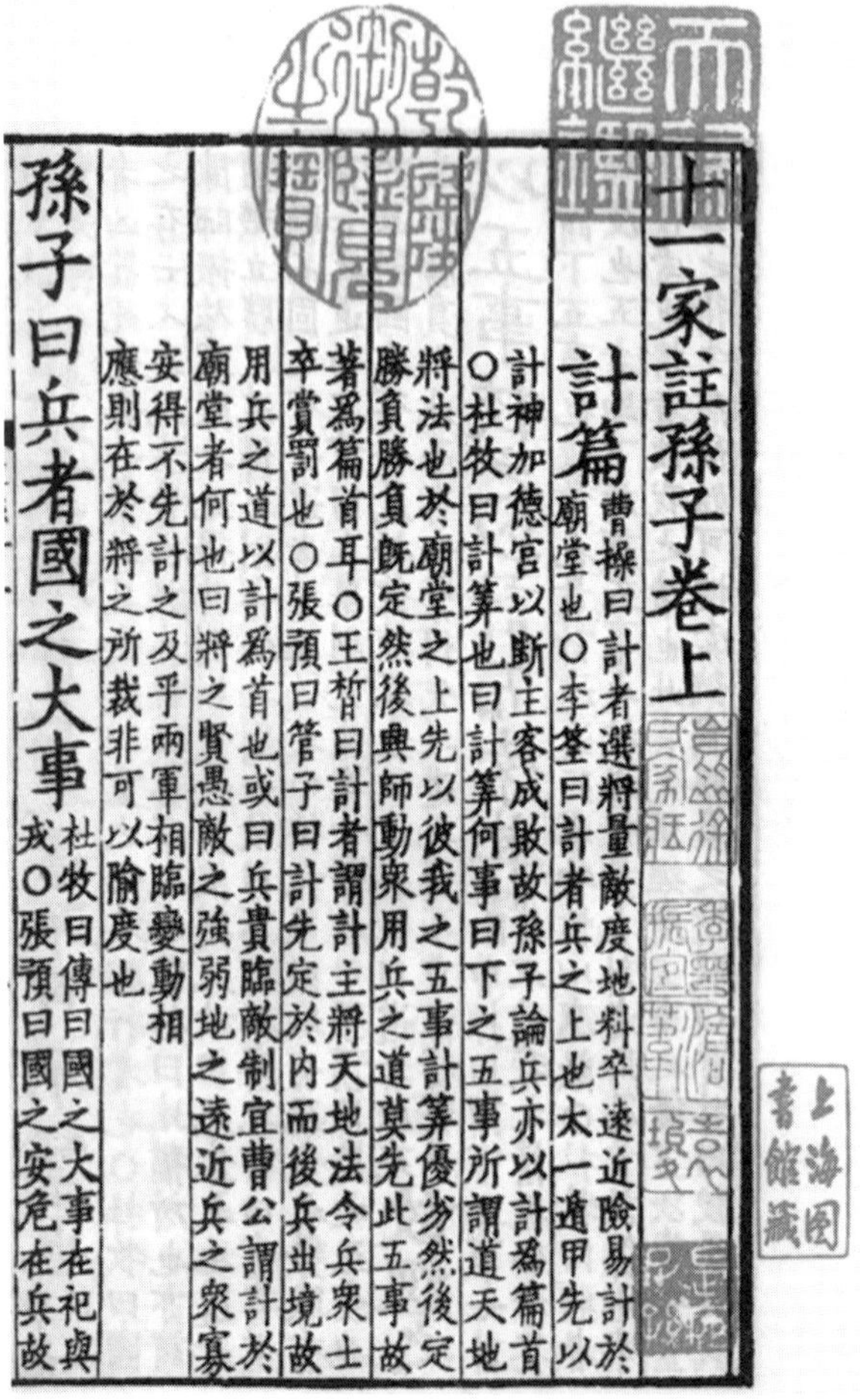
十一家註孫子卷上
計篇 曹操曰計者選將量敵度地料卒遠近險易計於廟堂也○李筌曰計者兵之上也太一遁甲先以計神加德宮以斷主客成敗故孫子論兵亦以計爲篇首○杜牧曰計算也曰計算何事曰下之五事所謂道天地將法也於廟堂之上先以彼我之五事計算優劣然後定勝負勝負既定然後興師動衆用兵之道莫先此五事故著爲篇首耳○王晳曰計者謂計主將天地法令兵衆士卒賞罰也○張預曰管子曰計先定於內而後兵出境故用兵之道以計爲首也或曰兵貴臨敵制宜曹公謂計於廟堂者何也曰將之賢愚敵之強弱地之遠近兵之衆寡安得不先計之及乎兩軍相臨變動相應則在於將之所裁非可以預度也
孫子曰兵者國之大事 杜牧曰傳曰國之大事在祀與戎○張預曰國之安危在兵故

『宋本十一家註孫子』

南宋時代に刊行された『孫子』のテキスト。原本は上海図書館蔵で，図は計篇の冒頭部分。これまで伝えられてきた『孫子』のテキストは，この十一家註系統と，武経七書系統の2系統に大別される。両系統は，文字の異同が所々存在するが，全体的に見れば，武経七書系統より十一家註系統のほうが約40字多い。その他，銀雀山漢墓竹簡本（ぎんじゃくざんかんぼちっかん）など，より古く貴重なテキストも発見されているが，いずれも少なからず欠損している。

1 『孫子』の成立とその背景

著者と孫武伝承

『孫子』とは、約二五〇〇年前、中国で誕生した兵書であり、西洋を代表する兵書『戦争論』と並び、東洋兵学第一の書とされる。また現代日本では、内容の普遍性が注目され、兵学という枠組みを超え、ビジネスや処世術など、広い分野に応用されている。

『孫子』の著者とされる孫武は、春秋時代末期（前五世紀頃）、呉の王であった闔廬（?〜前四九六）に仕えた名将である。『史記』孫子呉起列伝には、次のような伝承が記されている。

孫武は、斉の出身であり、呉王闔廬に謁見した。闔廬は、「あなたが記した一三篇の兵法書はすべて読んだが、試しに宮中の女を使って軍の指揮をしてもらえるか」と頼んだ。孫武は了承し、宮中の美女一八〇人を集めた。孫武は、それを二部隊に分け、王が寵愛する姫二人を各部隊の長とし、これから行う命令について繰り返し説明した。

そして、いざ命令を下したものの、女たちは笑うだけで命令に従わない。孫武は「徹底的に命令を説明しても、それが守られないのは、隊長の責任である」と言い、隊長役の愛姫二人を斬り殺そうとした。闔廬は慌てて処罰を止めさせようとしたが、孫武は、「将軍が陣中にある時は、君主の命令でも従えないことがあります」と答え、愛姫二人を斬り殺し、代わりの者を隊長に任命した。そして、再び命令を下すと、女たちは整然と命令を遂行するようになった。

闔廬は愛姫二人を失ったが、孫武の才能を認め、将軍に任命した。その後、呉は孫武らのはたらきにより、当時大国であった楚を破り、また斉や晋を脅かし、天下に実力を示した。

『春秋列国志伝』巻八
「孫武子兵を発し楚を伐つ」

これが現在伝わる孫武の事蹟である。しかし、『史記』の記述以外に孫武の記述はほとんど存在せず、古くからその信憑性が疑われた。また、戦国期の後人が孫武に仮託して著作したという説（後人偽作説）や、孫武の後裔で、戦国時代中期（前四世紀半ば～前三世紀の終わり頃）に生きた孫臏が『孫子』の著者だとする説（孫臏著作説）が唱えられた。

成立に関する問題――二つの『孫子』の発見

このように、『孫子』の成立に関する議論は、諸説紛々としていたが、新資料の発見によって再考されることとなった。一九七二年、山東省臨沂県銀雀山から、前漢時代の墓が発見され、そこには大量の竹簡が副葬されていた。この竹簡群は「銀雀山漢墓竹簡」（銀雀山漢簡）と称される。銀雀山漢簡の中で、特に注目を浴びたのは、『孫子兵法』（竹簡本『孫子』次頁図版参照）と『孫臏兵法』という二つの『孫子』であった。

『孫子兵法』は、現在伝わる『孫子』一三篇とおおよそ対応する内容であったほか、美女の練兵にまつわる逸話も確認された（見呉王篇）。この発見は、『史記』の孫武伝承の信憑性を高めた。また、『孫臏兵法』の発見により、孫武と孫臏の兵学を「孫氏の道」と総称していたことや、孫武の兵学思想が孫臏へ受け継がれていたことが明らかとなった。

以上の新たな情報により、現在では『孫子』の成立について、後人偽作説や孫臏著作説に代わり、春秋時代末期から戦国時代前期（前五世紀半ば～前四世紀の半ば）にかけて、孫武もしくはその一派が著作・編集して成立したという説が有力となっている。

成立背景と呉の地理性

孫武の生きた春秋時代末期は、戦争の様式が大きく変容しつつあった時代である。そもそも、春秋時代の典型的な戦争は、事前に開戦の日時を申し合わせた上で、見通しのきく平原に両軍が布陣した後、戦車同士の戦闘によって正々堂々と行われた。戦車に乗るのは、一定の身分をもった貴族のみであったため、総兵力は数百人～数万人と少なく、戦争も数時間～数日の間に終結した。

しかし、このような様式は、時代が下るにつれて変容していった。戦争に一種の美学を求める思想は薄れ、勝利するための戦術が重視されはじめた。また、民も歩兵として動員されはじめ、戦争の規模は拡大していった。

そして、このような変化をさらに推し進めたのが、孫武らが率いた呉軍であった。呉軍は、少数の貴族から構成される戦車ではなく、民から動員した歩兵を主力とした。また、局地的な戦闘に留まらず、八百キロメートル以上の長距離侵攻を行った。

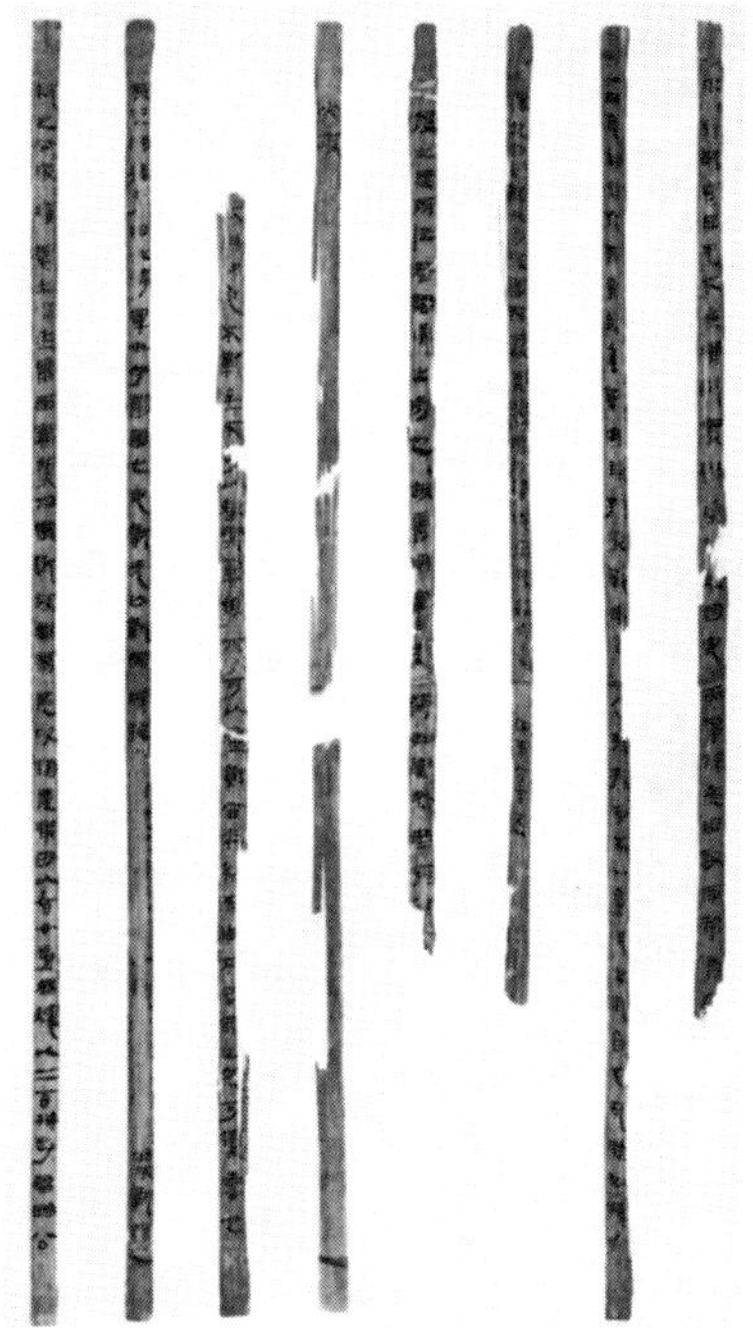

銀雀山漢墓竹簡『孫子兵法』

この軍事変革とも言える呉の戦争スタイルには、地理性が密接に関わっている。呉は、中原（黄河中下流域にある文化的中心地）から離れた場所に位置する国家であり、中原各国のような厳密な身分制度が確立していなかった。よって呉では、貴族のみが戦争に参加するという制約はなく、民を徴兵して軍の主力とした。民は、貴族と比べて人数が多いため、大量に動員することができた。

また呉は、中国最長の河川である長江が

流れるほか、湿地（沢）や湖が多く存在しており、戦車を用いるには不向きな地域である。したがって、呉の主力軍隊は、地理的制約を受けにくい歩兵が選ばれた。呉軍は、歩兵を主力としたことによって、長距離の行軍に加え、複雑な戦略・戦術の実行が可能となった。呉の軍事行動や『孫子』の成立には、このような背景が存在する。

合理と占術

古代中国では、開戦の是非や戦争の勝敗を、亀卜（亀の甲羅を焼いたひび割れによって吉凶を占う術）や望気（人や場所に立ちこめる気の色彩・形状を観測して占う術）によって占った。このような占術は、天人相関思想（天と人が密接に関係するという思想）や陰陽五行思想（陰陽・五行を用いて事物の分類や事物間の関係を規定する思想）といった中国独特の自然観に基づいて発達したものである。

紀元前二〇六年、項羽と劉邦が咸陽郊外で会見した際（鴻門の会）、項羽の軍師であった范増は、部下に対し、望気術を用いて劉邦を調べるよう命令した。その結果、劉邦の気は竜虎の形で五色に輝き、将来天子になる兆しが見られることが判明した。この占断を危惧した范増は、項羽に劉邦暗殺を勧めている。このように、古代中国の戦争は、占術と密接な関わりを有していた。

ところが『孫子』は、このような占術的要素を戦争に持ち込むことは、「軍隊の統制を乱す」として禁止している。また『孫子』は、占術ではなく、開戦前の徹底的な状況分析によって未来の勝敗を見通すことができる、と断言する。占いの結果が、戦争の勝敗に関わると信じられていた中、『孫子』は、人為的努力によって勝敗が決定するものだと述べた。

2 『孫子』の構成・内容

現在伝わる『孫子』は、計篇・作戦篇・謀攻篇・形篇・勢篇・虚実篇・軍争篇・九変篇・行軍篇・地形篇・九地篇・火攻篇・用間篇の全一三篇で構成される。各篇は、それぞれのテーマに沿った内容が述べられるが、中には唐突に話が変わる篇もあり、比較的ゆるやかな論理展開となっている。そこで本節では、篇ごとの内容紹介はせず、主要な視点を三つ挙げることによって、『孫子』の内容を見ていきたい。

周到な準備が不敗へ導く

『孫子』は、「兵は国の大事なり」（計篇）という語から始まる。戦争は国家の命運を決める重大事という認識である。戦争は、武器や食糧の用意など莫大な費用がかかるが、もし敗北すれば、土地や金を失うどころか国が滅ぶこともありえる。よって、慎重に「廟算」を行うことを重視する。

廟算とは、開戦前、祖先の霊を祀る宗廟において、自軍と敵軍の実情を比較分析し、その結果に基づいて作戦を立てることである。『孫子』は、廟算によって「開戦前からすでに勝敗を知ることができる」と断言する。では『孫子』は、どのような点を比較して廟算を行ったのだろうか。

『孫子』は、彼我の情況を判断する基準として、「五事七計」を挙げる。「五事」とは、「道（正しい政治の行い方）」「天（明暗・寒暑などの自然条件）」「地（戦場の地理状況）」「将（将軍の能力）」「法（軍を運営する上での各種規則）」を指す。「七計」とは、「主（君主の優秀さ）」「将（将軍の優秀さ）」「天地（自然条件の優劣）」「法令（軍令の徹底度）」「兵衆（軍の強さ）」「士卒（兵士の熟練度）」「賞罰（賞罰の公平性）」を指す。「五事」は、大まかな指標であるのに対し、「七計」はより具体的な指標である。以上の指標を用いて敵と味方の実情を比較し、勝算の有無を客観的に判断することにより、戦争の結果を予測する。

以上のように、『孫子』は事前の情報収集・分析を重要視する。これは、「彼を知り己を知れば、百戦して殆うからず」(4参照)という言説にも現れている。敵と味方の実情を熟知していれば、理論上、何回戦っても敗北することはないのである。

戦わずして勝ち、最上の利益を得る

『孫子』が最も理想とする兵法とは、「戦わずして勝つ」ことである。謀攻篇の「戦わずして人の兵を屈するは善の善なる者なり(戦争せずに敵軍を屈服させるのが最善である)」は、それを端的に表した句である。

一見すると、兵法における最善は、百回戦って百回勝つことのように思える。しかし『孫子』は、武力衝突せず、敵を屈服させることこそが最善だと説く。なぜなら『孫子』は、戦争における「損益」について、冷静に認識しているからである。

いざ開戦すれば、軍馬、戦車、武器の準備費用に加え、食糧費とその輸送費など、莫大な費用がかかる。たとえ勝利したとしても、戦費に見合う利益が得られなければ本末転倒である。よって、最上の利益が得られる勝ち方とは、両軍の戦力がまったく消耗していない開戦前の段階で勝利することである。そうすれば、自軍の戦力や物資を保ったまま、無傷の敵軍の戦力・物資を得ることができる。

では、戦わずして勝利するには、どうすればよいだろうか。『孫子』は、謀略を用いることによって、開戦前に勝敗を決するべきだと述べる。それでは反対に、最も下策な戦い方とは何だろうか。それは攻城戦である。理由は、攻城戦は長期戦になることが多く、最も味方に被害が生まれる戦い方の一つだからである。また、仮に城を占拠したとしても、城内の物的・人的資源は相当に消耗しており、味方が得られる利益は少ない。このことも、下策とされる要因の一つである。

古今東西において、損益を熟慮せず、むやみに戦争を続けて自国を破滅させた例は多い。一方『孫子』は、戦争による損益を総合的に分析し、謀略を用いて犠牲を最小限に留め、最上の利益を獲得すべきことを説く。

敵の裏を突き、正面衝突を避ける

『孫子』は、「兵は詭道なり」（計篇）と、戦争の本質を「詭道」に求める。詭道とは、自軍の情報を漏らさず、虚偽の情報を敵軍に与えることにより、敵の意表を突くことである。具体的には、自軍の戦力が充実しているのに、敵には乏しいように見せたり、敵の近くにいながら遠くにいるように見せる、といった戦い方である。

一方、勢篇では「凡そ戦いは、正を以て合し、奇を以て勝つ（戦争は、まず正攻法で相手にあたり、奇策によって勝利する）」という語が存在する。これは、詭道に近い内容であり、「奇」は奇策、「正」は正攻法を指す。ただし、「奇」「正」は、状況によって絶えず変化するものであり、ある状況で「正」だった戦法が、別の状況では「奇」となる可能性も十分考えられる。このように「奇正」は、常に変容する状況を的確に読んではじめて効果的に用いることができる。

奇正のほか、虚実篇では、「兵の形は、実を避けて虚を撃つ（軍は、敵戦力の充実した箇所を避け、手薄な箇所を攻撃すべきである）」という語も存在する。「虚」は戦力が手薄な箇所、「実」は戦力が充実している箇所を指す。虚実の戦法を実践するためには、敵の「虚」と「実」の箇所を正確に把握することや、敵に自軍の「虚」「実」を隠す必要がある。

詭道・奇正・虚実は、いずれも正面からの戦いを避けて意表を突く点で一致する。『孫子』が登場する前、中国には、戦いとは正々堂々あるべしという価値観が存在した。しかし『孫子』は、戦争の本質を欺くことに求め、その価値観を真っ向から否定する。なぜなら、いかに戦力差があろうと、作戦もなしに戦えば、両軍に少なからず被害が生まれ、また利益を得ることが難しくなるからである。よって『孫子』は、詭道・奇正・虚実をうまく用いて、最小限の被害で勝利すべきだと述べる。

　それでは、詭道・奇正・虚実をうまく用いる上で、最も重要なものは何だろうか。それは、敵と味方の正確な情報である。特に敵の情報は重要である。敵の実情を把握することによって、はじめて敵の裏をかく方法を考えることができる。

　このように、『孫子』の兵法は、「情報の収集・分析」「損益の計算」「詭道・奇正・虚実」といった要素が有機的につながって成立している。

3 『孫子』の受容・評価

中国での評価と注釈

「孫・呉の書を蔵する者は家ごとに之有り（孫子と呉子は家ごとに所蔵されていた）」（『韓非子』五蠹篇）とあるように、『孫子』は、戦国時代後期から漢代には広く読まれていた。その後も『孫子』は多くの人に読まれ続け、宋の熙寧五年（一〇七二）より、武挙（武官登用試験）の際、『孫子』をはじめとする兵書から出題されるようになった。これによって、『孫子』は武官志望者の公的なテキストとなった。

　また『孫子』は、簡にして要を得た文体であり、かつ深みをもつ内容であるため、文人からも高く評価された。例えば、南朝宋の文人劉勰（五世紀頃～六世紀頃）は、『孫子』を「辞は珠玉のごとし（文章は珠玉のように美しい）」（『文心雕龍』程器篇）と評している。

　後世の武将や学者の中には、本文に注釈を加えた者も多かった。現在、『孫子』注釈の中で最も一般的なものが、計一一人（三国時代の曹操、梁の孟氏、唐の李筌・杜牧・杜佑・陳皞・賈林、宋の梅堯臣・王晳・何延錫・張預）の注釈をあわせた『十一家註孫子』である。その注釈スタイルは、時に他の兵書を引用しつつ、本文を解説するというものである。また、過去の実例を出すことによって、『孫子』の理論を実証しようとした。

日本での受容

『孫子』は日本でも読まれた。その伝来過程については、判然としない部分が多いが、九世紀末の漢籍目録である『日本国見在書目録』に、「孫子兵法二巻　呉孫武撰」「孫子兵法書一巻　巨（賈）詡撰」など、『孫子』に関わる書が計六点見えるため、遅くとも平安時代初期には伝わったようである。

日本で『孫子』が最も盛んに読まれたのは、江戸時代である。林羅山、新井白石をはじめとして、多くの学者が注釈を施した。中でも、荻生徂徠（一六六六〜一七二八）の『孫子国字解』は、漢字仮名交じりで平易に解説する点や、中国と日本の制度的な違いを論じる点で特徴的であり、当時最もよく読まれた。

ただし、日本における『孫子』は、まったく無批判に受容されたわけではなかった。その主な要因は、兵学と儒学が、互いに相反する価値観をもつからである。江戸時代は、兵学と同時に、儒学が盛んに学ばれていた時代でもある。儒学は、「仁」「義」といった徳目を重視するため、その意味で「だます」ことの対極に位置する。もっとも、中国においても、兵学と儒学の対立は古くから存在しており、たとえば『荀子』（第Ⅴ部を参照）は、『孫子』の「詭道」を痛烈に批判している。

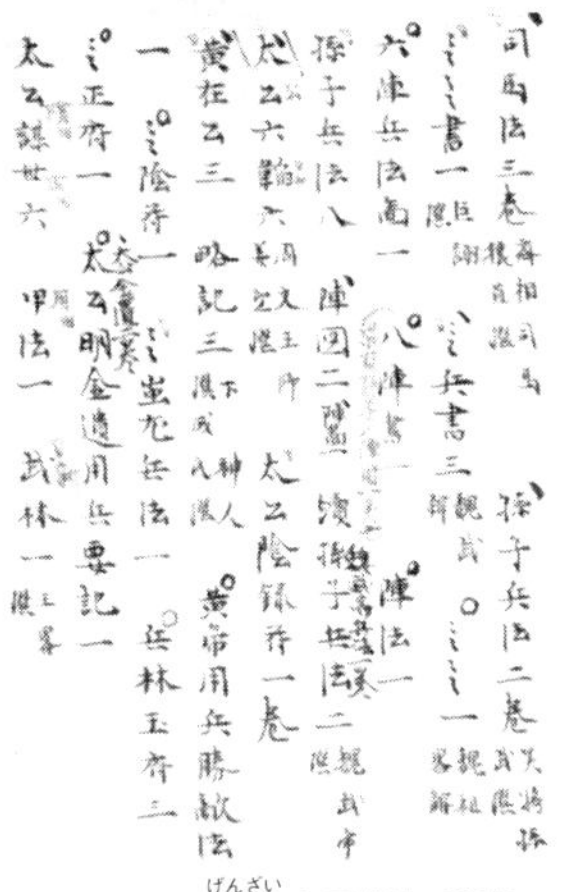

『日本国見在書目録』兵家

したがって、江戸時代の『孫子』注釈者たちは、「詭道」を「権道（非常手段）」「便を取る（臨機応変の方策）」のように、儒学に抵触しない解釈を行い、両者を何とか整合的に捉えようとした。

一方、荻生徂徠は、「詭道とはいつわることである」と、『孫子』をあくまで兵書として扱い、兵学と儒学をそれぞれ独立させて考えた。

このように、『孫子』は、日本において千年以上前から読まれ、時に儒学と折り合いをつけながら受容された。

西洋への伝播と『戦争論』

一八世紀以降、中国を訪れた宣教師を通じて、『孫子』はヨーロッパでも翻訳された。特に、イギリスの軍事家リデル・ハート（一八九五～一九七〇）は、自身の著書『戦略論（せんりゃくろん）』の中で、『孫子』を高く評価する一方、『戦争論』に対し否定的な評価を下した。『戦争論』とは、一九世紀、プロイセン王国のクラウゼヴィッツ（一七八〇～一八三一）が著した軍事理論書であり、当時ヨーロッパでよく読まれていた。

リデル・ハート以来、『孫子』と『戦争論』は比較検討され続け、多くの共通点・相違点が存在することがすでに確認されているが、ここでは「理論と実践」という点から、両書の違いを述べる。

『戦争論』の特徴の一つに、理論上の戦争と現実の戦争を分けて考える点が挙げられる。実際の戦争には、いくら事前に情報を収集しようとも、予想不可能な事象が起こるものである。『戦争論』は、これを「摩擦」と称し、机上の戦争と現実の戦争との大きな相違点だと考えた。『戦争論』はその上で、「戦争は一種の賭けである」と主張したり、「摩擦」によって窮地に立たされた時に、それを乗り越える勇気の重要性を説く。

『孫子』も、将軍に必要な資質の一つに「勇」を挙げる。しかし『孫子』は、廟算によって事前にすべてを把握していることを前提としており、実戦において、自軍が不意に被る（こうむ）「摩擦」を考慮しない。一方で、詭道や奇正をうまく活用して、相手をだます――『戦争論』風にいうならば、相手に「摩擦」を与えるべきことを述べる。

このような両書の傾向は、それぞれ一長一短を有する。基本的に偶然を想定しない『孫子』の兵学理論は、高い理論性を有するが、実践するのは難しい。一方、実戦における不確実性を認めた『戦争論』は、理論と実践の隔たりは比較的少ない。しかし、「何が起こるか分からない」という認識や、不確実性と勇気を結びつける思想は、いきすぎた精神主義や玉砕主義に発展する危険性を孕んでいる。

もちろん、『孫子』と『戦争論』は、異なる地域・時代において書かれた著作物であるため、内容に異なる点があるのは当然である。しかし、このように東洋兵学の枠を超えて考察してこそ、見えてくる『孫子』の特徴や評価も存在する。

4　名文読解

戦争とは敵を欺く行為である

兵者、詭道也。故能而示二之不能一、用而示二之不用一、近而示二之遠一、遠而示二之近一。（『孫子』計篇）

兵は詭道なり。故に能なるも之に不能を示し、用なるも之に不用を示し、近きも之に遠きを示し、遠きも之に近きを示す。

戦争とは、敵を欺く行為である。よって、味方に能力があっても、敵に能力がないように示し、味方がある事（作戦）を実行しようとしていても、敵にそれを実行しないように示し、実際は近くにいても、敵には遠くにいるように示し、実際は遠くにいても、近くにいるように示す。

味方と敵の実情を把握すべし

知レ彼知レ己、百戦不レ殆。不レ知レ彼而知レ己、一勝一負。不レ知レ彼不レ知レ己、毎レ戦必殆。（『孫子』謀攻篇）

彼を知り己を知れば、百戦して殆うからず。彼を知らずして己を知れば、一勝一負す。彼を知らずして己を知らざれば、戦う毎に必ず殆うし。

敵の実情をしっかりと把握し、また味方の実情もしっかりと把握していれば、百回戦っても危険なことはない。敵の実情を把握せず、味方の実情だけ把握していれば、勝敗は五分である。敵と味方の実情のどちらも把握していなければ、戦うたびに必ず危険な状況に陥る。

参考文献

【一般的・入門的文献】

① 加地伸行編『孫子の世界』（中公文庫、一九九三年）
＊『孫子』の中国・日本における受容や、『孫子』の組織論・戦争論・人間論、『孫子』と中国文学・『老子』・天文地理との関係など、多角的な視点から『孫子』を解説した書。

② 浅野裕一『孫子』（講談社学術文庫、一九九七年）
＊銀雀山漢簡『孫子兵法』を基準とした『孫子』の訳注書。現代語訳・訓読・原文・注釈・解説で構成される。解説部分では、詳細に本文解説を行う。また巻末でも、『孫子』について詳説する。

③ 金谷治『新訂　孫子』（岩波文庫、二〇〇〇年）
＊『孫子』の訳注書。原文・書き下し文・現代語訳・注釈から構成される。原文は、『宋本十一家註孫子』を基準とし、銀雀山漢簡『孫子兵法』を含めた各種テキストと対校して確定させている。

④ 湯浅邦弘『孫子の兵法入門』（角川選書、二〇一〇年）
＊『孫子』の解説書。「孫子兵法二十講」と、「中国兵法の展開」「中国の軍神」から構成される。「孫子兵法二十講」では、『孫子』に即したテーマを計二〇提示し、それぞれ平易に解説する。「中国兵法の展開」「中国の軍神」では、兵書の分類や、軍神蚩尤像の変容から、中国兵学の特徴について解説する。その後、加筆修正し、角川ソフィア文庫『孫子の兵法』（二〇一七年）として再刊された。

⑤湯浅邦弘『軍国「日本」と孫子』（ちくま新書、二〇一五年）
＊近代日本における『孫子』と、軍国「日本」の関係性について解説した書。明治以降の日本人による『孫子』注釈書や、『昭和天皇実録』の記録、軍事関係者の証言に注目しながら、時代ごとに両者の関係性を考察する。

【専門的文献】
①武内義雄『武内義雄全集　第七巻　諸子篇二』（角川書店、一九七七年）
＊著者による『孫子』の訳注および文献学的研究が収録されている研究書。訳注部分に関する音韻学的な問題や、『孫子』一三篇の作者を孫臏とする説など、現在、一部見直すべき点が存在する。しかし、日本における学術的な『孫子』研究の先駆的存在であり、中国・日本における『孫子』の歴代注釈の紹介や詳細な本文解説は、現在でも参考となる。
②湯浅邦弘『中国古代軍事思想史の研究』（研文出版、一九九九年）
＊古代の中国軍事思想史に関する研究書。伝世文献だけでなく、出土文献も活用し、『孫子』の兵学思想を基礎としつつ、それぞれ時代性・地域性を反映して発展した古代中国軍事思想史の流れを描く。また、純粋な軍事思想だけではなく、「王覇」「天道」といった多方面に跨がる観点からの研究や、「法と軍事」という観点からの考察も行う。
③岳南・加藤優子訳、浅野裕一解説『孫子兵法発掘物語』（岩波書店、二〇〇六年）
＊銀雀山漢簡発掘の経緯についてまとめた書。関係者への取材によって得られた裏話を交えながら、ドキュメンタリー風に描かれている。また、孫武・孫臏や『孫子兵法』『孫臏兵法』に関する考察も存在する。
④湯浅邦弘『戦いの神——中国古代兵学の展開』（研文出版、二〇〇七年）
＊主に漢代以降の中国兵学思想史について考察した研究書。兵学文献の個別的検討を行いつつ、「蚩尤像の変容」や、「中国の文武観」「兵権謀と兵陰陽の関係性」といった切り口から、中国兵学思想史がどのように発展したのか描き出す。
⑤平田昌司『『孫子』——解答のない兵法』（岩波書店、二〇〇九年）
＊『孫子』の形成・内容・伝承について考察した書。「伝承」部分では、歴史的背景に目を配りながら、中国・日本の『孫子』伝承だけでなく、ヨーロッパ・アメリカへの伝播についても言及する。

▼コラム　二つの『孫子』からみる古典の条件

現在、日本では大量の書籍が出版されているが、その中で将来「古典」となるものはどれほど存在するだろうか。

一般的に古典とは、古い時代に作られ、現在もなお価値があると認識されている書籍を指す。つまり、書籍が古典となるためには、その書籍が普遍的価値を有する必要がある。二五〇〇年以上読み継がれてきた『孫子』は、すでに古典としての地位を確立しているが、その普遍的価値とは何だろうか。

それを解明する手がかりの一つが、『孫臏兵法』という書籍である。『孫臏兵法』は、一旦滅びてしまったが、一九七二年、前漢時代の墓から発見されたことにより、実在が確認された「もう一つの『孫子』」である。孫臏とは、『孫子』の作者である孫武の子孫であり、戦国時代中期、斉の威王（在位前三五六～前三二〇）のもとで軍師として活躍した。

『孫臏兵法』は一六篇現存し、基本的に『孫子』を踏襲した内容だが、『孫子』と比べて発達した部分も存在する。それは、戦争自体に対する思索――いわゆる戦争論である。『孫子』も、損益という観点から、戦争に対して深刻かつ慎重な態度をとるが、『孫臏兵法』では、それに加えて、「正当性」「道義性」という側面からも戦争について思索しており、興味深い。

ただし、この特徴をもって『孫臏兵法』に普遍的価値を見出すのは難しいだろう。なぜならば、『孫臏兵法』には言葉が短くとも印象に残る、あるいは、いかなる時代でも価値を認められる「名言」が存在しないからである。一方『孫子』は、「兵は国の大事なり」「兵は詭道なり」のような、端的かつ普遍性を有した名言が随所に散りばめられている。『孫子』が後世、読者を獲得し、受け継がれてきたのとは対照的に、『孫臏兵法』が伝承されなかった一因として、「名言の有無」が挙げられるのではないだろうか。

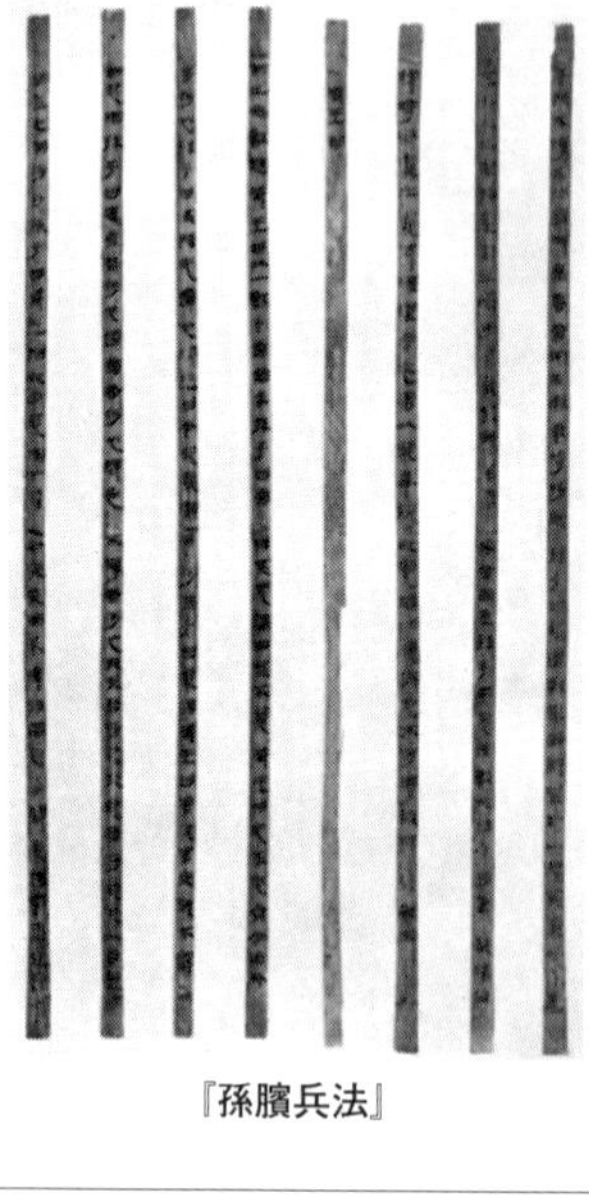

『孫臏兵法』

第八章　『墨子』——兼愛・非攻を説く異色の書

池田光子

墨子（『列仙全伝』）

墨子閒詁卷一

瑞安孫詒讓

親士第一畢沅云衆經音義云倉頡篇曰親愛也近也說文解字云士从一从十孔子曰推十合一爲士玉篇云傳曰通古今辯然不詘之士此與脩身篇無稱子云疑翟所著也案畢說未塙此書文多闕失或稱子墨子曰或否疑多非古本之舊未可據以定爲墨子所自著之書也又此篇所論大抵尚賢篇之餘義亦似不當爲第一篇後人因其持論尚正與儒言相近遂舉以冠首耳以馬總意林所引校之則唐以前本已如是矣

入國而不存其士則亡國矣說文子部云存恤問也見賢而不急則緩其君矣非賢無急非士無與慮國說文思部云慮謀思也緩賢忘士而能以其國存者未曾有也昔者文公出走而正天下畢云正讀如征王念孫云畢讀非也爾雅曰正長也皆文爲諸侯盟主故曰正天下與下霸諸侯對文又廣雅正君也尚賢篇曰堯舜禹湯文武之所以王天下正諸侯者凡墨子

墨一　一

孫詒讓『墨子閒詁』（宣統２年刊本）

本章[2]参照。清代『墨子』研究の集大成とも言えるものであり，『墨子』研究史における金字塔的存在である。現在も『墨子』を読む者にとって，必須の書である。しかし，初版本とも言える光緒 21 年（1895）刊本は，300 部しか印刷されず，また誤りも多かった。それを改めて再度出版したものが，ここで紹介した宣統２年（1910）本である。孫詒讓が没した２年後の刊行であるが，識語は光緒 33 年（1907）に書かれている。

1 墨家の誕生

「世の顕学は儒墨なり（世に名高い学問は儒家と墨家である）。」（『韓非子』顕学篇）

中国を代表する思想家である儒家と並び、百家争鳴の春秋戦国時代において隆盛を誇ったのが、墨家である。右の『韓非子』の文章は、そのことを今に伝えている。しかし、始皇帝による秦王朝成立後、墨家は突然姿を消してしまう。それから約二千年の時を経て、再び注目されたとき、墨家は、多くの魅力と謎とを備えた思想として注目された。本章では、この墨家について紹介する。

墨子の人物像

墨家の始祖は墨子であり、その思想は『墨子』に記されている。名は翟、生没年未詳だが、春秋時代末の紀元前四八〇年頃から紀元前三九〇年頃と推測されている。出身地もはっきりとしない。魯国・宋国・楚国と三つの説があるが、魯国とされることが多い。身分についても、諸説紛々としている。それは、「墨」の字が姓ではなく、職業や身分を指すと考えられたためである。たとえば、刑罰による入れ墨が入った人、墨縄を用いる技術者などの説がある。特に、技術者層出身の可能性は、『墨子』に技術関係の記述が多いため、古くより支持されている。しかし、「墨翟は宋の大夫」（『史記』孟子荀卿列伝）という記述や、墨子が多くの書籍を所持していたこと示す記述（貴義篇）などから、一定身分以上の知識階層出身者という説が最も有力視されている。いずれにしても、謎多き人物である。

だが、思想活動を始めた理由は、はっきりとしている。「飢える人々の救済」「寒さに苦しむ人々の救済」「諸侯の憂患の救済」、この三つの救済のためである。はじめは、これらの解決のために、農耕や織布などを行ったが、いずれも個人的行為だけでは限界があったため、思想的活動へ転化していったと墨子は述べている（魯問篇）。

墨家学団

こうした墨子の考えのもとに学団が形成され、墨家が誕生する。墨家学団は、早い段階から業務分担が行われ、組織化が進んでいた。このことは、「義」を行うためには、各人の能力に合わせ、「談弁者（弁論に長けている者）」「説書者（書物を読み解ける者）」「従事者（実務に長けている者）」に分けて任務に従事すべきであると、墨子が述べていることからもうかがえる（耕柱篇）。このような墨家学団のトップは、「鉅（巨）子」と称された。「鉅」には、はがねや、曲尺といった意味がある。そこから派生し、定規のように基準となる存在、つまりは学団を統率する者という意で用いられたのであろう。ところが、初代鉅子とも言える墨子は鉅子と称されておらず、また、この字が表すような、絶対的な存在として敬われている様子はない。むしろ、子弟教育に苦心したようである。

しかし、代を重ねるにつれ、鉅子の権威は確立する。そのことを表す有名なエピソードの概要を紹介しよう。

三代目の鉅子孟勝は、楚の陽城君の土地を守っていた。しかし、楚国に混乱が生じ、陽城君は攻撃を受けて敗退した。孟勝は、「防御を請け負っていたが敗れてしまい、死ぬこともできずにいる。許されないことだ」と言い、自決しようとした。弟子の徐弱が諫めたが、「ここで死ななければ、今後、墨家は人々から信頼を得ることができない。ここで死ぬことが、墨家の義を行い、その活動を継続させる方法である。鉅子の位は田襄子に譲ろう」と返し、意思を変えることはなかった。徐弱はこの言葉を受け、孟勝に先立ち自決した。また、弟子一八〇人も、孟勝とともに自害した。（『呂氏春秋』離俗覧上徳篇より）

鉅子孟勝、最期の場面である。目を引くのは、孟勝に従い、一八〇名を超える墨者たちが、自ら命を絶っている点であろう。このような鉅子に追従する態度は、鉅子の権威が確立され、学団の結束が強固であったことを示唆していると言えよう。

結束力の高い墨家集団であったが、墨子の死後には、学団の分裂があったようである。『韓非子』顕学篇には、相里氏・相夫氏・鄧陵氏の三派に墨家が分かれたとあり、『荘子』天下篇には、二派に分かれたと記されている。互いに「別墨」（本来の墨家ではない）と非難し、相容れることがなかったが、この分裂によって、墨家の勢いが削がれることはなく、戦国時代の終わりまで、墨家は儒家と天下を二分する思想であった。ところが、秦代に入り、墨家集団は、忽然と姿を消してしまう。

この消滅を説明する資料はなく、研究者たちによって、様々な考察が行われてきた。たとえば、秦王朝が確固たる中央集権制度を築き上げるために行った思想弾圧が、墨家にも影響を与えたという説や、墨家の代表的な思想である兼愛の思想が、血縁関係を重視する中国的考えに合わなかったためという説がある（兼愛については後述）。いずれも決定的な証拠はなく、いまだに墨家を取り巻く謎の一つとなっている。

2 テキストとしての『墨子』

『墨子』の歴史

墨家の消滅に伴い、『墨子』も表舞台から姿を消すことになる。この『墨子』テキストについて、簡単ながら触れておこう。

現存する中国最古の目録である『漢書』芸文志には、墨家の項が立てられ、『墨子』七一篇のほか、『尹佚』『田俅子』『我子』『随巣子』『胡非子』が列挙されている。『墨子』以外の書は散逸（散り失せること）してしまったが、『墨子』もまた、現在の五三篇と比べると、一八篇が失われている。

明代に入ると、道教の一大叢書とも言える『正統道蔵』（一四四五年）収載の『墨子』が登場する（道蔵本）。しかし、墨家の消滅以降、『墨子』はほぼ放置されていたため、校訂や整理作業を経ておらず、難解な書物となっていた。このような『墨子』に対し、本格的に研究が行われたのは、墨家消滅から約二千年後の清代である。清代を代表する学者たち（盧文弨や翁方綱、孫星衍ら）が本文校訂に力を注ぎ、それらの成果を受けて、畢沅が道蔵本をベースに、全体に校訂と注釈とを加えた注釈書を作成した。これは、経訓堂本『墨子』と称される。この経訓堂本『墨子』の不足を補うために作成されたのが、孫詒譲（一八四八～一九〇八）『墨子間詁』である。この書の誕生によって、『墨子』は読解可能な書になったと言われている。

だが、『墨子間詁』をもってしても難解な箇所は残されており、清代以降も多くの注釈書が作成された。数点挙げるならば、張純一『墨子集解』、呉毓江『墨子校注』、譚戒甫『墨弁発微』、高亨『墨経校詮』などがある。

日本における受容状況についても、少し紹介しておこう。日本にいつ頃『墨子』が入ってきたのか、はっきりと分かっていない。平安末頃の漢詩文集『本朝続文粋』には『墨子』からの引用があるため、遅くともこの頃までには、ある程度『墨子』が読まれていたようである。

江戸時代には、秋山儀（玉山）校訂『墨子』の刊行（一七五七年）と、経訓堂本『墨子』の翻刻（一八二五年）とをきっかけに、墨学研究が盛んになったと言われている。その後も、戸崎允明『墨子考』や小川信成『墨子闡微』、諸葛琴台『墨子箋』などの注釈書が作成された。

明治末年になると、それまでの日本における『墨子』研究の集大成とも言える注釈書が刊行される。それが、牧野謙次郎『墨子国字解』（早稲田大学出版部・先哲遺著追補漢籍国字解全書、一九一一年）である。同書は、『墨子間詁』をベースに、江戸期の墨学研究や清代の学問成果を採り入れたものである。また、その二年後には、「漢文大系」（冨山房）の一つとして、小柳司気太が、戸崎の『墨子考』を採り入れた『墨子間詁』を出版した。この二書が刊行されてから百年以上経過しているが、現在も『墨子』研究を行う上で、欠くことのできない文献である。

『墨子』各篇とその分類

次に、『墨子』の中身を見ていこう。従来の研究において『墨子』各篇は、その形式や内容から、いくつかのまとまりに分類される。ここでは、六つの分類に沿って紹介しよう。紹介するにあたり、各分類を（一）～（六）で表し、該当する篇番号、篇名、概要を記した。なお、□は散逸した篇であることを示している。

（一）第一～七
親士・修身・所染・法儀・七患・辞過・三弁
《概要》儒家や道家などの思想が混入した雑説群。

（二）第八～三七
尚賢上・中・下・尚同上・中・下・兼愛上・中・下・非攻上・中・下・節用上・中・下・節葬上・中・下・天志上・中・下・明鬼上・中・下・非楽上・中・下・非命上・中・下
《概要》墨家思想の中心を為す一〇篇。「墨家の十論」や「墨家の十大主張」と称される。それぞれに上・中・下の三篇があるが、連続した関係を示すのではなく、記述の仕方は異なるが、同一の主張が述べられている。

（三）第三八～三九
非儒上・下
《概要》儒家に対する批判をまとめた篇。

（四）第四〇～四五
経上・下・経説上・下・大取・小取
《概要》墨家の論理学（「墨弁」）に関する内容。倫理や政治・経済だけではなく、科学技術に関する思索も含んでいる。『墨子』の中でも難解な箇所とされる。

（五）第四六～五〇
耕柱・貴義・公孟・魯問・公輸

《概要》墨子の言行録。ただし、公輸篇を除くとする説もある。

（六）第五一～七一（内、五一・五四・五五・五七・五九・六〇・六四～六七は闕）
備城門・備高臨・備梯・備水・備突・備穴・備蛾傅・迎敵祠・旗幟・号令・雑守

《概要》兵技巧に関する記述。防戦術や防御用の兵器の製作法など、守城について説いている。（四）と並び、『墨子』の難解箇所である。

以上に紹介した（一）～（六）の中でも、概要に記したとおり、墨家思想の中心は、（二）の十論である。次項では、この十論各篇を概説する。

3 墨家の思想

十論の概要

・尚賢…「尚」は尊ぶという意味。国家安定のために為政者は賢人を尊び、積極的に登用すべきであると説いている。
・尚同…「尚」とは「上」のこと。世が乱れないためには、上司（統治者）の意思に同意することが必要と説いている。なお、この上司は、賢人であることが前提とされる。
・兼愛…自己と他者とを区別なく、斉しく愛すべきと説いている。十論の中でも墨家思想の核とされる主張。
・非攻…兼愛と並び、墨家思想の核とされる。タイトルのとおり、他国への攻撃・侵略を非難したもの。なお、誅伐（ちゅうばつ）と守るための戦は肯定している。
・節用…統治者層に対し、無用な消費の節約と、金銭（富）の増産を説いている。
・節葬…喪葬に対する節約を唱えた篇。厚葬久喪（こうそうきゅうそう）（手厚く葬り、長い期間喪に服すること）は、富（民力や経済力）の浪費になり、国力の低下を招いて他国の侵略を許すことにつながるとし、批判している。
・天志…墨家は、天を世の最高権威であり、すべての基準としている。このような天の意思（好悪や是非）を汲み、それに従ってそれぞれの本務を尽くすべきと説いている。
・明鬼…鬼神の実在を説いた篇。鬼神とは、天や山川の神々、人間の死霊を指す。墨家は、賞罰を与える存在として鬼神を位置づけ、天下の利をおこし、害を除くために、鬼神の存在を明らかにすべきと唱えた。
・非楽…「楽」とは、音楽を指す。豪奢（ごうしゃ）な楽器を用いた音楽への耽溺（たんでき）は、民の利益を害するものであるため、国家の衰退につながるとし、それらを戒めている。
・非命…この篇の「命」とは、宿命（あらかじめ有る固有の命）を指す。宿命を否定し、人間の努力を強調している。

以上の十論は、いずれも墨家を語る上で外すことのできない思想である。その中でも、墨家思想の核となる兼愛と非攻の二つについて、次項では、さらに詳しく見ていきたい。

兼愛と非攻

まずは兼愛思想について、兼愛を批判する儒家の言葉を手がかりに見ていこう。

墨家の唱えている兼愛とは、自分の親も他人の親も同じように愛そうとするものである。これは、君臣・父子の大道を無視するもので、禽獣（きんじゅう）の行いである。（『孟子』滕文公（とうぶんこう）下篇より）

戦国時代を代表する儒者、孟子（前三七二頃～前二八九）の言葉（抄訳）である。孟子は、孔子の亡き後、儒家の説が浸透しないのは、墨家のような邪説が世に満ちているとし、『孟子』の中で繰り返し批判している。

右に引用した文章では、兼愛とは親への愛情を蔑ろにすることだとし、「獣の行い」と糾弾している。儒家の重要な徳目である「孝」にも表れているように、儒家の「愛」とは、家族愛が基本である。対して、墨家の「愛」とは、「自分を愛するように他人を愛する」（兼愛上篇）の言葉が示すように、自分自身への「愛」が基準である。このような「愛」の差異が、儒家の兼愛批判に繋がるのも当然と言えよう。

もちろん、墨家にとっても、儒家の「愛」は納得がいかない。儒家のように血縁関係による「愛」の軽重を設けると、「自分の一家を愛して他人の一家を愛さないから、他人の一家から平気で盗みを行う」（兼愛上篇）ような、天下が乱れる事態になると言う。そしてこのような「愛」は天下を害する根源の一つであるとし、「別（別愛）」（兼愛下篇）と批判的に表現している。

墨子は若い頃、儒家に学んだと伝えられているが（『呂氏春秋』『淮南子』）、今見てきたように、両思想家の間には、激しい意見の対立が見られる。各国が覇権を争い、戦争を繰り返していた戦国時代において、天下が治まるためには、「自愛自利（自分だけを愛し、自分だけが利を得られればよい）」の考えを捨て、その対極とも言える兼愛に転ずる必要があると、墨子は強く感じたのであろう。この人間愛は、儒家の「仁」にもつながることである。しかし、儒家の「愛」には血縁関係という条件があるため、墨子は儒家と決別したと推察される。

そしてまた、国家的「自愛自利」とも言える戦争を批判し、墨子が非攻を唱えたことも当然と言えよう。

墨子は、窃盗や強盗、殺人といった「犯罪」の延長線上に戦争を位置づけ、犯罪の中でも最も被害が甚大で、人から忌まれるべきものとしている。しかし、世の君子たちは、個人的な犯罪は激しく糾弾するが、国家的犯罪とも言える戦争については、非難しないどころか肯定しており、その矛盾や義とするところが混乱していることを墨子は弾劾する。

ただし、墨家は次の二つの戦については容認している。一つが「誅」である。古の聖王（禹・湯・武王）による攻戦は、侵略ではなく、鬼神や天の意思による誅伐であり、天下万民の利益となるため、墨家は肯定する。もう一つが、「救」である。大国が小国を攻めてきた時に救う行為、つまり、守るための戦は肯定している。ここで、墨家が、そのための技法・知識に優れていたことをよく伝えている公輸篇を紹介しよう。

この篇は、楚国が宋国を攻めようとしているのを耳にした墨子が、楚王と公輸盤とに面会し、それを阻止した話である。口頭では説得できなかったため、墨子は机上にて公輸盤と模擬戦を行った。公輸盤は、九回墨子を攻めたが、いずれも防がれて失敗におわり、降参した。公輸盤は負け惜しみのように、まだ秘策（墨子の殺害）があると言ったが、この策も墨子は見抜いており、自分が殺されても、弟子の禽滑釐（二代目鉅子）たちが防御の道具を持って宋の城にいると返した。ここでようやく、楚は宋を攻めるのを諦める。この話が基になっている熟語が「墨守」である。現在では、古い習慣や自説をかたくなに守るという意味になっているが、本来は、いま紹介したように、墨子が守城の知識を活用し、宋をよく守ったという話である。

さて、この公輸篇、次のような話で締めくくられている。

楚王説得後の帰途、墨子は宋を通過した。雨が降ってきたので、とある村の入り口にある門のひさしで雨宿りしようとしたが、門番に追い返された。だからことわざに「物事を神妙にやりとげた者は人々にその功績を知られることがなく、目に見える場で行った者は人々によく知られる」と言われるのだ。

宋が戦乱に巻き込まれなかったのは墨子の手柄であるにもかかわらず、それが宋の人々に知られないどころか、怪しい者として追い払われてしまう様子を、『墨子』の中では珍しく、文学的表現で描き出している。その後の墨家の衰退と重ねあわせると、実に印象深く感じる行である。

出土資料に見る墨家思想

最後に、出土資料に見られる墨家思想について触れておく。

本章[2]で紹介した、分類（六）の兵技巧に関する各篇は、漢代の官名や刑法制度が見えることから、他書の混入または偽作の疑いがかけられていた。しかし、官名に関する研究や、一九七二年に山東省臨沂県の銀雀山で発見された出土資料「銀雀山漢墓竹簡」（竹簡とは、竹でできた札を紐で綴じた書物のこと）に、（六）の内容と一致するものが含まれていたため、秦代またはそれ以前に作成されたことが証明された。このように、『墨子』を読み解くにあたり、出土資料は有効な手がかりの一つとなる。

また、近年、中国では、古代思想史研究に衝撃を与える新しい出土資料が相次いで発見・発表されており、その中にも墨家思想が確認されている。たとえば、一九九四年に中国の上海博物館が入手した戦国時代の竹簡群「上博楚簡」の中に、鬼神の存在を説いた『鬼神之明』という文献がある。これは、墨家の十論の一つである明鬼篇の内容に近しいものであるため、『墨子』の逸文（失われた文章）ではないかと指摘されている。ほか、『鄭子家喪』（「上博楚簡」の一つ）も、墨家の鬼神思想の影響を受けた文献である可能性が高いと論じられている。

このように、出土資料と墨家、互いに謎を含んだ存在が相互的に作用することで、今後、中国思想研究に新たな展開をもたらす可能性は高く、さらなる研究の進展が俟たれるところである。

[4] 名文読解

兼愛こそ天下泰平の法

今天下之君子、忠實欲ニシテ㆓天下之富㆒ヲ、而惡ミ㆓其ノ貧㆒ヲ、欲シテ㆓天下之治㆒ヲ、而惡マバ㆓其ノ亂㆒ヲ、當ニ㆓兼ネテ相愛シ、交ミ相利㆒ス。此レ聖王之法、天下ニシテ之治道也。不ル㆑可カラ㆑不ル㆓務メテ爲サ㆒也。

（『墨子』兼愛中篇）

今天下の君子、忠実（まこと）に天下の富を欲して、其の貧を悪（にく）み、天下の治を欲して、其の乱を悪まば、当（まさ）に兼ねて相愛し、交々（こもごも）相利すべし。此れ聖王の法にして、天下の治道なり。務めて為さざるべからざるなり。

今、天下の君子が心から天下の繁栄を欲し、天下の貧困を憎み、天下泰平を欲し、その混乱を憎むならば、互いに兼愛し、利益を与えあうべきである。これこそが聖王の則るべき法則であり、天下統治の道である。力を尽くして行うべきことである。

戦争は万死に値する

殺㆓一人㆒謂㆓之不義㆒、必有㆓一死罪㆒矣。若以㆓此説㆒往、殺㆓十人㆒十㆓重不義㆒、必有㆓十死罪㆒矣。殺㆓百人㆒百㆓重不義㆒、必有㆓百死罪㆒矣。當㆑此天下之君子、皆知而非㆑之、謂㆓之不義㆒。今至㆘大爲㆓不義㆒攻㆖㆑國、則弗㆑知㆑非。従而譽㆑之、謂㆓之義㆒。情不㆑知㆓其不義㆒也。

（『墨子』非攻上篇）

一人を殺さば之（これ）を不義と謂い、必ず一死罪有り。若（も）し此の説を以て往（ゆ）かば、十人を殺さば不義を十重し、必ず十死罪有り。百人を殺さば不義を百重し、必ず百死罪有り。此（かく）の当き（ごと）は天下の君子、皆知りて之を非とし、之を不義と謂う。今大いに不義を為し国を攻むるに至りては、則ち非とするを知らず。従いて之を誉め、之を義と謂う。情（まこと）に其の不義なるを知らざるなり。

人を一人殺せば、それは不義であり、必ず一つの死罪を犯したものとされる。もし、この論で考えを進めるならば、人を十人殺せば、不義も十倍になるので、必ず十の死罪を犯したことになる。百人殺せば、不義も百倍になるので、必ず百の死罪に処される。このような論は天下の君子たちも皆分かっており、非難し、不義と言う。ところが、今、大いに不義をはたらいて他国を侵略するに至っては、一向に非難することを知らない。そこで戦争を褒め称えては、正義などと言う。まことに不義であるということを分かっていないのだ。

参考文献

【一般的・入門的文献】

①　和田武司『墨子』（徳間書店・中国の思想、一九六四年）
＊訳注書（抄訳）。『墨子間詁』を主たる底本とし、諸注釈書を参観している。独自の小見出しを付けており、それを読むだけでも、大意が把握できるようになっている。

②　高田淳『墨子』（明徳出版社・中国古典新書、一九六七年）
＊耕柱・貴義・公孟・魯問・公輸・備城門・備梯・非儒・十論より一九篇を選び、墨家思想を把握しやすいよう、『墨子』の篇次によらず排列し、それぞれについて、原文・書き下し文・語注・解説を付している。

③　藪内清『墨子』（平凡社・東洋文庫、一九九六年）
＊現代語訳（抄訳）。一九六八年に平凡社より刊行された『韓非子　墨子』（『韓非子』は柿村峻）より『墨子』を分け、補正を加えて平凡社より刊行したもの。この書の最大の特徴は、著者の専門である中国科学技術史の視点から、守禦に関する篇が取り上げられている点である。また、難解とされる墨家の論理学についても解説が付されている。

④　浅野裕一『墨子』（講談社、一九九八年）
＊訳注書（抄訳）。現代語訳・書き下し文・原文に続き、解説が付されている。この解説には、著者が一九七〇～八〇年代にかけて発表した墨子研究の成果が、ほぼすべて反映されている。

⑤　森三樹三郎『墨子』（筑摩書房、二〇一二年）
＊現代語訳（抄訳）。一九六五年に同社より刊行された『世界古典文学全集一九』に収録されたものを、改めて「ちくま学芸文庫」版として再刊したもの。難解な『墨子』の文章を簡潔、かつ分かりやすく訳したものとして、高く評価されている。

【専門的文献】

①　渡辺卓『古代中国思想の研究』（創文社、一九七三年）
＊研究書。本書の約三分の一が墨家関連論考である。著者の『墨子』に関する一連の研究は、墨学研究の基礎を構築したと評されており、現在の墨家研究にも多大な影響を及ぼしている。

②　渡辺卓『墨子』上（集英社・全釈漢文大系、一九七四年）
＊全訳注書の上巻。『墨子閒詁』を底本に、諸注釈書を参観し、必要に応じて文字を補正している。なお、冒頭の解説には、著者の研究成果がコンパクトにまとめられている。ただし、残念ながら一九七一年に没しているため、刊行までの数年間の研究成果は反映されていない（原稿は一九六八年のもの）。

③　新田大作『墨子』下（集英社・全釈漢文大系、一九七七年）
＊全訳注書の下巻。前掲上巻の続編に該当。渡辺氏が上巻刊行前に没したため、新田氏が後を受け継いだ。本書の特徴は、『墨子閒詁』を忠実に訳した点にある。巻末には、「墨子年表」と「語句索引」とが付されている。

④　山田琢『墨子』上・下（明治書院・新釈漢文大系、一九七五・一九八七年）
＊全訳注書。経訓堂本『墨子』をベースに、『墨子閒詁』をはじめとする複数の注釈書を校合して校訂を加えている。梁啓超（りょうけいちょう）（一八七三〜一九二九）の『墨子学案』に基づいた解説が記されており、基本的な墨子研究の定説を知ることができる。

⑤　吉永慎二郎『戦国思想史研究』（朋友書店、二〇〇四年）
＊研究書。儒家と墨家の思想史的交渉という視点から、戦国思想史の新たな解明を試みたもの。本書の特徴は、新出土資料を用いて、前掲の渡辺氏の論を再検討している点にある。墨家と孟子との思想的関連性について、詳細な検討がなされている。

▼コラム「科聖」墨子

二〇一六年八月一六日、中国は世界初となる量子通信衛星を打ち上げた。量子通信は、盗聴やハッキングを阻止しやすい通信方法と言われている。実用化に向け、地上間での実験は行われているが、宇宙と地上とを結ぶ通信実験は初めてであり、世界中から注目されている。この原稿を書いている数日前にも、実験成功の報が流れた。

この通信衛星、名を「墨子」と言う。

本文でも触れたとおり、『墨子』には科学技術に関する記述が多く見られる。一九九三年に建設された、墨子博物館とも言える「墨子紀念館」（山東省滕州市）の中には、墨家のこのような知識（幾何学・物理学など）に焦点が当てられた「科技庁」というコーナーが設けられており、墨家の科学技術的側面が、現代において高く評価されていることがうかがえる。また、墨子は中国人科学者の始祖と讃えられており、「科聖」とも称されている。

このように、約二千年の沈黙の時を経てよみがえった墨家は、その十論だけではなく、科学技術の知識についても価値が認められ、現代において新たな地位を確立している。その表れの一つが、衛星「墨子」と言えよう。

本文では、墨家のこのような側面にほとんど触れることがなかったため、最後に『墨子』（経下篇・経説下篇）に見られる科学技術的記述（光学関連）の一部を紹介しておこう。

「ピンホールカメラの原理」

影が倒立するのは、光が一点（小さい穴）で交わり、影を映すからである。

光は、矢を射るのと同様に真っ直ぐ人を照らす。低い光が人を照らすには高く進み、高い光が人を照らすには低く進む。足が下の光を遮るので足の影は上にでき、頭は上の光を遮るので頭の影は下にできる。

物体と点（小さい穴）との遠近にあわせて影は点の内側で形を変え、大きくなったり小さくなったりする。

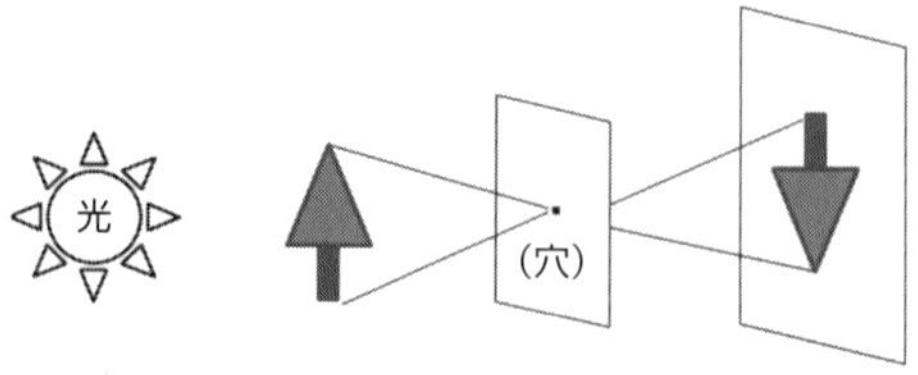

第九章　『韓非子』——法治理論の集大成

中村未来

秦始皇帝陵兵馬俑坑

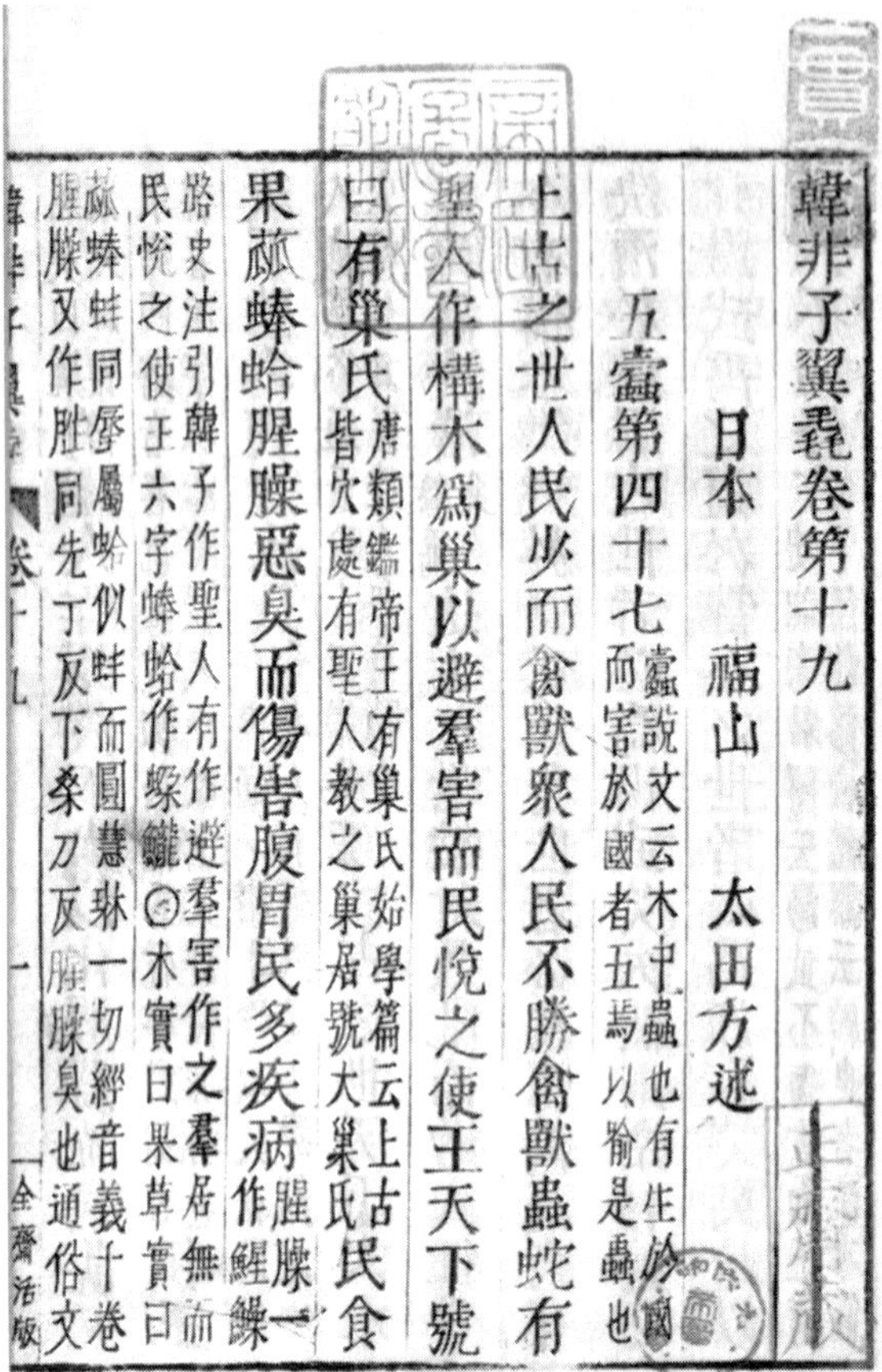
韓非子翼毳卷第十九

日本　福山　太田方述

五蠹第四十七　蠹說文云木中蟲也有生於國而害於國者五焉以喩是蟲也

上古之世人民少而禽獸衆人民不勝禽獸蟲蛇有聖人作構木爲巢以避羣害而民悅之使王天下號曰有巢氏　唐類鑑帝王有巢氏始學篇云上古民食皆穴處有聖人教之巢居號大巢氏

果蓏蜯蛤腥臊惡臭而傷害腹胃民多疾病　腥臊一作鯹鱢　路史注引韓子作聖人有作避羣害作之羣居無而民悅之使王六字蜯蛤作蠯蠬　㊀木實曰果草實曰蓏蜯蚌同蜃屬蛤似蚌而圓慧琳一切經音義十巻腥臊又作胜同先丁反下桑刀反腥臊臭也通俗文

韓非子翼毳　卷十九　一　全齋活版

太田方『韓非子翼毳』（文化５年刊本）

江戸時代に刊行された『韓非子』の注釈書。福山藩に仕えた太田方（1759～1830，号は全斎）の著。「翼」とは鳥の両翼，「毳（ぜい）」とは鳥の腹毛を指し，それに擬えて，様々に混成した物事の本質を捉えるためには，街談巷説に至るまで有益と思われるものは煩を厭わず言及したいという著者の執筆態度が，その書名に示されている。

『韓非子』は全55篇より成るが，これはその中でも，秦の始皇帝が目にし，韓非子の自著である可能性が高いと指摘されている「五蠹篇」の冒頭部分である。五蠹篇には童謡「待ちぼうけ」の典拠である「株を守る」の故事も見え，名文の誉れ高い。

1 『韓非子』という書物

春秋戦国期の情勢

殷周革命の後、文王・武王が樹立した周王朝の権威は、およそ三百年を経過して衰退していった。それに伴い、力をつけた諸侯が台頭し、権力闘争が激化してゆく。諸国内部でも秩序は乱れ、魯では季氏が富をほしいままにし、晋では有力家臣であった韓・魏・趙が勃興、斉では田氏が権力を握るなど、下剋上の気運が高まっていた。『韓非子』説疑篇には、「周の宣王以来、数十の国が滅んだが、その臣下が君主を弑殺し国家を簒奪したものも多い」とその厳しい世情が示されている。国家を滅亡へと導く火種は、国外のみならず、自国内部からも湧き起こっていたのである。このような中、諸侯はいかに富国強兵を推進し、国家を保全するかという問題に心を砕いていた。そこで、儒家や墨家などの思想家たち（諸子百家）が説く政治理論に耳を傾け、彼らを国を支える指針として登用したのである（xvii頁の地図参照）。

韓非子の生涯

韓非子（前二八〇頃～前二三三）は、戦国末期の不安定な情勢の中、秦や楚といった大国に立ち向かわねばならぬ小国・韓の公子として生まれた。しかし、貴族としては傍系に属し、また吃音（言語障害の一種）であったため、その才能はもっぱら文筆活動へと注がれることとなる。

『史記』老子韓非列伝によれば、韓非子は「刑名法術」の学を好み、その学説は黄老思想（黄帝と老子を冠した思想。道家思想に法家思想を融合したもの）に基づいていたという。「刑名」とは「形名」とも書き、臣下の発言（名）と実際の行動（刑）とが一致するか否かを見極め、一致すれば賞し、異なれば罰するという考え方である（刑名参同とも言う）。「法術」とは、法律で国を治める方法を指す。この韓非子の思想をよく表す話として、次の記述が著名である。

昔、韓の昭侯が酔っ払ってうたた寝をした。そこで冠係が君主の寒そうなのを見て、衣を君主の上にかぶせた。うたた寝から目覚めて昭侯は喜び、近臣に尋ねて言った。「誰が私に衣をかぶせてくれたのだ」と。すると近臣が答えて言うには、「冠係でございます」と。昭侯は、そこで合わせて衣裳係と冠係の者を罰した。（二柄篇）

このように、韓非子は発言したこと、ここでは「職分」以下の働きしかしない者はもちろんのこと、職分を超えて行動する者も、名実が正しく合致していないとして厳しく処罰するのである。

「礼」による規制を重視した荀子に学んだとされる韓非子は、同門の李斯（？～前二〇八）にも一目置かれるほどの文才を有していた。強国の圧力により衰弱してゆく祖国・韓を憂えて、韓非子はしばしば書物を献上して訴えたが、韓王がそれを用いることはなかった。ところが、秦王政（後の始皇帝）は、かねてより韓非子の著した孤憤・五蠹を目にし、「この人を見、この人とつきあうことができたならば、たとえ死んでも悔いはない」とまで称賛していたという。そのため、秦王は故意に韓を襲撃し、韓非子が秦へと出向くように画策したのである。

しかし、秦の宰相となっていた李斯と秦の臣下の姚賈は韓非子の才能を懼れ、彼を韓王の密命を受け、秦を滅亡へと導く者だと秦王に讒言した。投獄された韓非子は秦王にその無実を訴えようとしたが、李斯は先手を打って人づてに毒薬を送り、韓非子を自害に追い込んだのである。秦王は後になって韓非子が惜しくなり、赦免の命令を出したが、韓非子はすでに非業の死を遂げていた。

『韓非子』の構成

『史記』老子韓非列伝には、韓非子が「孤憤・五蠹・内外儲・説林・説難、十余万言を作」ったと記述されている。また、後漢・班固（三二〜九二）の作成した現存最古の図書目録『漢書』芸文志には、法家の欄に「『韓子』五十五篇」と見える。韓非子はもともと「韓子」と呼称されていたが、後に唐代の学者・韓愈が「韓子」と呼ばれるようになると、それと区別するために「韓非子」と通称されるようになった。「五十五篇」という篇数は、伝世する『韓非子』の篇数に合致する。ここから、少なくとも漢代には『韓非子』が現在と同じ人部な書として流布していた状況をうかがうことができるであろう。

ただし、すべての篇を韓非子の自著とすることは難しく、特に冒頭の初見秦第一と存韓第二はその思想内容や『戦国策』（本書第十一章参照）に見える縦横家・張儀の説話との類似から、多くの研究者によって後学の附加であろうことが指摘されている。一方、その思想の中心をなすと考えられる能力主義や刑名参同・信賞必罰（功績があればきちんと賞を与え、罪があれば必ず罰すること）などを主張し、儒家や墨家の学説を批判した孤憤篇や説難篇、五蠹篇や顕学篇などは自著であった可能性が高く、それに多くの故事や伝承を示し、韓非子の思想を敷衍して解説する説林篇や内儲説篇・外儲説篇などが次第に付け加えられていったのだと考えられている。

現在、『韓非子』のテキストとして伝わるもののうち、最も古いものは南宋の乾道元年（一一六五）の版本である。四部叢刊本『韓非子』（台湾商務印書館、一九七九年）はこれを底本としており、資料的価値が高い。このほか、近年、『道蔵』本の版本を含め、白文本や校勘本など関連する韓非子の書籍一〇五種を収めた『子蔵・法家部・韓非子巻』（国家図書館出版社、二〇一四年）も刊行されている。また訳注書としては、清の王先慎が盧文弨や兪樾などの説を用いて字句を改めた『韓非子集解』（一八九六年刊。現在、新編諸子集成所収）や陳奇猷が日本の学者の説も含めて解説を施している『韓非子集釈』（中華書局、一九五八年）が最も一般的に使用されている。

江戸時代には、日本においても荻生徂徠（一六六六〜一七二八）や芥川煥（一七一〇〜八五）、津田鳳卿（一七七九〜

一八四七）や藤沢南岳（一八四二〜一九二〇）など多くの碩学により『韓非子』の注釈が刊行された。中でも善本と言われるのが、化政期（一八〇四〜三〇）に福山藩に仕えた太田方（一七五九〜一八三〇、号は全斎）の『韓非子翼毳』（初版は一八〇八年刊。現在、冨山房・漢文大系所収）である。各種の版本によりテキストを校勘し、難解な箇所にも詳細な注釈が付けられた『韓非子翼毳』は、太田が一〇年余りの歳月を費やして書き上げた大著である。それは今もなお、見るべき第一の注釈書として、国内外の研究者により活用されている。

2 『韓非子』に見える統治論

韓非子の人間観

韓非子が師事したとされる荀子は「人の性は悪なり」（『荀子』性悪篇）と、人は生まれながらに欲望をもち、利益を求める存在であるとしている。その思想を承けた韓非子も、人の性質について、自己の利益を追求するものであると説く。

名御者の王良が馬を愛し、越王勾践が人を愛するのは、馬を速く走らせ、人民を戦闘に赴かせるためである。医者が人の腫れ物を吸い、人の血を口に含むのは、肉親の情があるからではなく、利益に関わることだからだ。そのため、車作りの職人は人が富貴になることを望み、棺桶作りの職人は人が早死にすることを望むが、車作りの職人が仁者であり、棺桶作りの職人が残忍な者であるわけではない。人が富貴にならなければ車が売れず、人が死ななければ棺桶が売れないためである。（備内篇）

人は心から他人の栄達や不幸を望んでいるわけではなく、すべては己の利益のために振る舞うのだと韓非子は論ずる。五蠹篇に見える親子間の愛情と王の民への愛情を比較した次の記述も、このような韓非子の人間観を示す一例と言えよう。

人の情としては父母より深いものはない。〔しかし〕皆 父母から愛情を受けるものの、子供は必ずしも正しく行動するわけではない。父母の愛情が深かったとしても、乱れた行動をしないわけではないのである。〔ところが〕今、〔古代聖王の仁愛が説かれるが〕古代聖王が民衆を愛するのは、父母が子供を愛するのには及ばない。子供でさえ必ずしも乱れないとは限らないのに、民衆がどうして治まろうか。（五蠹篇）

ここでは、親がどんなに仁愛を尽くしても、子供はそれを裏切ることもあるとし、ましてや為政者と民衆の間では、儒家が説く仁愛などという徳目では到底治めることはできないと説かれていることがうかがえる。儒家は古代聖王の言行を金科玉条とし、「仁」や「義」などの徳目を声高に唱えるが、すでに情勢の一変した戦国末期において、他者の善意を頼みにする余裕はなかった。愛情や信頼、忠誠心などで利益を追求しようとする人民を動かすことなど決してできない。そこで、韓非子は多数が確実に従う法令をその統治の基軸として重視したのである。

韓非子の統治論

それでは、韓非子の唱えた統治論とは、いかなるものであったのか。まずは定法篇の記述を見てみたい。

今、申不害は術を説き、公孫鞅は法を論じた。術とは、役目や仕事に応じて君主が臣下に官職を授け、臣下の発言に従ってその実際の働きを見きわめ、賞罰の権限を使って群臣の能力をはかるものであり、君主の執り行うべきものである。法とは、法令が役所に明瞭にされ、刑罰が民心に必ず正しく行われると認識されることである。法を慎み深く守る者には恩賞が与えられ、命令を犯す者には刑罰が加えられる。法は臣下が手本とするものである。君主は術がなければ上にいて一人耳目を覆われ、臣下は法がなければ下に混乱するであろう。こ

れらはどちらもなくてはならぬものであり、みな帝王に不可欠の道具である。（定法篇）

申不害は紀元前四世紀頃に韓非子の祖国である韓で昭侯に仕えて宰相となった人物であり、公孫鞅とは戦国時代中期に秦の孝公に仕えた思想家・商鞅（しょうおう）を指す。ここでは君主が臣下を統治するための手段として「術」と「法」の重要性が説かれていることが分かる。すなわち、「術」を用いて臣下が名（役職や発言）に適った行動をするか試し、また為政者が定めた「成文法」により信賞必罰を行って、民を規制・鼓舞する必要性が示されているのである。

さらに、韓非子は統治者にとって、もう一つ重要なものがあると主張する。それは戦国中期頃、斉に活動した慎到（しんとう）の唱えた「勢」である。「勢」とは人々のいかなる言動をも禁じることのできる王の権勢を指す。韓非子は統治者を、千年に一度現れるか否かという聖王や暴虐な王ではなく、世の大多数を占める凡庸な者と設定していた。このような凡庸な者でも、権勢を保ち法や術を利用すれば、政治が乱れることはないと韓非子は語っている。個人の能力以上に、安定した統治システムを重視するのである。

以上のように、韓非子の思想の中心には商鞅の「法」と申不害の「術」、慎到の「勢」があった。これらを統合的に活用し、韓非子は王自らが孤高の存在となり国家を運営する「帝王の統治論」を主張したと言える。

なお、この厳しい法治思想については、世界的にイタリアルネサンス期のニッコロ・マキャベリ（一四六九〜一五二七）や、社会契約説を唱えたイギリスのトマス・ホッブズ（一五八八〜一六七九）などの思想と比較されることが多い。たとえば、日本における比較の視点を挙げれば、田岡嶺雲（たおかれいうん）（一八七〇〜一九一二）『韓非子評論』は、特にマキャベリについて、時代の変化に応じた統治法の必要性を説く点や人はもともと利己的に行動するものだという認識などが韓非子と類似するとしている。一方で、冨谷至（とみやいたる）（一九五二〜）『韓非子――不信と打算の現実主義』は、三者の思想には人間を利己的と捉える点や厳しい法治主義を説く点などが類似しているが、韓非子にはその他二者に見られる人民の「理性」がまったく想定されておらず、人間への信頼が入り込む余地のない点に特徴があるとしている。

概して思想の形成には時代状況や地域差、各人の置かれた環境などが反映されるものである。もちろん上記三者についても、古代中国と近世ヨーロッパとでは地域や時代に大きな隔たりがあり、比較するにはより慎重な態度で臨まねばならないであろう。しかし、時空を超えて彼らが共に人間の利己的性質や、それを規制する法思想を強調したことは興味深い。そのことからすれば、彼らの思想は人間の本質を捉える上で普遍的な意義をもつとも言えよう。

君臣関係の難しさ

孤高の王の下にいる無数の臣下たちを韓非子はどのように捉えていたのであろうか。次に臣下の立場に注目して『韓非子』を見てみよう。

古代聖王の道を掲げて君主を惑わす「学者」、でたらめな外交手段で私利私欲のみを考える「雄弁家」、義を主張し禁令を犯す「任侠者」、賄賂を贈り労苦を逃れる「労役拒否者」、粗悪品を造り、農民から利益を搾取する「商工業者」、この五者を韓非子は国に巣くう木喰い虫（五蠹）と呼ぶ。また韓非子は、孤憤篇においても、大臣や側近の権力が大きくなり、彼らが必要以上に信用されすぎることが、賢明で公平無私な法術の士の登用を妨げ、国家を破滅へと向かわせるのだと強く警告している。

韓非子は国家に安寧をもたらす存在として法術の士を重視するが、彼らが朝廷に蔓延（はびこ）る佞臣（ねいしん）たちの目をかいくぐって王の信任を得ることは容易ではなかった。それを表すエピソードが次の「和氏の璧（かしのへき）」である。

楚人（そひと）の和氏（かし）という人物が、楚山で璞玉（あらたま）を手に入れ、これを厲王（れいおう）に献上した。厲王が職人に鑑定させたところ「ただの石でございます」との回答。王は欺いた罰として和氏の左足を切った。厲王の死後、武王が位に即いたので、和氏は再び璞玉を献上したが、職人により再び「石」と鑑定され、罰として右足を切られてしまった。武王が死に、文王が即位した。和氏はその璞玉を抱き楚山の麓で号泣した。三日三晩泣き続け、涙が尽きた後には血が滴った。王はこれを聞き、「足斬りの刑に処せられる者は多いのに、なぜあなたはそんなに号泣して悲しんでいるのだ」と理由を尋ねさせた。和氏は「私は足斬りの刑にあったのが悲しいのではなく、あの宝玉がただの石ころだと言われ、正直の士である私が嘘つきだと呼ばれたことが悲しいのです」と答えた。王はそこで職人にその璞玉を磨かせたところ、果たして宝玉を得たのである。（和氏篇）

「和氏の璧」はその後、『史記』廉頗藺相如列伝において「完璧」の故事にも登場するほどの宝物となったことで知られている。そもそも宝玉は君主の望むものであるが、和氏は両足を斬られるまでそれを信用してもらえなかった。ましてや群臣に敵対する法術の士が君主の信頼を得ることはそれ以上に困難なことなのである。

韓非子は法術の士が取り上げられるためには、その才能と技量とを認めてくれる明主の存在が重要だと頻りに説く。しかし、彼が自ら訴えるとおり、世の中の君主は凡人ばかりで、その周りには利益を貪る群臣たちがひしめいている。明主と法術の士が巡り合うと仮定すること自体が、儒家とは異なる理想論だと説かれるゆえんである。

3 法治の実態と後世に残る『韓非子』の言葉

出土文献に見える秦の統治

秦王政（始皇帝）は韓非子の著述に感銘を受け、彼の死後もその法家思想をもとに天下を治めたと考えられている。しかし、その具体的な統治政策については、不明な点が多く残されていた。ところが、一九七五年、中国湖北省雲夢県睡虎地の秦代の墓より、約千枚の竹簡（竹の札に記された文献）「睡虎地秦墓竹簡（睡虎地秦簡）」が発見されたことにより、秦代の法制研究は急速に進展することとなる（『睡虎地秦墓竹簡』文物出版社、一九八一年）。そこには、律文集である『秦律十八種』や『效律』『秦律雑抄』などが見え、そのほか、法律の意図やその用語の意味を問答形式で解説した『法律答問』などが含まれており、秦で行われていた法の具体的な内容をうかがうことができる。また睡虎地秦簡には『為吏之道』と呼ばれる秦国政府が期待する地方役人の心構えを記した文献も含まれていた。その冒頭には次のように記述されている。

> 総じて吏（役人）として行うべき振る舞いは、常に清廉潔白で偽りなく、慎み深く厳格にし、詳細に調べ私心をもたず、綿密に調査して明白にし、落ち着いていて苛立つことなく、念入りに賞罰を決定せよ。（睡虎地秦簡『為吏之道』）

ここには、韓非子のいう刑名参同や信賞必罰の考え方が含まれていることが見て取れる。地方の統治にもこのように韓非子の政策が活かされていたのである。ただし、『為吏之道』には、ほかに儒家の徳目を示す箇所や道家の思想を含む記述も見られる。そのため、秦の統治が法家一辺倒ではなく、我々が想像する以上に緩やかなものであった可能性や、形式上は法治で厳しく取り締まりながらも、地方の習俗や実情も考慮した政策がなされていた可能性が指摘されるようになった。

『為吏之道』と類似する内容として、その他注目を集めている文献には、二〇〇七年に湖南大学岳麓書院が香港で購入した岳麓書院蔵秦簡（岳麓秦簡）『為吏治官及黔首』（『岳麓書院蔵秦簡（壹）』上海辞書出版社、二〇一〇年）、二〇一〇年に購入され北京大学に寄贈された北京大学蔵秦簡『為吏之道』などがある。特に、北京大学蔵秦簡『為吏之道』の最終七簡には、「賢者」に関する記述や『詩経』の引用が見えると報告されており、焚書坑儒を断行した秦の政策と合致せず、大いに注目を集めている。今後、図版、および釈文が公開されれば、より詳細な秦の統治体制や思想規制についてうかがうことができるであろう。

『韓非子』の伝来と評価

『韓非子』は、後漢の王充（『論衡』非韓篇）や南宋の朱熹（『朱文公文集』巻一一）など各時代の学者達によって、様々に評価され、解釈されてきた。『三国志』で有名な諸葛孔明も、蜀の皇子・劉禅のために『申子』（申不害の書）・『六韜』（古代兵書）と並んで、『韓非子』を書写したと伝えられている。日本でも、八九一年頃に藤原佐世が編纂した『日本国見在書目録』に「『韓子』十政論五巻」と見え、平安時代には、その内容が伝播していたことがうかがえる。

『左伝』や『史記』に見える「酒池肉林」や「宋襄の仁」などの故事は、『韓非子』喩老篇・外儲説左上篇にも採られている。また、儒家批判のために語られた「矛盾」（難一篇・難勢篇）や、北原白秋の作詞、山田耕筰の作曲による童謡「待ちぼうけ」の題材として有名な「守株」（五蠹篇）などは、出典が中国の古典であるとは気づかれないほどに、我々の生活に深く根付くものとなっている。最近は企業や社会人向けに「リーダー論」や「組織運営」を学ぶ書としても取り上げられることが多くなった。それはやはり、『韓非子』が歯切れの良い名文や巧みな比喩を集めた智恵の宝庫であり、また鋭い観察眼による人心掌握術の書であることに起因するのであろう。

4　名文読解

「完璧」にまつわる故事

和曰「吾非悲刖也。悲夫寶玉而題之以石、貞士而名之以誑。此吾所以悲也」。

（『韓非子』和氏篇）

和曰く「吾は刖られしを悲しむに非ざるなり。夫の宝玉にして之に題するに石を以てし、貞士にして之に名づくるに誑（きょう）を以てせらるるを悲しむ。此れ吾が悲しむ所以（ゆえん）なり」と。
和氏が答えて言うには、「私は足斬りの刑に処せられたことを悲しんでいるのではございません。あの宝玉が石だと批判され、正直者〔の私〕が嘘つきだと呼ばれたのを悲しむのです。私の悲しむ理由はこの通りでございます」と。

実益を重視する統治法

善二毛嗇・西施之美一、無レ益二吾面一、用二脂澤粉黛一則倍二其初一。言二先王之仁義一、無レ益二於治一、明二吾法度一、必二吾賞罰一者亦國之脂澤粉黛也。

（『韓非子』顕学篇）

毛嗇（もうしょう）・西施（せいし）の美を善（よみ）するも、吾が面（おもて）に益無く、脂沢粉黛（したくふんたい）を用いれば則ち其の初めに倍す。先王の仁義を言うも、治に益無く、吾が法度を明らかにし、吾が賞罰を必するは亦（ま）た国の脂沢粉黛なり。

毛嗇（嫱とも）や西施の美しさを賞賛したとしても、自らの容貌が良くなることはなく、口紅や髪油、白粉や眉墨をぬったならば、その容貌はもとより倍にも美しくなる。古代聖王の仁義を語ったところで〔実際の〕政治が良くなることはなく、自国の法度を明確に定め、自国の賞罰を厳正に行うことがまた国にとっての口紅や髪油、白粉や眉墨なのである。

＊依田利用『韓非子校注』（汲古書院、一九八〇年）は、「必吾賞罰」の後に「則国富而治。法度賞罰」の九字を『太平御覧』（治道部五・治政三）によって補っている。

参考文献

【一般的・入門的文献】

①片倉望・西川靖二著訳『荀子・韓非子』（角川書店・鑑賞 中国の古典、一九八八年）
＊荀子・韓非子に関する概説書。一部、訳注も掲載する。韓非子については、西川氏が担当。巻末に関係論文や参考文献一覧、関係地図を収録する。二〇〇五年には、「韓非子」部分を、さらに入門者向けに改訂したものが、角川ソフィア文庫より刊行された。
②加地伸行ほか著訳『韓非子——「悪」の論理』（講談社・中国の古典、一九八九年）
＊韓非子や法家についての解説（加地伸行）、『韓非子』の日本語訳、韓非子に関する論考（寺門日出男、滝野邦雄、竹田健二）よりなる概説書・研究書。日本語訳は九〇のエピソードを計一五名の研究者が翻訳している。
③冨谷至『韓非子——不信と打算の現実主義』（中公新書、二〇〇三年）
＊先秦期の社会情勢と思想家たちの思索とを論じた概説書。著者が行った京都大学法学部の授業「伝統中国の制度と思想」を基に著述されている。特に韓非子については、その人間観や具体的な思想内容の検討に加え、西洋の思想家との比較も行われている。
④浅野裕一『図解雑学諸子百家』（ナツメ社、二〇〇七年）
＊諸子百家について、ヴィジュアル（図解）を通して概説する入門書。見開き一頁にそれぞれ説明文と図解とが示されており、初学者にも大変分かりやすい。新出土文献や最新の研究視点にも触れられている。
⑤湯浅邦弘『諸子百家——儒家・墨家・道家・法家・兵家』（中公新書、二〇〇九年）
＊儒家・墨家・道家・法家・兵家について、新出土文献を取り入れて解説を加えた入門書。法家「韓非子」については、第六章に見える。新資料である睡虎地秦墓竹簡を取り上げ、秦の統治が二重構造を呈していた可能性を指摘する。

【専門的文献】

①木村英一『法家思想の研究』（弘文堂書房、一九四四年。大空社・アジア学叢書、一九九八年 復刊）
＊法家思想の発生や各時代における法家の動向について検討した研究書。内容は、著者が一九四二～四三年まで京都大学・

立命館大学で行った講義を基に作成されている。大空社より刊行された復刻版には、巻末に参考資料として森秀樹「韓非と荀況――思想の継蹤と断絶」（一九七九年訂）が附されている。

②竹内照夫訳『韓非子』上・下（明治書院・新釈漢文大系、一九六〇・一九六四年）

＊『韓非子』の全訳注。呉氏覆刻乾道本（中華書局、四部備要）を底本とする。冒頭には書名や作者についての「解説」を附し、注釈部分には所々「余説」としてテキストの読解を深める補足・指摘が示されている。

③小野沢精一訳『韓非子』上・下（集英社・全釈漢文大系、一九七五・一九七八年）

＊『韓非子』の全訳注。四部叢刊所収の影宋鈔本（乾道本）を底本とする。上巻冒頭には韓非子の伝記や思想に関する解説を附し、注釈部分には補説や余説を掲げる。下巻末には「韓非子研究文献目録」を附す。

④浅野裕一『黄老道の成立と展開』（創文社・東洋学叢書、一九九二年）

＊先秦～漢代に至るまでの黄老思想の展開を、法家思想や儒家思想との関連に注目しながら論じた研究書。伝世文献に加え、新出土文献の馬王堆帛書「老子乙本巻前古佚書」も活用し、新たな知見を提示する。

⑤金谷治訳『韓非子』全四冊（岩波文庫、一九九四年）

＊『韓非子』の全訳注。四部叢刊所収の影宋鈔本（乾道本）を底本とする。巻頭の「解説」部分には、韓非子の生涯やテキストに関する内容が簡潔に紹介されており、その思想についても概観することができる。

第Ⅲ部　歴史と故事を伝える

第十章　『呂氏春秋』——諸子百家の集大成

清水洋子

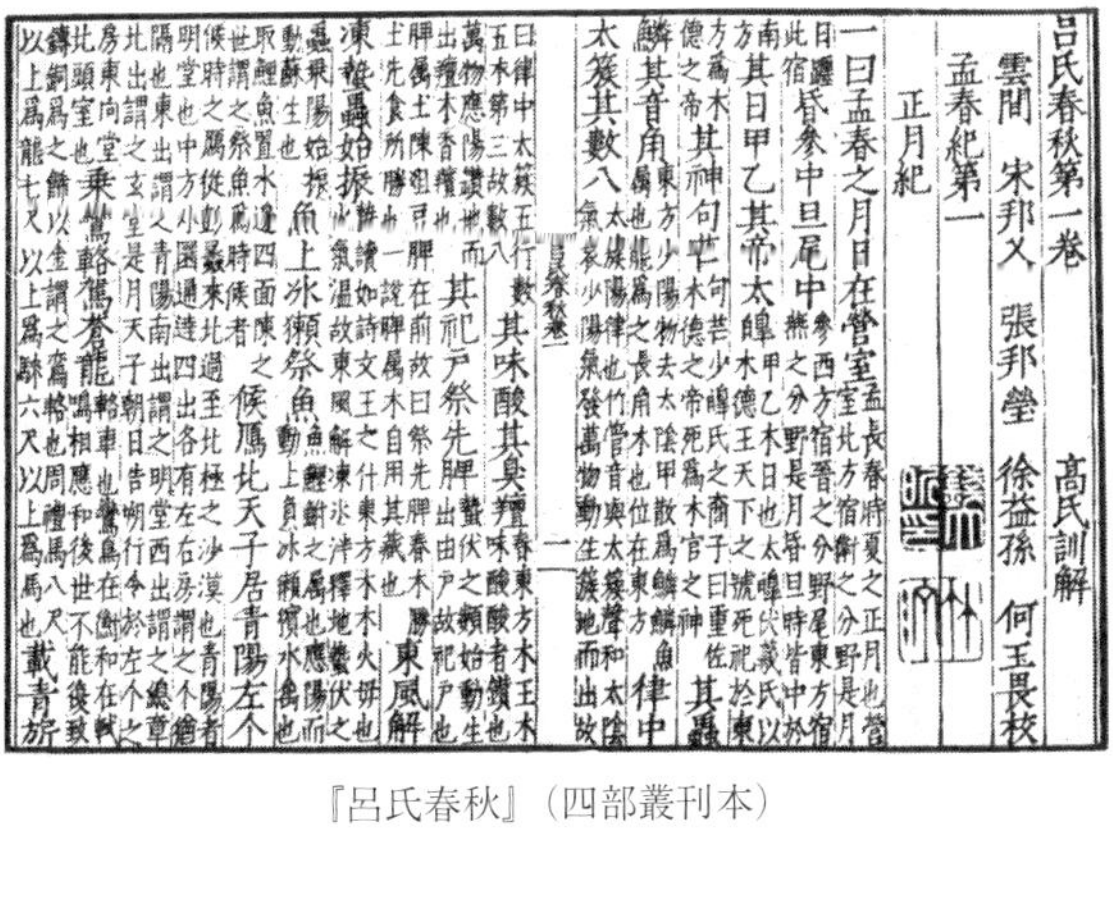
呂氏春秋第一卷　高氏訓解
雲間　宋邦乂　張邦瑩　徐益孫　何玉畏校
孟春紀第一
正月紀
一曰孟春之月日在營室昏參中旦尾中其日甲乙其帝太皞其神句芒其蟲鱗其音角律中太簇其數八其味酸其臭羶其祀戶祭先脾東風解凍蟄蟲始振魚上冰獺祭魚候鴈北天子居青陽左个乘鸞輅駕蒼龍載青旂

『呂氏春秋』（四部叢刊本）

我以車入則足我以養衆人廣朝而必加禮於吾所
謂國士畜我也夫國士畜我者我亦國士事之豫讓
國士也而猶以人之於已也爲念 於猶厚也 又況於中人
乎孟嘗君爲從 關東曰從 公孫弘謂孟嘗君曰君不若使
人西觀秦王意者秦王帝王之主也君恐不得爲臣
何暇從以難之 言不能成從以難秦也 意者秦王不肖主也君
從以難之未晩也 晩後 孟嘗君曰善願因請公往矣公
孫弘敬諾以車十乘之秦秦昭王聞之而欲醜之以
辭以觀公孫弘 昭王秦惠王之子武王之弟也醜或作恥恥辱也觀公孫弘云何也 公
孫弘見昭王昭王曰薛之地小大幾何公孫弘對曰
呂氏春秋卷十二　九
百里昭王笑曰寡人之國地數千里猶未敢以有難
也今孟嘗君之地方百里而因欲以難寡人猶可乎
公孫弘對曰孟嘗君好士大王不好士昭王曰孟嘗
君之好士何如公孫弘對曰義不臣乎天子不友乎
諸侯得意則慙爲人君不得意則不肯爲人臣如此
者三人 有此者三人也 能治可爲管商之師 管仲商鞅 說義聽行
其能致主霸王如此者五人 有此者五人也 萬乘之嚴主辱
其使者退而自刎也必以其血汙其衣有如臣者七
人 臣公孫弘自謂也故言有如臣者七人也 昭王笑而謝焉自客胡爲若
此寡人善孟嘗君欲客之必謹諭寡人之意也 諭明 公

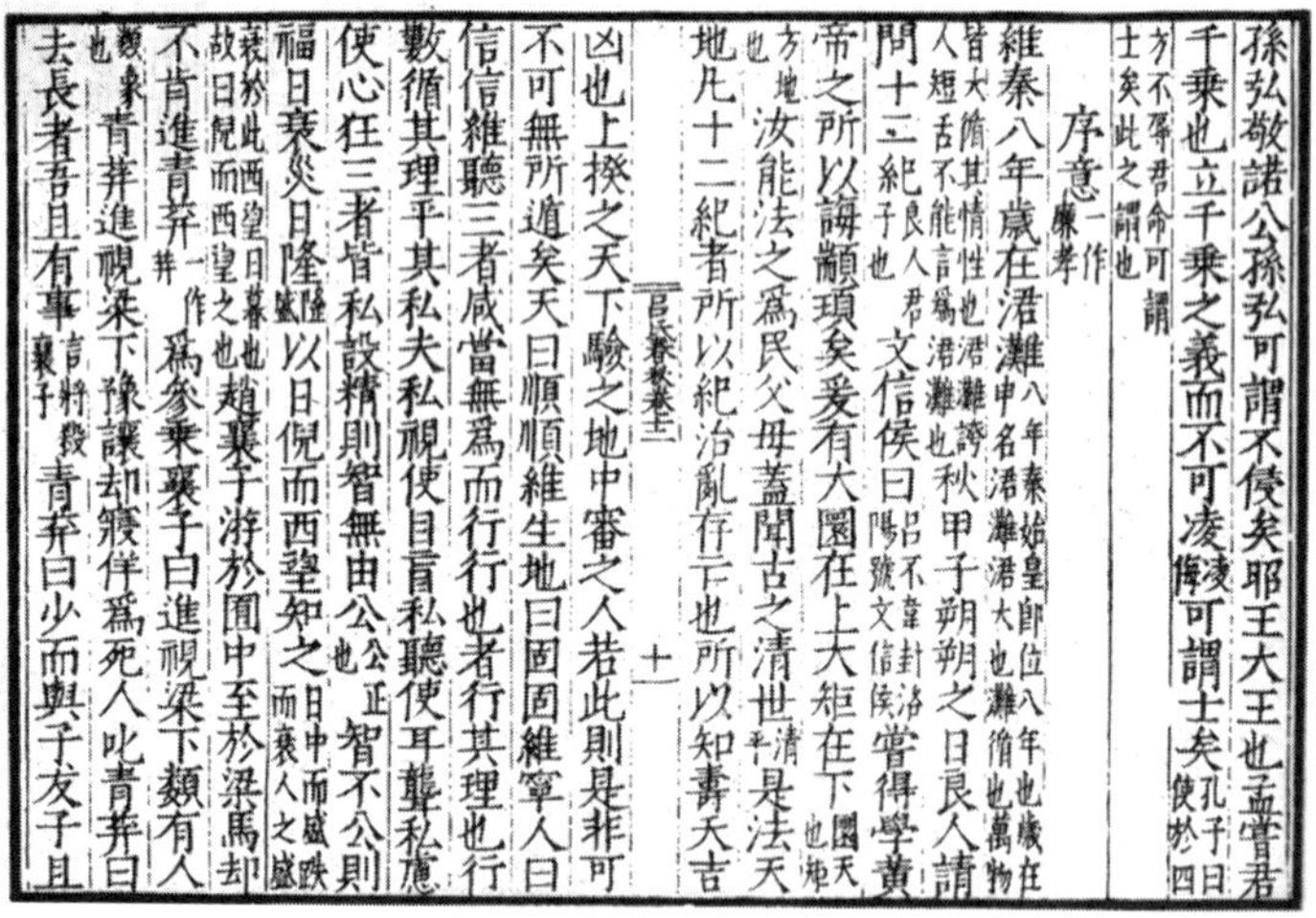

孫弘敬諾公孫弘可謂不侵矣耶王大王也孟嘗君
千乘也立千乘之義而不可凌 凌侮 可謂士矣 孔子曰使於四方不辱君命可謂士矣此之謂也
序意 一作廉孝
維秦八年歳在涒灘 八年秦始皇即位八年也歳在申名涒灘涒大也灘循也萬物皆大循其情性也涒灘誇人短舌不能言爲涒灘也 秋甲子朔朔之日良人請
問十二紀 良人君子也 文信侯曰 呂不韋封洛陽號文信侯 嘗得學黄
帝之所以誨顓頊矣爰有大圜在上大矩在下 圜天也矩地也
汝能法之爲民父母蓋聞古之清世 清平 是法天
地凡十二紀者所以紀治亂存亡也所以知壽夭吉
呂氏春秋卷十二　十
凶也上揆之天下驗之地中審之人若此則是非可
不可無所遁矣天曰順順維生地曰固固維寧人曰
信信維聽三者咸當無爲而行行也者行其理也行
數循其理平其私夫私視使目盲私聽使耳聾私慮
使心狂三者皆私設精則智無由公 公正也 智不公則
福日衰災日隆 隆盛 以日倪而西望知之 日中而盛昳而衰人之盛衰於此西望日暮也故曰倪而西望之也 趙襄子游於圃中至於梁馬却
不肯進青荓 荓一作荓 爲參乘襄子曰進視梁下類有人 類象也
青荓進視梁下豫讓却寢佯爲死人叱青荓曰
去長者吾且有事 言將殺襄子 青荓曰少而與子友子且

『呂氏春秋』十二紀

上段から下段冒頭にかけての内容は，十二紀の季冬紀不侵篇。これに続くのが，呂不韋による序文を載せる序意篇である。その3行目中央には「文信侯曰」とあるが，すぐ下の小さな文字で書かれた高誘注に「呂不韋封洛陽，号文信侯（呂不韋洛陽に封ぜられ，文信侯と号す）」とあることから，「文信侯」は呂不韋を指すことが分かる。このように，本文と注釈が一緒になっている体裁は，内容理解の上で大きな助けとなっている。

1　呂不韋と『呂氏春秋』

呂不韋の経歴

呂不韋（?～前二三五）は、戦国の七雄（秦・斉・楚・韓・魏・趙・燕）が併存する戦国時代に生きた大商人であり、後に秦の国政において権勢を振るった人物である。

『史記』呂不韋伝によると、呂不韋は陽翟（現在の河南省に位置する）を拠点とする商業活動で巨万の富を成したという。その運命を大きく変えたのは、秦の公子子楚との出会いであった。子楚は質子（人質として他国に送られた子）として趙に暮らす不遇の身であったが、呂不韋は子楚を「奇貨居くべし（珍しい商品けその価値が高まるまで手元に置くべきだ）」と援助し、自身が寵愛する美姫まで献上する。そして遂に、子楚を当時秦国の太子であった安国君の嫡子とすることに成功し、自身はその世話役となる。その後、昭襄王の後を継いだ孝文王（安国君）、荘襄王（子楚）、政（後の始皇帝）へと急速な君主交代が進む中で、呂不韋は栄達を極めていく。前二四九年の荘襄王即位時には丞相（王の政治を補佐する最高官）となり、文信侯として河南洛陽に封地を賜与され、前二四六年の政即位時には、幼い王を補佐する相国（丞相の上に置かれる、最高の名誉を伴った称号）となり、政治的権力を手中に収める。

しかし、呂不韋の失脚は突如訪れる。始皇帝の生母である太后の寵愛を得て勢力を得た嫪毐が起こした謀反により、これまでの所業（太后との私通、宦者ではない嫪毐の後宮斡旋）が秦王政の知るところとなった。前二三七年には相国を罷免されて河南に戻るが、その後も衆望を得ていた呂不韋に警戒する秦王政を畏れ、遂に自ら命を絶った。

新興強国・秦

一時とはいえ呂不韋が権勢を振るった秦とはどのような国だったのだろうか。

『史記』秦本紀によると、周の平王を異民族の攻撃から救った功績で諸侯に封じられた襄公を初代とする秦は、第九代穆公の時代に春秋五覇の一つと称された。戦国時代には第二五代孝公が採用した商鞅変法と富国強兵策によって国力を増し、秦は戦国の七雄の一つに数えられた。

その後、秦は周辺諸国にとって大きな脅威となっていく。そのことを示すのが、縦横家（外交政策を説く学派）の蘇秦と張儀が唱えた対秦戦略である。蘇秦による合従策（六国による連合軍で秦に対抗する戦略）、張儀による連衡策（各国が個別に秦と和議を結んで国家存続を図る戦略）は、秦を牽制するために諸国を巻き込んで展開され、国際勢力図にも絶えず変動をもたらしたが、結果的に秦の勢いは止められなかった。第二八代昭襄王の頃には、范雎の知略と名将白起の活躍によって秦の勢力はさらに拡大し、西方の新興強国として覇業に邁進する。呂不韋が子楚と出会ったのは、この昭襄王による治世の末年であった。

こうした背景を踏まえると、呂不韋の子楚に対する強力な支援の裏には政治的野心が少なからずあったと考えて良い。また、後に秦の国政に関与することになった呂不韋にとって、正統王朝である周の滅亡（前二五六年）は、秦による全国統一が時間の問題であることを強く意識させたものと思われる。しかし、この未来像と秦の現状との間には懸念もあった。それは、秦が学術文化の分野において後進国であったという現実である。当時は東方の中原一帯が伝統的な学術の中心地であり、また財力と政治力を兼ね備えた戦国四君（魏の信陵君、楚の春申君、趙の平原君、斉の孟嘗君）の名声も広く行き渡っていた。西方の秦は完全に取り残される形になっていたのである。

『呂氏春秋』について

こうした背景のもと、呂不韋は『呂氏春秋』の編集という文化的事業に着手した。招致した食客三千人の学術論文を収集し、天地万物古今にまつわる内容を集約したとされる本書は、秦都咸陽の市門に掲げられ、一字でも誤りを指摘できた者には千金を与えると喧伝されたという。

呂不韋が本書に込めた意図は明確である。本書の要となる十二紀(じゅうにき)について、呂不韋は次のように述べる。

古の治世では、人は天地を模範とした、と聞いている。そもそも十二紀は、国家の治乱存亡を分ける要点であり、寿夭吉凶(じゅようきっきょう)を分ける要因となる。上は天の営みを推し量り、下は地の状態を知り、中は人事のありかたを明確にする。そうであれば、事の是非と行動の善悪は、一切を漏らすことがないのだ。（季冬紀序意篇(きとうきじょい)）

『呂氏春秋』の編集は、秦王政が若き聡明な王として成長し、また、秦による全国統一が現実味を帯びてくる中で行われた。治国の要を記したという同書は、当時政権の中枢にあった呂不韋が、統一国家の王としての姿を若き政に重ねつつ周到に準備をした、統一国家・秦のための政治プランでもあった。

2　『呂氏春秋』の世界

三本の柱

『呂氏春秋』は、十二紀(じゅうにき)一二巻、八覧(はちらん)八巻、六論(ろくろん)六巻から成り、各巻にはさらに複数の篇が収録されている。十二紀は一二の時節ごとにその特性や政事および行事を記したもので、自然の推移に基づく人間の行動を要とする。「十二」とは、春夏秋冬が巡る四季をそれぞれ孟(もう)（最初の時期）・仲(ちゅう)（真ん中の時期）・季(き)（最後の時期）に三分割した数である。八覧は人材登用や理想的な君臣関係の構築など、実践面に関する教訓を史実と併せて説く。六論は八覧の補説である。これら三部の成立時期については諸説あるものの、まず十二紀が成った後に八覧と六論が続き、呂不韋失脚後になってこれらが一書にまとめられたと考えられる。また、十二紀には各紀に五篇ずつ（季冬紀には序意篇を含む六篇）、八覧には各覧に八篇ずつ（有始覧(ゆうしらん)のみ七篇）、六論には各論に六篇ずつを編入し、整然とした構成を取っている。

『呂氏春秋』の「春秋」は、冒頭部に十二紀が置かれていることに由来する。本来、春秋とは春夏秋冬が巡る一年間、または編年紀事（国家の事柄を年代順に記したもの）を意味する。『呂氏春秋』の「春秋」は前者にならったものと考えられる（魯国の歴史書『春秋』とは関連がない）。

なお、本書は『呂覧』とも呼ばれる。これは「八覧・六論・十二紀」（『史記』呂不韋列伝）という異なる配置の中で八覧が冒頭にあることに由来する異称だが、漢代以降は『呂氏春秋』という名称と「十二紀・八覧・六論」という配列が広く認知されていく。

『呂氏春秋』における諸家の学説

『呂氏春秋』は、『漢書』芸文志（漢代の図書目録）子部雑家類にその名が見える。雑家とは儒家や道家をはじめとする学派の一つである。諸学派の説を兼ねるために雑多な印象を与えるが、国家の政治形態を柔軟に示し、民心を得やすいという利点もある。戦国末期の学術界では他家の学説を柔軟に取り入れる兼習の傾向が強まるため、各学派の説を判然と分けて示すことは難しい。ここでは便宜上、『呂氏春秋』に見える主な学派の要点を個別に示す。

・儒家…君臣・父子・兄弟・朋友・夫妻それぞれの人倫の分限に基づく社会的な修徳を説く。君主は修己の道を重んじて天下を治めるべきとし、直言を厭わない賢士の登用や礼楽による民衆の教化を勧める。

・道家…太一（万物生成の根元）→両儀→陰陽変化という万物生成の道筋を示し、静退無為を説く。また、自己の生命を貴ぶ「性（生）を全うする道」（孟春紀本生篇）において賢しらな智恵の放棄と節欲を勧める。

・法家…君主は一切の感情を排除し、公正な賞罰の徹底、権威の絶対化を推進すべきとする。その方針として「因」を重んじ、「古の王者は自ら行動することは少なく、臣下の働きに因る（頼る）ことが多かった。因ることが君主の術であり、行動することが臣下の道である」（審分覧任数篇）と説く。

・墨家…平等無差別に人を愛する兼愛と、それが天下の利になるという交利の思想に加え、征伐と音楽を非とする非攻非楽、簡素な埋葬を善しとする節葬を説く。
・名家…弁論術を駆使して様々な事象を解き明かし、人事にも対応する。「説得に長ける者は武術に秀でる士のように、他者の力を利用してそれを自身の力とする」（慎大覧順説篇）と、他者を利用して自身に有利な状況をもたらす「因」の重要性を説く。
・兵家…義兵（義にかなう用兵）の重要性を説く。また、義兵においては義・智・勇を重んじ、「戦争では敵の状況（地形や戦略）の利用を重んじる」（仲秋紀決勝篇）として、敵に「因る」ことが肝要だと説く。
・陰陽家…五行説を基礎とする天下治平論を説く。また、五徳終始説（五行相克説の循環理論を基に、木・火・土・金・水の五徳と青・赤・黄・白・黒の五色を黄帝以来の王朝に配当し、王朝の交代を説明する）により、火徳（周王朝）の次に到来するのは水徳であるとした。（有始覧応同篇）
・農家…重農政策を説く。古代の民衆統治における農業の優位性を示し、現在の君主もこれにならうべきであること、また農耕における時機（種蒔きなどのタイミング）の重要性を説く。

なお、「因」とは、『呂氏春秋』の政治論において現実的な実践レベルでの因循思想を示す語である。民衆や敵軍の動向など、外界の変化に逆らわず、むしろそれを利用して己の流れを作り出すというもので、道家が唱えた無為の治にも通じる。

道術はどのような状況にも応じて変化し、しかるべき効果を表す。自然のままの本性に従い、外界の変化に身を任せ、あらゆる事象に適合できる。（審分覧執一篇）

そして、この因循思想に基づく実践を支えたのが、天地万物の間には一貫して同じ性が与えられているという前提であり、特に為政者の正しいあり方を肝要とする考えであった。

人と天地と法則は同じである。万物の形は異なるが、その実情は一体である。そのため古に自身と天下とを正しく治めた聖人は必ず天地の法則を模範とした。（仲春紀情欲篇）

戦国末期の学術界は、これまで個別に発展してきた諸家の学説が、さらに他家の学説と思想的交渉の進度を深めていくという新たな段階にあった。また、当時は統一王朝の誕生が現実味を帯びていた、いわば国際情勢の大転換期にあたる。分裂していた国家が統一へと向かう気運に歩調を合わせるかのように、諸家の学説も『呂氏春秋』という一書に集約されたのであった。この意味で本書は「諸子百家の集大成」と言える。

諸子百家の集大成

では、実際に諸家の思想はどのように編集されていたのだろうか。以下、部門ごとの特色を示す。

十二紀では、春生・夏長・秋収・冬蔵という時令、およびそれに即した諸家の論説を配列する。春生は万物が生まれる時期である。孟春・仲春・季春三紀では養生論を説く。「聖人の声色滋味に対する態度は、生に利があればそれを取るし、生に害があれば捨てる。これが生を全うする道だ」（孟春紀本生篇）などは、『老子』をはじめとする道家思想の快楽否定主義を述べるものである。夏長は万物成長の時期である。孟夏・仲夏・季夏三紀では、「古代聖王の教えは、孝と忠とを最も栄誉として顕彰した」（孟夏紀勧学篇）のような学問論や音楽論を主とした儒家の思想を説く。秋収は収穫の時期、政治的には征伐を厳粛に執り行う時期である。特に孟秋・仲秋二紀では、「正義の軍隊が天下に良薬のようなはたらきをもたらすことは、まことに大である」（孟秋紀蕩兵篇）という兵家の説が見える。冬蔵は冬ごもりの時期、その生命を終える時期でもある。孟冬紀には、「死の意義を知る者は、外物（外界の物質や環境）によって死を乱さない。これを安死という」（節葬篇）など、死や葬礼に関する記述が多い。また、節葬を主張する墨家の説も見える。

八覧では、法家思想と道家思想を折衷した君主論において君臣の分を説く。また、儒家の典型的な尚賢論、墨家集団の活動を伝える資料（離俗覧上徳篇）など、戦国末期の二大学派として隆盛を誇った「儒墨」についての概要も見える。

六論では、君臣のあり方を尚賢や諫言というポイントに絞り、古今人物の行動を例示して論評する。また、農家思想や古代の農耕法を記す士容論上農・任地・弁土・審時の四篇は、中国経済史や農業史研究における貴重な史料となっている。

このように、『呂氏春秋』には多様な思想が収録・編集された。しかし一方では、内容の整合性をどう保ち、総合的な思想書としてどう体系づけるかという問題も生じる。この問題解決の役割を担ったものが時令説であった。

時令説について

時令とは時節に応じて出される政令のことで、古来は農事暦の形式を取る。しかし、後に戦国から秦漢にかけて陰陽五行説と併せ説かれるようになると、時令に天人相関や陰陽五行等の思想が入り込み理論化されていく。以下、一例として孟春紀孟春篇の一部を挙げる。

孟春の月（旧暦一月）。太陽は二十八宿の営室に位置し、日没には参が南中し、日の出には尾が南中する。日は甲乙、帝は太皞、神は句芒、動物では鱗のあるもの、音は角、律は太蔟に相当する。数は八、味は酸、臭いは生臭さが良い。家の戸口の神を祀り、その際はまず脾臓を供える。

営室・参・尾は、それぞれ二八宿（天の赤道周辺で設定された二八の星座がもつ領域で、天球上における天体の位置を示す座標）の一つ。甲乙は五行配当において木にあたる。太皞は木徳を司る東方の帝。

この月は、天の気が下降し、地の気が上昇し、天地が調和して草木が芽吹き始める。天子は農事を開始するよう布告する。

この月は楽官長に命じて、国の学校に入り学生に舞を習わせて、祭典の準備を整えさせる。

このように、時令では諸々の政令や生活指針を列記するが、一方で次のような禁忌事項についても記す。

この月には挙兵してはならない。挙兵すれば必ず天災が起きる。

孟春に夏の政令を行うと、時節に合わない風雨にあい、草木は早くに枯れ、国内に禍が発生する。

十二紀は、「天の道を変えてはならない。地の道を断絶してはならない。人のおきてを乱してはならない」（孟春篇）と、世界の人事が天地間の道理と不即不離の関係であることを厳かに伝えている。また、『呂氏春秋』に集約された諸家の思想も、時令というより高い視点からまとめられていき、思想間の差違も包括されながら、総合的な思想書としての体裁を整えていくことになった。

3　後世における『呂氏春秋』

流伝について

『呂氏春秋』は、後の焚書坑儒（始皇帝が実施した大規模な思想統制）による被害を受けることなく前漢にまで残った。後漢になると高誘による注釈が加えられ、その後はこの高誘注『呂氏春秋』が主流となる。しかし、商人あがりという呂不韋の経歴や人物に対する後世の評価は厳しく、『呂氏春秋』は積極的に研究される対象とはならなかった。ただし、本書は戦国末期の多様な思想や当時伝わっていた逸話などを今に残すため、文献保存の点でもその存在意義は大きいと言える。

清代になると、長年にわたる流伝の中で生じた本文や解釈の乱れが考証学研究の対象となり、畢沅（一七三〇〜九七）による『呂氏春秋新校正』（一七八九年）が『呂氏春秋』研究の基盤となった。現代においても、畢沅を補うものとして許維遹撰『呂氏春秋集釈』（一九三三年）、陳奇猷撰『呂氏春秋校釈』（一九八四年）などがある。

『呂氏春秋』の思想的継承

戦国末期の思想概況を伝える『呂氏春秋』は、漢代学術にも一定の影響を与えた。特に十二紀の理論は、前漢王朝初期に諸制度の急速な整備が求められた中で大きな拠り所となり、儒家の経典の一つである『礼記』月令にその一部が編入された。また、形式的にも内容的にも『呂氏春秋』を継承した書物として、淮南王劉安が編纂した『淮南子』がある。これは、天人相関思想の基礎ともなりうる十二紀の理念や因循思想など多くの内容を『呂氏春秋』から摂取しつつ当時の学術思想を集約したもので、『漢書』芸文志では『呂氏春秋』と同様、子部雑家類に位置づけられている。

日本の『呂氏春秋』研究

日本では、遅くとも平安初期に高誘注『呂氏春秋』が伝来している。主な研究には、江戸時代の荻生徂徠（一六六六〜一七二八）『読呂氏春秋』、戸崎淡園（一七二四〜一八〇六）『読呂氏春秋補』、松皐（蒲坂）青荘（一七七五〜一八三四）『畢校呂氏春秋補正』などがある。日本でも中国でも学者たちがそれぞれ発表した『呂氏春秋』研究の成果は、時期を前後しながら相互に影響を与えたようで、たとえば松皐青荘『畢校呂氏春秋補正』の説は、陳奇猷の『呂氏春秋校釈』に採用されている。日本におけるこれらの研究は一部の専門家に受け入れられたに留まり、広く読まれることはなかったが、大正・昭和時代に入ると、漢文叢書の一部として『呂氏春秋』の簡易な訳注が刊行され、その内容も容易に見ることができるようになった。

『呂氏春秋』の音楽論とヘルマン・ヘッセ

『呂氏春秋』の思想は、現代においても共感すべきものが多い。たとえば、『呂氏春秋』の特徴的な音楽論は、『車輪の下』などの小説で知られるスイス人作家ヘルマン・ヘッセ（一八七七〜一九六二）の音楽論（『ガラス玉遊戯』）にも引用されている。ヘッセが強く共感したのは「真の音楽」に関する一節であった。『呂氏春秋』は、「そもそも音楽とは天地の和合、陰陽の調和である」（仲夏紀大楽篇）と述べ、天地間の調和や循環の中で奏でられる真の音楽こそ、精神的にも文化的にも安定した豊かさを備えており、国家の盛衰を方向づけるものだとした。

4 名文読解

いのちを養うための心得

世之人主貴人、無賢不肖、莫不欲長生久視。而日逆其生、欲之何益。凡生之長也順之也。使生不順者欲也。故聖人必先適欲。

（『呂氏春秋』孟春紀重己篇）

世の人主貴人、賢不肖と無く、長生久視を欲せざるは莫し。而るに日に其の生に逆らえば、之を欲するも何をか益せん。凡そ生の長きや之に順えばなり。生をして順わざらしむる者は欲なり。故に聖人は必ず先ず欲を適にす。

世間の君主・貴人ともなれば、その賢不肖を問わず、長生きを望まない者はない。しかし、日頃からその養生のことわりに逆らっていれば、長生きすることを求めてもどうして得られよう。そもそも長生きができるのは養生のことわりに従ってこそである。その養生のことわりに背かせようとするのは欲である。だから、聖人は必ず己の欲を適度なものにすることを率先したのである。

何のための生か、何のための知識か

人ハ莫シレ不ルハ下以テ二其ノ生ヲ一生キ上、而レドモ不レ知ラ三其ノ所二以ヲ生クル一。人ハ莫シレ不ルハ下以テ二其ノ知ヲ一知ラ上、而レドモ不レ知ラ三其ノ所二以ヲ知ル一、知ル三其ノ所二以ヲ知ル一、之ヲ謂ヒレ知ルトレ道ヲ、不レ知ラ三其ノ所二以ヲ知ル一、之ヲ謂フレ棄ツトレ寶ヲ。棄ツルレ寶ヲ者ハ必ズ離ル二其ノ咎ニ一。

（『呂氏春秋』仲夏紀侈楽《しらく》篇）

人は其の生を以《もっ》て生きざるは莫《な》し、而《しか》れども其の生くる所以《ゆえん》を知らず。人は其の知を以《もっ》て知らざるは莫《な》し、而《しか》れども其の知る所以《ゆえん》を知らず。其の知る所以《ゆえん》を知る、之《これ》を道を知ると謂《い》い、其の知る所以《ゆえん》を知らず、之《これ》を宝を棄《す》つと謂《い》う。宝を棄《す》つる者は必ず其の咎《とが》に離《かか》る。

人はもって生まれた生命によって生きていくが、生きていく目的を知らずにいる。人は持ち前の知力によって様々なことを知るが、知ることの目的を知らずにいる。知ることの目的を知ること、これを「道を知る」と言い、知ることの目的を知らないでいること、これを「宝を棄てる」と言う。宝を棄てる者は必ず災いに遭う。

参考文献

【一般的・入門的文献】

① 楠山春樹『呂氏春秋』上・中・下（明治書院、一九九六年）

＊『呂氏春秋』の訳注書（全訳）。原文・書き下し・現代語訳・語釈を載せる。十二紀・八覧・六論についての解題を収録し、下巻には解題補遺として「日本における『呂氏春秋』研究」「現代中国による訳注書」を付す。

② 町田三郎『呂氏春秋』（講談社、二〇〇五年）

＊十二紀を中心とする訳注書（抄訳）。「春の節」「夏の節」「秋の節」「冬の節」の四部から成り、十二紀から摘録した説話について原文・書き下し・現代語訳・語釈を載せる。

③安岡正篤『経世の書「呂氏春秋」を読む』（致知出版社、二〇一一年）

＊当時の世界情勢などにも触れながら、『呂氏春秋』の思想を平易な語り口で説き明かす。一九六七年に出版された『東洋思想の一淵源——経世の書・呂氏春秋』（関西師友協会）の改訂版。

【専門的文献】

①塚本哲三編『国訳呂氏春秋』（有朋堂書店、一九二三年）

＊『呂氏春秋』の訳注書（全訳）。漢文叢書の第一一巻。全篇の書き下しと語釈を付し、ページ上部には原文（返り点有り）を付す。本書は国立国会図書館デジタルコレクションにて閲覧が可能である。

②内野熊一郎『秦代に於ける経書経説の研究』（東方文化学院、一九三九年）

＊秦代の経書学術に関する研究書。第一編第三章「呂氏春秋製作考」のほか、秦代社会情勢との関連も考慮しつつ、『呂氏春秋』が収める諸家の学説についても論じる。また、別編には「呂氏春秋引経考」を収録する。

③内野熊一郎・中村璋八『呂氏春秋』（明徳出版社、一九七六年）

＊主に秦代諸学派の思想的内容を論じる。「研究篇一（各篇作者諸家の思想）」「研究篇二（十二紀月令文・抄記）」「研究篇三（秦代の経書句説例・概略）」を収録し、一部の本文には書き下し・語釈・現代語訳を付す。

④沼尻正隆『呂氏春秋の思想的研究』（汲古書院、一九九七年）

＊日本における『呂氏春秋』研究を代表する研究書。『呂氏春秋』の成立や呂不韋の人物像、および『呂氏春秋』と諸家思想（儒家思想、墨家思想、道家思想、法家思想、農家思想など）との関連について詳細に論じる。

⑤『呂氏春秋研究』第一～五号（日本大学文理学部中国文学科沼尻研究室呂氏春秋研究会、一九八七～一九九二年）

＊『呂氏春秋』研究の専門誌。第三号、第五号には、明治から一九九〇年までを対象とした「関係論文著目」を付す。五号で休刊となったのは惜しまれる。なお、一九九〇年以降の論著および中国と台湾の著作目録については、青山大介「呂氏春秋研究文献目録」（『東洋古典研究』第四集、一九九七年）を参照。

第十一章

『戦国策』——故事成語の宝庫

草野友子

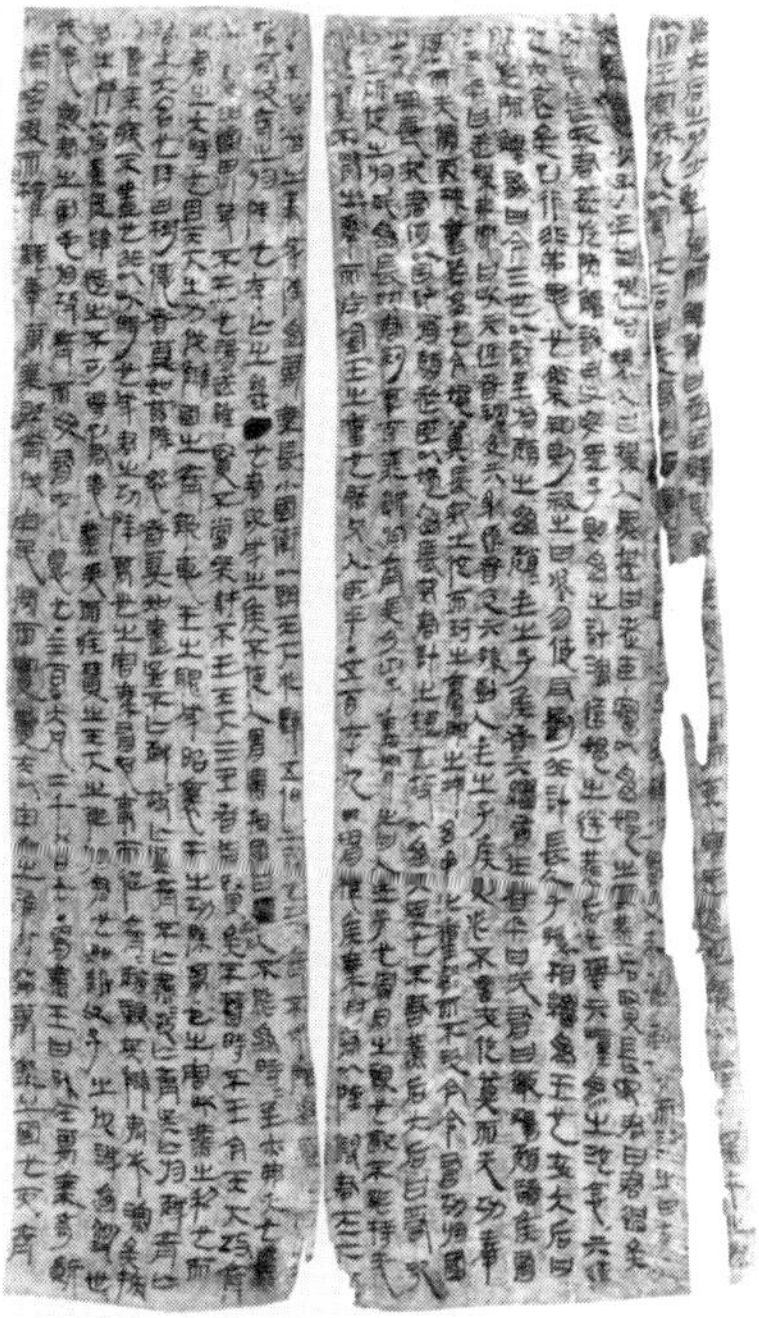

馬王堆帛書『戦国縦横家書』
(『長沙馬王堆漢墓簡帛集成』)

『戦国策雕題』（大阪大学附属図書館「懐徳堂文庫」所蔵）

江戸時代の儒者中井履軒（なかいりけん）（名は積徳（せきとく），1732～1817）による『戦国策』の注釈書の第1巻。履軒は，兄の中井竹山（ちくざん）とともに大阪の学問所「懐徳堂（かいとくどう）」に学び，のちに私塾「水哉館（すいさいかん）」を開いて，独自の学風を推し進めた。この『戦国策雕題（せんごくさくちょうだい）』は，寛保元年（1741）に京都で出版された『戦国策譚棷（せんごくさくだんそう）』の欄外に書き入れたものである。原本は所在不明で，これは写本である。この書き入れは履軒の弟子の早野橘隧（はやのきっすい）が書き写し，三村崑山（みむらこんざん）が校讎（こうしゅう）（文字を比較照合して，誤りを正すこと）したものであると言う。履軒の注釈は，冨山房（ふざんぼう）「漢文大系」の『戦国策正解（せんごくさくせいかい）』（本章参照）に摘録され，高い評価を受けている。

1 縦横家の活動――蘇秦と張儀

縦横家という学派

『戦国策』とは、周の安王（前四〇二年即位）から秦の始皇帝までの約二五〇年にわたる遊説の士の策謀や言説など四八〇条を、一二の国別に収録した書である。「戦国時代」という語はこの書に由来する。

春秋時代末期、周の封建制度は乱れ、周王朝の権威は低下し、諸侯が各地に割拠する分裂時代に突入する。各国は領土獲得のために侵略戦争を行うようになるが、武力による侵略は勝敗にかかわらず国力が疲弊する要因となるため、外交手段によって打開することが重視された。周の威烈王二三年（前四〇三）、晋の韓・魏・趙の三家が諸侯として封建され、秦・燕・斉・楚を含めた「戦国の七雄」の抗争時代に入る（巻頭、戦国時代の地図参照）。周王朝の権威は失墜し、その支配は名目だけのものとなり、前二二一年に秦王政すなわち始皇帝によって統一王朝の秦が成立する。この間の春秋戦国時代に登場するのが諸子百家であり、思想家たちは自らの思想を政策論として時の有力者に売り込んだ。中でも縦横家は、諸国を遊説して自身の政策や外交を論じた学派であり、『戦国策』に見える言説は多くが縦横家のものである。その代表的人物は、戦国時代後期の遊説家、蘇秦と張儀である。

蘇秦は、強国秦に対抗するため、南北に連なる韓・魏・趙・燕・楚・斉の六国を連合させようとする「合従策」（従は縦の意）を提唱した。一方、張儀は、韓・魏・趙・燕・斉・楚の六国をそれぞれ個別に秦と同盟させる「連衡策」（衡は横の意）を提唱した。

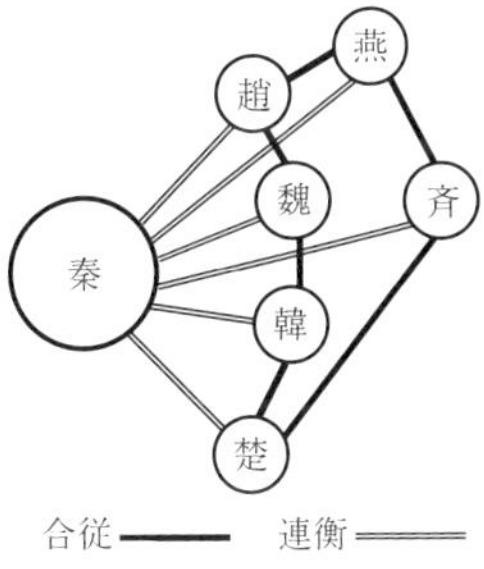

合従・連衡

蘇秦

蘇秦の伝記については、司馬遷『史記』の蘇秦列伝に次のように記されている。

蘇秦は若い頃、張儀とともに鬼谷子（戦国時代の策略家）に学んだ。その後、諸国を放浪し、困窮して帰郷したところを親族に嘲笑され、発憤して相手を説得する術を考え出した。そして、周王に近づこうとしたが受け入れられず、秦に赴く。しかし、当時の秦は商鞅（法による改革を行った秦の政治家、?〜前三三八）が死刑になった直後で、弁舌の士を敬遠していた時期であった。そこで蘇秦は、まず燕の君主に進言して趙と同盟を結ばせ、さらに韓・魏・斉・楚に説いてまわって六国の同盟を完成させて、その宰相を兼任した。韓の君主に説いた際には、「寧ろ鶏口となるも牛後と為るなかれ」（大きな組織で下につくよりも、小さな組織でトップになった方がよい）という有名な言葉を述べた。趙に戻った後は、同盟の約定書を秦に送り、以後、秦は一五年にわたって東に侵攻しなかった。

「合従」を完成させた蘇秦は帰郷し、彼の行列には諸侯がそれぞれ使者を出して見送り、さながら王者のようであったという。これを聞いた周王も、道を掃き清め、人を出して迎えた。故郷の親族は恐れて顔も上げなかったが、蘇秦は「もし自分にわずかの土地でもあれば、今のように宰相の印を持つことができたであろうか」と言い、金銭を分け与えた。

蘇秦は「合従」解体後、燕に仕えたが、立場が微妙になり、斉に移る。その目的は斉の国力を弱め、燕の利益を図ることにあった。しかし、斉の湣王に取り立てられた蘇秦は、政敵によって殺されてしまう。その死の直前、「私の遺体は車裂きの刑に処し、『蘇秦は燕のために斉で謀反を企てた』としてください。そうすれば私を殺した者が出てくるでしょう」と述べ、湣王はそれに従うと、蘇秦を殺害した者が自首してきたため、処刑した。

以上が蘇秦の伝記の概要である。続いて、張儀の伝記を見てみよう。

張儀

『史記』張儀列伝によると、張儀は鬼谷子に学んだ後、諸国を遊説したが、なかなか受け入れられず、不遇の日々を送る。そこで張儀は、趙で出世していた蘇秦を頼ったところ、大いに侮辱され、これに発憤してついに秦に仕官する。実はこれは、蘇秦が張儀を秦に派遣することで「合従」を有利に運ぼうとした策であり、このときの仕官に必要だった資金も蘇秦がひそかに出したものであった。それを知った張儀は、「蘇秦の存命中は何もできない」と感服した。

張儀はその後、魏を討った功績で秦の宰相となる。しかし、魏が斉に近づくと、今度は魏の宰相となり、秦と魏の同盟を結ばせ、再び秦の宰相となった。慎靚王五年（前三一六）、蜀で内乱が起き、韓が攻めてきた際、張儀は秦の恵文王に対して、韓を攻めて周を恫喝し、天下に号令すべきだと説くが、恵文王は別の臣下の進言に従って蜀を占領した。赧王二年（前三一三）、張儀は楚に対して、商・於（かつて商鞅が封ぜられた地）の地六百里四方を割譲するので、斉との同盟を破棄してほしいと申し入れた。楚の懐王はこれに応じ、将軍に秦の領土を受け取りに行かせたところ、張儀は「六里」四方を割譲すると言った。将軍は「六百里」だと猛抗議するが、張儀は相手にしない。懐王は激怒して秦に出兵するも、大敗（藍田の戦い）。その後、張儀は土地の割譲で和睦しようとしたが、懐王は「土地よりも張儀の命がほしい」と言い、張儀は楚に向かった。そこで張儀は懐王の寵姫を丸め込み、張儀を釈放させるように仕向けた。その後、恵文王が死去し、張儀と不仲の太子が即位したため、張儀は魏に逃げ、魏の宰相となった一年後に没した。

以上のように、蘇秦と張儀はそれぞれ策略をめぐらせ、たくみな弁舌で君主たちの心をつかんでいった。なお、「縦横家」の語は「合従（縦）」「連衡（横）」がその由来であり、現代でも、立場や目的が異なる組織や人物が一時的な利害から協力することを「合従連衡」と言う。

②『戦国策』の編纂と展開

劉向による編纂

『戦国策』の編纂は、前漢の政治家・学者である劉向（前七七〜前六、字は子政）によって行われた。劉向は、宮中の蔵書の整理・校定にあたったことから、中国目録学の祖とされる人物でもある。当時、まだ紙は開発されていないため、書籍は主に竹簡という竹の札に書写されていた。竹簡は表面を削って修正することができ、そのようにしてテキストの校定が行われた。校定作業は、書籍ごとに目次を定め、その書の解題である「叙録」（書録とも言う）を巻頭に附し、天子に奏上するという方法で進められた。劉向の事業は、その子の劉歆（?〜二三）に引き継がれた。

劉歆は中国最初の図書目録『七略』を作り、父の「叙録」を集めた『別録』も作成した。これらは亡佚して伝わらないが、後漢の班固（三二〜九二）が編纂した『漢書』の中の「芸文志」は、『七略』を継承して図書の分類・整理を行った現存最古の図書目録である。『漢書』芸文志には、「戦国策三十三篇　記春秋後」と記されている。

また、劉向による「戦国策書録」も現存し、そこで劉向は、「校定した『戦国策』は、秘府（宮中の書庫）に蔵されている竹簡の束の残余であり、互いに入り乱れ混ざり合っていた。それとは別に国別に記述したものが八篇あったが、欠失がある不完全なテキストである。私はこの国別のものに基づいて、ほぼ年代順に整え、順序がつけられていないものをえり分けて補充し、重複する文を削った結果、三三篇の書物となった」と述べている。さらに、「秘府の書としての本来の呼び名は『国策』『国事』『短長』『事語』『長書』『修書』などであるが、戦国時代の遊説の士が、用いてもらえた国の政事に参与して、その国のために立てた策謀であるから、『戦国策』と名づけるのがふさわしいと私は考える。記されている事柄は、『春秋』に続く時期から楚漢の興起（項羽と劉邦の楚漢抗争）までの二四五年間のことである。それらをみな校定し終えて、殺青（竹簡を火であぶって青みを取ったもの）に書き、絹織物に浄書できるようにさせた」と言う。司馬遷は、『史記』の中の戦国時代の記述は「国策」を参考にしたと述べているが、現在の『戦国策』と司馬遷が参考にした「国策」とは内容が合致するものではないと考えられている。

テキストの内容と変遷

現在伝わっている『戦国策』は、東周策・西周策・秦策（一〜五）・斉策（一〜六）・楚策（一〜四）・趙策（一〜四）・魏策（一〜四）・韓策（一〜三）・燕策（一〜三）・宋衛策・中山策で構成されている。

『戦国策』の中で時代が比較的早い事件は、晋の智氏の故事、すなわち晋の三家（趙・魏・韓）分裂以前であり、戦国時代初期に当たる。時代が最も遅い事件は、燕の太子丹が秦に拘留された事件、すなわち秦の始皇帝による六国統一の直前である。ただし、劉向は「『春秋』に続く時期から楚漢の興起までの二四五年間のことである」と自ら述べており、今の『戦国策』に掲載されている事件の時期と合わない。唐の司馬貞（六七九〜七三二）は『史記』淮陰侯列伝の注釈の中で、「蒯通が淮陰侯の韓信に遊説した故事は、『戦国策』に見える」と述べ、これは司馬貞が閲覧した『戦国策』では、最も時代が遅い事件は前漢初年であったことを示しており、劉向の発言と合致する。おそらく宋代以後、『戦国策』の中に漢代の事柄があってはならないと判断され、削除・改訂がなされたと考えられる。劉向が編纂した際には春秋時代後期の事柄も入っていたようであるが、この部分も一緒に削除された可能性がある。その例として、「趙策三」には、春秋時代の衛の霊公と弥子瑕の故事が記されており、清の学者黄丕烈（一七六三〜一八二五）や日本の江戸時代の儒者横田惟孝（一七七四〜一八二九）らは、この故事は『戦国策』に収録されるべきではないとし、『戦国策』の故事はすべて戦国時代の事件であるべきだと考えている。

『戦国策』は、後漢の高誘が初めて注釈をつけたが、現存するのは八篇のみである。隋代から宋代にかけては、『戦国策』の異本が多く出現し、篇数に混乱が生じた。そこで、北宋の曾鞏（一〇一九〜八三）が再校訂を行って三三篇にまとめ、南宋には、それに依拠しながらも性格が異なる二種のテキスト、姚本（姚宏の校定本）と鮑本（鮑彪の校注本）が刊行される。鮑本は国の分類と年代順序を厳密にし、本文にも校訂を施しているため、従来は姚本が原典の体裁を保っていると見なされていた。しかし近年、新資料が発見され、鮑本も再評価されるようになった。

馬王堆帛書の発見

一九七三年、湖南省長沙市の馬王堆と呼ばれる土塚から、大量の帛書が発見された。これを「馬王堆漢墓帛書」（馬王堆帛書）と呼ぶ。帛書とは、絹の布に墨で文字が書かれたもののことである。墓主は、前漢時代の文帝の前元一二年（前一六八）に埋葬された人物で、その後の整理・解読の結果、全体は二八種に分類され、総字数は約一二万字と発表された。内容は、儒家の経典に関する文献、諸子百家に関する文献、軍事に関する文献、占いに関する文献、医学書など多岐にわたり、ほとんどが古佚書（古代に散佚し、その存在すら知られていなかった文献）であった。

その中には、『戦国縦横家書』という文献がある。この文献には、蘇秦・張儀ら縦横家の言説や書簡が集められており、内容の大半は蘇秦に関するものである。全二七章で、四章と五章の一部以外は佚文である第一類（一～一四章）、一七章のみが佚文である第二類（一五～一九章）、二五・二六・二七章が佚文である第三類（二〇～二七章）の三つに大別される。『戦国縦横家書』の中の約六割は『史記』や『戦国策』などの既存の史料には見られない佚文であり、伝世の史書との比較の結果、重要な相違点も見つかっている。

たとえば、蘇秦の活動時期について、『史記』では紀元前四世紀頃とし、蘇秦と張儀は同世代の人物で、蘇秦の死後に張儀が「連衡」を提唱したと記されている。しかし、『戦国縦横家書』によると、赧王五年（前三一〇）に張儀が死去した際、蘇秦はまだ年が若く、遊説を始めたばかりであることがうかがえる。また、蘇秦の合従策については、『史記』では六国の同盟とされるが、『戦国縦横家書』では五国の同盟とされている。実は、司馬遷は蘇秦について、「世の中には蘇秦の異聞が多く、異なる時代の事件をみな蘇秦に附会している」と述べ、当時すでに蘇秦の伝記には曖昧な部分が多かったようである。

このように、『戦国縦横家書』は、伝世史書との照合と再検討を可能にした重要な新資料なのである。

日本での受容

日本においては、寛平年間（八八九～八九八）の藤原佐世奉勅撰『日本国見在書目録』の雑史類に「戦国策　卅三巻　劉向撰　高誘注」と記されているため、平安時代初期にはすでに『戦国策』が伝来していたことが分かる。

江戸時代には広く読まれ、特に普及したのが、宋・鮑彪校注、元・呉師道重校、明・張文爟校輯『戦国策譚棷』一〇巻の復刻本であり、多くの漢学者が校注を施した。また、昌平黌には宋代に紹興（現・浙江省）で印刷された鮑本の朝鮮復刻本が蔵され、現在は内閣文庫に収められている。

江戸時代初期の儒者林羅山（一五八三～一六五七）は鮑彪校注本に訓点を施し、寛永元年（一六二四）に出版した。また、毛利貞斎（生没年未詳）は『絵入通俗戦国策』（元禄元年（一六八八）自序）を宝永元年（一七〇四）に刊行し、これが本邦初の和訳とされている。江戸時代後期の儒者で漢詩人でもある頼山陽（一七八〇～一八三二）は『戦国策』を愛読し、『戦国策』に基づいた詠史詩を残している。最も評価されている日本人の校注は、江戸時代後期の儒者横田惟孝による『戦国策正解』であり、これに未刊の安井息軒（一七九九～一八七六）の補正を挿入したものが、冨山房「漢文大系」に収められている。

３　故事成語と『戦国策』——時代を生き抜く智恵

たくみな寓言

「蛇足」（付け加える必要のないもの、無用の長物の意）や、「虎の威を借る狐」（権力者の力を頼みにして威張る小人のたとえ）など、日本人にも馴染みが深い故事成語は、『戦国策』がその出典となっている。これらは寓言（たとえ話）として出てくるのであるが、その前後には君主に対して自らの考えを述べる遊説家の姿が描かれ、巧妙な語り口で君主を説得している。たとえば、次のような話がある。

趙は燕を討とうとしていた。蘇代（蘇秦の弟とされる）は、燕のために恵王（趙の王）に言った、「先ほどこちらに来るときに、易水（川の名）を通りかかりましたところ、蚌（どぶ貝）がちょうど水から出て、ひなたぼっこをしていました。すると鷸（水鳥の名）が蚌の肉をついばみにやってきました。蚌は上下の殻を閉じて鷸のくちばしをはさみました。鷸が言いました、『今日雨が降らず、明日も雨が降らなかったら、ここに死んだ蚌ができあがるぞ』と。蚌も鷸に言いました、『今日くちばしが抜けず、明日も抜けなかったら、ここに死んだ鷸ができあがるぞ』と。両者ともに決してはなそうとしません。そこへ漁師がやってきて、双方ともに捕らえてしまいました。今、趙は燕を討とうとしておられますが、燕・趙が長い間攻め合って、人民を疲れさせれば、強国の秦が漁師になるのではないかと、私には気がかりでございます。どうか王は、このことをよくよくお考えくださいますように」と。恵王は「なるほど」と言い、そこで〔燕を討つのを〕取りやめた。（『戦国策』燕策）

これは、「漁夫（父）の利」の故事成語で有名な箇所であり、双方が争っているすきにつけこんで第三者が利益を横取りすることを意味する。また、双方が争っている間に、第三者に利益を横取りされて共倒れになるのを戒めることを「鷸蚌の争い」ともいう。この話の前後を見ると、趙が燕を討とうとしているのを知った蘇代が、この寓言を用いて趙の恵王を丸め込み、趙による燕討伐を取りやめさせていることが分かる。

また、「蛇足」は、楚の将軍の昭陽が魏を討った後、兵を転じて斉に攻め寄せた際、斉の湣王のために説客の陳軫が使者となって楚に行き、昭陽に謁見した時に話した寓言である（4名文読解参照）。そして、「戦って敗れたことがないからといって、ちょうどよいところで止まることをお忘れになると、やがてその身は死し、爵位は後任の者に帰するでしょう。それは蛇の足を描くようなものです」と言い、それを聞いた昭陽は軍を引き揚げている。

さらに、「虎の威を借る狐」は、楚の宣王が、北方の諸国が楚の宰相の昭奚恤を恐れていると聞き及んだ際、江乙が虎と狐のたとえ話を述べ、「北方の諸国が昭奚恤を恐れるのは、実は宣王の軍を恐れているのであり、百獣が虎を恐れたのと同様でございます」と言って、宣王を安心させている（4名文読解参照）。

このように『戦国策』には、智略をめぐらせ、言論・弁舌によって駆け引きをしている様子が多く記されている。

『戦国策』の魅力

席（筵）を巻くように片端から領土を攻め取ること、広い地域にわたって次々と猛威を振るうことを「席巻」と言うが、この語も『戦国策』が出典である（『戦国策』楚策）。これは、張儀が秦のために合従を破って連衡の策を実現しようとして、楚の懐王に説いた中に出てくるものであり、「険阻な常山（山の名、もと恒山）を席を巻くように片端から攻め取り、天下の脊梁を粉砕すれば、天下の諸侯で遅れて秦に降伏する者は、真っ先に滅亡することになるでしょう」と述べている。「百里を行く者は九十里を半ばとす」（『戦国策』秦策）は、物事は終わりのわずかの部分に困難が多いため、九分通りのところを半分と考え、最後まで気をゆるめてはいけないという意味である。

子の帰りを待ちわびる母の情を示す「倚門の望（倚閭の望）」（『戦国策』斉策）は、王孫賈の母が家の門に寄りかかって子の帰りを待ち望んだという故事による。優れた人物の知遇を得て世に出る機会を得ることのたとえ「伯楽の一顧を得る」（『戦国策』燕策）は、馬が一向に売れないので、馬の目利きである伯楽に頼んで、立ち去り際にその馬を一度振り返ってもらったところ、その馬の値が一〇倍になったという故事である。

このように、『戦国策』が出典となっている故事成語は、数多くある。戦国時代後期という戦国乱世を生きる遊説家たちは、常に死と隣り合わせであった。それだけに、数々のエピソードは強い説得力をもつ。『戦国策』に見える智謀や駆け引きは、現代を生きる我々にとっても示唆に富むものであると言えよう。

4 名文読解

蛇足

楚有祠者。賜其舎人巵酒。舎人相謂曰、「數人飲之不足、一人飲之有餘。請畫地爲蛇、先成者飲酒。」一人蛇先成、引酒且飲、乃左手持巵、右手畫蛇、曰、「吾能爲之足。」未成、一人之蛇成。奪其巵曰、「蛇固無足。子安能爲之足。」遂飲其酒。爲蛇足者、終亡其酒。

（『戦国策』斉策）

楚に祠る者有り。其の舎人に巵酒を賜う。舎人相謂いて曰く、「数人之を飲めば足らず、一人之を飲めば余有り。請う地に画きて蛇を為し、先ず成らん者酒を飲まん」と。一人蛇先ず成り、酒を引きて且に飲まんとし、乃ち左手に巵を持ち、右手に蛇を画きて曰く、「吾能く之が足を為さん」と。未だ成らざるに、一人の蛇成る。其の巵を奪いて曰く、「蛇は固より足無し。子安くんぞ能く之が足を為さん」と。遂に其の酒を飲む。蛇足を為す者、終に其の酒を亡う。

楚の国に祭りをした者がいた。その者は近侍（側仕え）たちに大杯に盛った酒をふるまった。すると近侍たちは互いに、「数人で飲むには足りないし、一人で飲むには余りがありすぎる。ここはひとつ、地面に蛇の絵を描いて、最初に描きあげた者が酒を飲むことにしよう」と話し合った。一人の者が先に蛇を描きあげ、酒を引き寄せて飲もうとし、左手に杯を持ち、右手で蛇を描き続けて、「おれは蛇に足を描くこともできるぞ」と言った。その足が描きあがらないうちに、ほかの一人も蛇の絵を完成させた。その者は酒を奪って、「蛇にはもともと足がない。お前はどうして蛇の足を描くことができるのか（いや、できない）」と言い、その酒を飲んでしまった。蛇に足を描いた者は、とうとう酒を飲みそこねた。

虎の威を借る狐

虎求百獸而食之。得狐。狐曰、「子無敢食我也。天帝使我長百獸。今、子食我、是逆天帝命也。子以我爲不信、吾爲子先行。子隨我後觀、百獸之見我而敢不走乎。」虎以爲然。故遂與之行。獸見之皆走。虎不知獸畏己而走也。以爲畏狐也。

（『戦国策』楚策）

虎百獣を求めて之を食う。狐を得たり。狐曰く、「子敢て我を食うこと無かれ。天帝我をして百獣に長たらしむ。今、子我を食わば、是れ天帝の命に逆うなり。子我を以て信ならずと為さば、吾子が為に先行せん。子我が後に随いて観よ、百獣の我を見て敢て走らざらんや」と。虎以て然りと為す。故に遂に之と与に行く。獣之を見て皆走る。虎獣の己を畏れて走るを知らざるなり。以為えらく狐を畏るるなり。

虎はどんな獣でも求めて食らう。あるとき、狐を捕まえた。その狐が言うには、「あなたは私を食べてはいけません。天帝は私を百獣の長にされたのです。今、あなたが私を食べれば、あなたは天帝の命に逆らうことになります。あなたが私の言うことを信じられないなら、私があなたのために先に立って歩いてみましょう。あなたは私の後ろについて見てください、獣たちが私の姿を見てどうして逃げ出さずにいられるでしょう」と。虎はそれを聞いて、なるほどと思った。そこで、狐についていくことにした。獣たちはそれを見かけると、一斉に逃げ出した。虎は、獣たちが自分を恐れて逃げ出したことに気づかず、狐を恐れているのだと思ったのである。

参考文献

【一般的・入門的文献】

①劉向編、常石茂訳『戦国策』全三巻（平凡社・東洋文庫、一九六六年）
＊『戦国策』の訳注書。原文と書き下し文はない。第一巻は西周・東周・秦・斉を収録し、巻末に解説的「あとがき」を附す。第二巻は斉（続き）・楚・趙・魏を収録。第三巻は魏（続き）・韓・燕・宋・衛・中山を収録し、巻末に解題に附す。
②沢田正熙『戦国策』上・下（明徳出版社・中国古典新書、一九八八・一九八九年）
＊『戦国策』の訳注書（抄訳）。巻頭に解題を掲げた後、『戦国策』の説話の中の一一七条（上巻六三条、下巻五四条）を原文付きで紹介している。
③林秀一・福田襄之介著、町田静隆編『戦国策　新版』（明治書院・新書漢文大系、二〇〇二年）
＊『戦国策』の訳注書（抄訳）。原文の読みどころに、書き下し文と訳を付け、その背景を解説する。一九九六年刊の新版。
④近藤光男『戦国策』（講談社学術文庫、二〇〇五年）
＊『戦国策』の訳注書（抄訳）。原文・書き下し文・現代語訳で構成されている。『戦国策』三三篇四八六章を、人物編、術策編、弁説編の三編百章に再構成して平易に解説しており、『戦国策』に見える故事・名言を学ぶことができる。
⑤遠藤嘉浩『戦わない知恵「戦国策」――戦略と説得術』（明治書院、二〇一三年）
＊『戦国策』の中からエッセンスを選び出し、テーマに分けて一〇章で構成したもの。現代語訳のみを掲載し、数々のエピソードを平易に解説している。二〇〇〇年刊『戦国策に学ぶ生き方』（明治書院）を再編したもの。

【専門的文献】
①近藤光男『戦国策』上・中・下（集英社・全釈漢文大系、一九七五・一九八〇・一九七九年）
＊『戦国策』の全訳書。原文・書き下し文・現代語訳・注釈・総索引を備える。巻頭には、詳細な解説、清・銭大昕による序文および劉向「戦国策書録」の訳注を掲載する。
②林秀一・福田襄之介・森熊男『戦国策』上・中・下（明治書院・新釈漢文大系、一九七七・一九八一・一九八八年）
＊『戦国策』の全訳書。解題・原文・書き下し文・現代語訳・余説・注釈・索引で構成されており、研究者、学生だけでなく漢文に関心のある幅広い読者に漢文の世界を紹介する。
③工藤元男編『戦国縦横家書――馬王堆帛書』（朋友書店、一九九三年）

＊馬王堆漢墓帛書『戦国縦横家書』の研究書。共同執筆されたもので、解説・釈文・書き下し文　注釈・現代語訳・戦国略年表・『戦国縦横家書』関連地図で構成されている。巻末には、人名索引・地名索引・用語索引・関係文献目録を附す。

④ 藤田勝久『史記戦国史料の研究』（東京大学出版会、一九九七年）

＊馬王堆帛書『戦国縦横家書』などの新資料と比較しながら、『史記』戦国七国史の構造と性質を考察し、『史記』の成立過程の解明に手がかりを与える。同著者による『史記』の研究書、『史記戦国列伝の研究』（汲古書院、二〇一一年）、『史記秦漢史の研究』（汲古書院、二〇一五年）などもあわせて読みたい。

⑤ 大西克也・大櫛敦弘『戦国縦横家書』（東方書店・馬王堆出土文献訳注叢書、二〇一五年）

＊馬王堆漢墓帛書『戦国縦横家書』の全訳書。原文・書き下し文・注釈・現代語訳で構成されている。巻頭に詳細な「解題」を掲げ、巻末には論著目録、人名・地名・書名・事項索引を附す。

第十二章　『列女伝』——理想の女性像

佐野大介

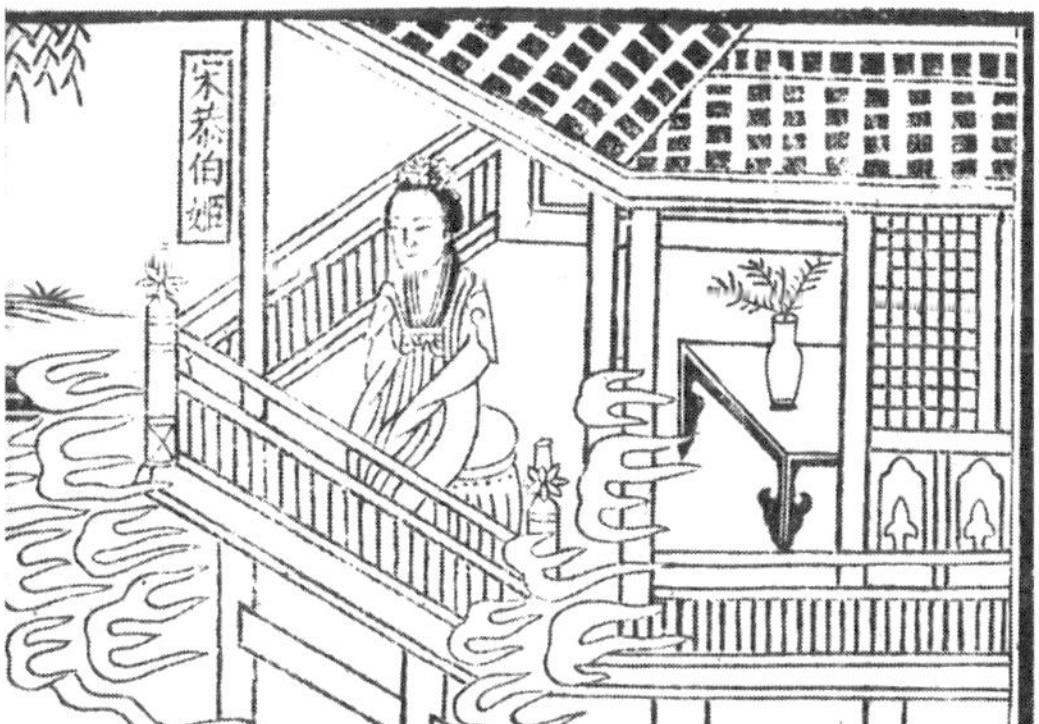

炎に巻かれる伯姫（『新刊古列女伝』）

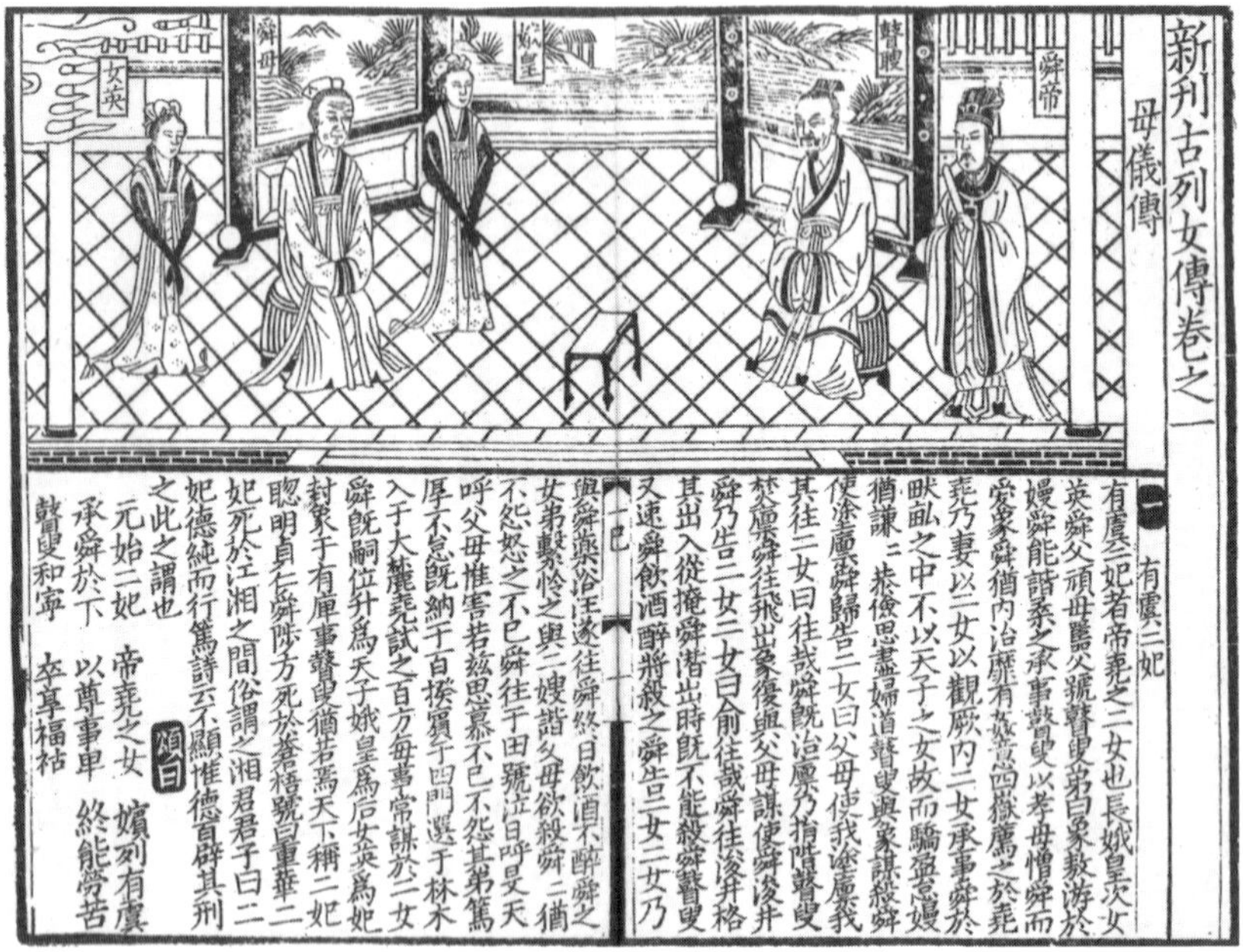

新刊古列女傳卷之一
母儀傳

有虞二妃

有虞二妃者帝堯之二女也長娥皇次女英舜父頑母嚚父號瞽叟弟曰象敖游於嫚舜能諧柔之承事瞽叟以孝母憎舜而愛象舜猶內治靡有姦意四嶽薦之於堯堯乃妻以二女以觀厥內二女承事舜於畎畝之中不以天子之女故而驕盈怠嫚猶謙謙恭儉思盡婦道瞽叟與象謀殺舜使塗廩舜歸告二女曰父母使我塗廩我其往二女曰往哉舜既治廩乃捐階瞽叟焚廩舜往飛出象復與父母謀使舜浚井舜乃告二女二女曰俞往哉舜往浚井格其出入從掩舜潛出時既不能殺舜瞽叟又速舜飲酒醉將殺之舜告二女二女乃與舜藥浴汪遂往舜終日飲酒不醉舜之女弟繫憐之與二嫂諧父母欲殺舜舜猶不怨怒之不已舜往于田號泣日呼旻天呼父母惟害若茲思慕不已不怨其弟篤厚不怠既納于百揆賓于四門選于林木入于大麓堯試之百方每事常謀於二女舜既嗣位升為天子娥皇為后女英為妃封象于有庳事瞽叟猶若焉天下稱二妃聰明貞仁舜陟方死於蒼梧號曰重華二妃死於江湘之間俗謂之湘君君子曰二妃德純而行篤詩云不顯惟德百辟其刑之此之謂也

頌曰

元始二妃　帝堯之女　嬪列有虞
承舜於下　以尊事卑　終能勞苦
瞽叟和寧　卒享福祜

『新刊古列女伝』（文選楼叢書）

『列女伝』冒頭の「有虞二妃（ゆうぐにひ）」部。上段に絵図，下段に文章を配する。「有虞二妃」は，舜（しゅん）が父や継母に疎まれ殺されそうになるのを，２人の妃がその機智で救うというストーリーであるが，上段の向かって右に舜とその父の瞽叟（こそう）が，向かって左に舜の妃である娥皇（がこう）と女英（じょえい），および継母が描かれている。

『列女伝』はその教訓書としての性質から，内容理解の助けとするために絵図が附されたものも多い。この傾向は撰書当時よりのものである。『列女伝』は，『漢書』芸文志には「列女伝頌図」と記されているが，これは，本文と頌と屏風図とをセットにしたものと考えられている。その後，絹本絵図を経て，今日のような挿図本の形式をとるようになった。

1　劉向の『列女伝』執筆

『列女伝』とは

『列女伝』は、前漢末の劉向（前七七～前六）の撰で、女性の守るべき倫理規範の教科書として、傑出した女性の逸話を集めたものである（孽嬖伝のみ反面教師）。伝記集の体裁をとるが、劉向の創作改変にかかる話も多く含まれると考えられ、一種の説話集であるとも言える。東北アジアのいわゆる儒教文化圏において、長く女性の道徳の手本とされ、広く受容されてきた。

現存通行している『列女伝』は八巻本で、前七巻が劉向自身の撰したもので、七種類の伝を一巻ずつに配当してある。最後の一巻は後世加えられた部分をまとめて再編成したもので、この後補の一巻を『続列女伝』とも呼ぶ。構成としては、多くの現行本で、序の前や目録内に小序（四言詩を模した文体を用いた名伝の内容紹介）が置かれ、その後に各巻一五話の女性の逸話が置かれる（一巻は一四話、八巻は二〇話）。各話は原則的に、伝記・説話である本文に、君子賛（多く「君子曰く」で始まる本文内容に対する君子の評価）、詩賛（多く「詩曰く」で始まる本文内容に関連する『詩経』の詩句）が附され、さらにその後に、頌（本文の要約）が置かれる。

撰者劉向

撰者の劉向は、諱は更生、字は子政。宣帝・元帝・成帝の三代の皇帝に仕えた。向という名は、成帝即位の際、自分で改めたものと言う。劉向は、前漢の高祖劉邦（前二五六～前一九五）の異母弟で楚王に封じられた劉交（楚元王）を始祖とする楚元王家の一員であり、そのため彼の伝は『漢書』楚元王伝に見える。

現存する劉向の手になる書物としては、『列女伝』のほかに『新序』『説苑』などがある。ともに神話・歴史上の人物の逸話や伝説を集めたもので、『列女伝』同様、そこから倫理的教訓が学べるようになっている。

そのほか、劉向の行った大きな仕事としては、宮廷図書館の蔵書の整理が挙げられる。成帝期、荒廃していた宮廷図書館の整備が計画された。これは、全国から書物を集めて蔵書を充実させると同時に、すべての書に関して本文を校訂、解題を附し、さらに全体の目録を作成するという大事業であった。劉向はその総責任者として、二〇年近くこの事業に取り組み、完成を見ずして没する。その後、息子の劉歆（?〜二三）が事業を引き継ぎ、『七略』と名づけた解題目録を完成させる。『七略』は後に散逸したが、『漢書』芸文志はその目録部分を採り入れたものと考えられている。

撰書の理由

前漢は、外戚（后妃の一族）に悩まされ続けた王朝であった。創成期には、高祖劉邦の皇后呂后の権力が増大し、その一族である呂氏が専横を振るった。

劉向が出仕するようになった宣帝期には、大司馬大将軍である霍光の妻顕が皇后許平君を毒殺し、自身の娘の霍成君を皇后にすえるという事件が起こった。その後、霍一族は外戚として権力を振るうも、後に宣帝弑殺を企んだことが露見し、霍皇后は廃位される。次の元帝期は、皇后王政君の一族が外戚として権力を握った。

成帝期に至ると外戚の害は一層酷くなる。成帝は、もと舞姫であった趙飛燕とその妹とを後宮に入れて寵愛していた。後宮の権力を狙う姉妹は、当時後宮の権力者であった許皇后が後宮の女たちを呪い殺そうとしていると讒言し、皇后を廃位に追い込んだ。次の皇后には趙飛燕が立てられ、後宮の権力は趙姉妹、特に妹の趙昭儀（昭儀は階級名）の手に落ちたのであった。成帝の寵愛を独占することになった趙昭儀は、成帝が他の后妃との間にもうけた二人の皇子を殺害するという事件を起こしている。このとき成帝は、趙昭儀の言いなりとなり、あろうことか自身の名で我が子殺害の命を下したと言う。

劉向が『列女伝』を撰したのはこうした時代であった。劉向は幾度も書翰を上奏して成帝を諫めたが、事態は一向に改善することはなかった。『列女伝』の正確な成書年代は未詳だが、劉向は、自身の仕える前漢王朝が女性によって紊乱され、危機を迎えているのを具に実見したことから、『列女伝』を撰して礼制の回復と婦道の確立とを謀ったものと考えられる。

なお、劉向の死後、外戚王氏の一員である王莽（前四五～二三）が皇位を簒奪、前漢王朝は亡ぶこととなる。

伝本の変遷

後漢期、班昭が『列女伝』に最初の注を付けた（曹大家注）。班昭は、『漢書』を撰した班固（三二～九二）の妹で、班固が死亡し未完成のままであった『漢書』を補訂し完成させた、古代中国随一の女性学者である。ただ、この注釈は現存しない。

劉向が撰した『列女伝』は、八巻（本文七巻・頌一巻）であったと考えられるが、唐宋代には、曹大家本を基にした一五巻本（正篇七篇を上下二巻ずつに分け頌一巻を加えたもの）や七巻本が通行していた。北宋の王回は、当時通行していた一五巻本を、七伝各一巻・頌一巻に再編し、各伝に混じっていた劉向以後に加えられたと考えられる二〇話を抜き出して別に続伝一巻とした。さらに南宋に至ると、蔡驥は、頌を分割して各話に後置し、七伝各一巻・続伝一巻に再編し、現行本『列女伝』（全八巻）の構成を確立した。

現行本『列女伝』の構成は以下のとおり。

巻一　母儀伝…子供を正しく教導した賢母の伝
巻二　賢明伝…夫を諫め道を正させた賢妻の伝
巻三　仁智伝…微かな兆しから将来の禍福を予知した女性の伝

巻四　貞順伝…命を賭して女性の節義を守った節女の伝
巻五　節義伝…人情を殺して義理に殉じた義女の伝
巻六　辯通伝…辯舌によって事態を動かした才女の伝
巻七　孼嬖伝…美貌と淫欲とで国を破滅させた毒婦の伝
巻八　続列女伝…劉向以後に加えられたと考えられる二〇話

2　理想の女性像

男性を教え導く女性

『列女伝』が求めた、女性の守るべき倫理規範は、「礼」や「婦道」と表現される。儒家は、男女による性的役割分業が、人間社会を成立させる規範・秩序の根本の一つであると考えていた。つまり、男は「外」で活動し、公的領域（社会）を構成する。女は「内」で活動し、私的領域（家）を守る。女性は社会的主体としては認められず、常に男性に従属する存在とされる。これを端的に言い表したのが、いわゆる「三従の教え」（女性は幼い頃は父兄に従い、結婚しては夫に従い、夫が死ねば子に従う）である。『列女伝』も、このような当時の価値観のもとに撰された書物であることに間違いはない。事実、この「三従」という言葉は、『列女伝』に登場する女性たちの台詞の中にも、幾度も登場している。

ただ、注目すべきは、『列女伝』が、男性に従属すべきはずの女性たちが、夫・息子たる男性を叱咤・教導する様を数多く描き出していることであろう。

陣中、糧食が不足して兵が飢えているにもかかわらず、将軍である息子が己のみ肉を食べていたことを叱咤した「楚子発母」（母儀伝）。王に宰相について問われ、「自分はこれまで王の助けとなる優秀な女性を複数後宮に推薦したが、宰相はその位に就いてから自分のライバルになるような優秀な人間を推挙したことがない」と答えた「楚荘樊姫」（賢明伝）など、女性たちは、自身で「三従」という題目を唱えつつも、実際は自己の判断・決断によって行動し、時に男性を通して国政を動かしてさえいる。

『列女伝』は、「婦道」「男女の別」といった服従・従順ばかりが強調されていた従来の女性の道徳に、教導や辯論といった主体的な行動を加え、女性に道徳実践の主体者となることを要請した書であったと言えよう。

「公義」と「私愛」

女性が男性を教導する、それが可能であるためには、その女性が、性差を超えて一貫した倫理・原則を体現していることが必要となる。それが「公義」である。「公義」とは、「公」の「義」、即ち公共の正義を指し、「私」の「愛」、即ち私的な情愛（「私愛」）と対立する。

敗戦後、将軍である夫が帰宅した際、「主君が亡んで自分だけが生き残るのは忠とはいえません。今、軍は敗れて主君がお亡くなりになったのに、どうして貴方一人生き残っているのです。……死ぬべき時に命を惜しんで生き延びる。女でもこれを恥じます」と告げて自殺し、夫に殉死を促した「蓋将之妻」、子供を二人連れて戦場から逃げる際、敵軍に追いつかれそうになると、自分の子を棄て兄の子を連れて逃げた「魯義姑姉」など、「節義伝」には、「私愛」を棄てて「公義」に殉じた女性が描かれる。夫や息子の命といった個人的な利益よりも、国家への忠や宗族の維持といった共同体の利益が重視されるのである。

『列女伝』以後、多くの正史には『列女伝』に範を取った女性の伝記が編まれ、女訓書の類いも数多作られたが、そこで推奨された女性の倫理とは、多くが服従・従順を中心とする、家庭内に限定されたものであった。

『列女伝』では、あくまで男性中心主義の枠内ではあるが、女性が直接共同体の利益について語り、行動している。ここに、『列女伝』が女訓書として最も早期のものでありながら、近代まで影響力を保ち続けた理由の一つを見て取ることができよう。

女性の礼節

『列女伝』においては、「私愛」は徹底的に抑制すべきものとして説かれる。現行本巻四は「貞順伝」と名づけられている。その名を一見すると、一途に夫を想った女性の伝かと思われるのだが、そうではない。結婚の際、夫の家が結婚の儀礼を調えずに迎えようとしたので、嫁ぐのを断固拒否した「召南申女」によく現れているように、この「貞順」とは、情緒的な夫婦の愛ではなく、「女性の守るべき礼節」「男女の別」を守ることを意味している。

夜中に火事になった際、お付きの者がいなかったので、「身分の高い女性はお付きの者と一緒でなければ外出してはならない」という礼を守って逃げずに焼け死んだ「宋恭伯姫」（本章扉頁図版）、洪水で水が迫った際、救助の使者が外出許可の割り符を忘れて来たため、礼に反して外出することはできないと言って溺死した「楚昭貞姜」などの精神は、「道義にはずれて生きるより、道義を守って死ぬほうがよい」という伯姫の言葉に明らかであろう（4名文読解参照）。

また、夫の死後、王に自分と再婚するよう強要されたため、自ら鼻を削いでその意志がないことを示した「梁寡高行」は、一度嫁入りすると再婚してはならないという「婦人の義」を守ったものとして、後世、「婦徳」を称揚する立場から大いに喧伝された。

女性に対する尚賢

「女子才無ければ便ち是れ徳」（女子にとっては才能がないことが徳である）という言葉が知られるように、長く中国では、才能・知識・学問は女性に無用のものとされてきた。男性中心社会の維持・安定には、女性はあくまで無智蒙昧であった方が男性にとっては都合がよかったためであろう。

一方で『列女伝』には、男性への教導・諫言といった役割が中心ではあるが、優れた辯舌や先見の明を誇り、主体的に行動する女性たちが描かれる。

息子は人格・実力に欠けるから将軍に任命しないようにと王に進言し、それが聞き入れられないと、王に息子が失敗しても本人以外の一族を罪に問わないことを約束させ、息子の敗戦責任から家を守った「趙将括母」（仁智伝）、息子が反乱を起こし鎮圧された際、「自分は三従の教えの通り子に従っております。我が子を臣下となさったのは王自身です。謀反を起こしたのは王の臣であって私の子ではありません」と主張した「趙仏肸母」（辯通伝）などは、その先見の明や辯舌の冴えによって我が子の犯した罪から家を守った例である。

傾国の美女

『列女伝』の七巻は「孼嬖伝」である。他の伝と異なり、反面教師とすべき悪女を描いている。

奢侈に耽り、「酒池肉林」（酒を満たした池と肉を吊した林）という四字熟語を生み出した「夏桀末喜」「殷紂妲己」は中国史上最も有名な悪女であろう。

兄と近親相姦し、そのことが夫に知れると、兄に夫を殺させた「魯桓文姜」や、夫の弟二人と通じて国を乱した「魯荘哀姜」は倫理破壊の極みである。

この孼嬖伝の主人公は、すべて王や諸侯の后妃であり、そこに現れた悪徳は、美貌や淫欲によって男性を惑わし、国を傾けたというものである。ここには、女性に対する訓戒とともに、天子や諸侯といった公人でありながら、色に溺れて「公義」を忘れた男性に対する訓戒が含まれていると言えよう。

劉向の伝（『漢書』楚元王伝）には、『列女伝』撰書の理由として、後宮の風俗が奢侈・淫猥に流れ、趙姉妹ら身分の賤しい女性たちが礼制を蹂躙するのを正そうとしたことが挙げられている。とすれば、この伝こそ『列女伝』撰書の直接の動機となったものだと言えるであろう。

3　日中における後続の女訓書

二種の女訓書

『列女伝』は、女訓書の嚆矢とも言える作品であるが、後世中国では、多くの女訓書が作られ続けた。これらには大きく分けて、『列女伝』のように規範とすべき女性のエピソードを集めた説話型、女性の守るべき徳目・規範を説いた教説型の二種類が存在する。

説話型の代表は、正史の中に立てられた「列女伝」である。『後漢書』列女伝をはじめとして、二四史のうち一二史に「列女伝」が立てられている。『列女伝』における理想の女性像は、貞節・礼制を守った烈女型と、才智・忠言によって家や国家を益した賢女型とに大別できるが、後世の説話型女訓書では、烈女型が重んじられる傾向が強い。

後世多く生み出された女訓書の中でも広く読まれたのが、後に『女四書』として合刻（複数の本を一冊にまとめて刊行すること）された『女誡』『女論語』『内訓』『女範捷録』の四種の女訓書である。

『女誡』は、『列女伝』に初めて注を附けた班昭の撰で、自分の娘が結婚する際に与えた訓戒の体裁を採る教説型の女訓書である。目次を示すと、「卑弱（人にへりくだる）」「夫婦（夫婦の役割）」「敬慎（夫を敬う）」「婦行（従順・控えめにする）」「専心（ひとすじに夫に仕える）」「曲従（姑には曲げて従う）」「和叔妹（小姑と仲良くする）」。新婦への訓戒であるためもあろうが、『列女伝』に比して家庭内の規範が多い。

次に現れたのが、唐の宋若昭の撰と伝えられる『女論語』である。こちらも教説型であるが、父母舅姑への仕え方から子女の教育、さらには、養蚕・機織り・裁縫や食事の用意の仕方など、『女誡』などと比べてもより具体的な行動細則について述べられている。

明の成祖（一三六〇～一四二〇）の皇后であった徐皇后が、姑である高皇后より学んだ礼法を記したのが『内訓』である。一部説話を含む教説型であるが、皇后の撰であるため、世継ぎをもうけることの重要性や、外戚を取り立ててはならないことを説くといった特徴がある。

同じく明朝に撰された『女範捷録』は、王節婦（節婦は尊称）の撰と伝えられ、通行本には息子とされる王相の注が附されている。多くの伝を収載する説話型であるが、そのエピソードは、エッセンスのみを記したごく短いものとなっている。後世広く流通した『女四書』とは、王相がこれら四種の女訓書を合刻したのが始まりである。

日本での受容

我が国の文献上で『列女伝』の伝来が確認できる最初は、九世紀末頃の撰と考えられる藤原佐世（八四七～八九八）の『日本国見在書目録』であり、『列女伝』や『女誡』などの名が見える。ただ広く民衆に受容されたのは、印刷技術の進歩した近世になってからで、一六五三～五四年にかけて、返り点・送り仮名を附した『劉向列女伝』（『列女伝』と続成書である『新続列女伝』を合刻したもの）が刊行された。一六五五年には歌人・俳人としても著名な北村季吟（一六二五～一七〇五）によって『列女伝』の和訳である『仮名列女伝』が刊行され、我が国における『列女伝』普及に寄与した。

また中国の女訓書が刊行されるほかにも、説話型の『本朝女鑑』『本朝列女伝』や教説型の『女式目』『女大学』など、我が国独自の女訓書も数多く誕生した。

4　名文読解

善行のむくい

曰、吾聞、見二兩頭蛇一者死。今者、出遊見レ之。其母曰、蛇今安在。對曰、吾恐二他人復見一レ之、殺而埋レ之矣。其母曰、汝不レ死矣。夫有二陰徳一者、陽報二之一（下略）。

（『列女伝』仁智伝「孫叔敖母」）

曰く、吾聞けり、両頭の蛇を見る者は死す、と。今者、出て遊びて之を見たり、と。其の母曰く、蛇今安に在りや、と。対えて曰く、吾他人の復た之を見んことを恐れ、殺して之を埋む、と。其の母曰く、汝死せず。夫れ陰徳有る者は、之に陽報あり（下略）、と。

〔幼い息子が〕言った、「私は、『両頭の蛇を見たものは死ぬ』と聞いていますが、さきほど外出した際、これを見てしまいました」と。母が、「その蛇は今どこにいるの」と訊ねると、〔息子は〕「私は他人がまたこれを見るのが心配でしたので、殺して埋めておきました」と答えた。母は言った、「お前は死にません。人の見ていないところで徳を積む人間には、はっきりとした報いがあるものです（以下略）」と。

道義は命より重し

伯姫曰、婦人之義、傅母不レ至、夜、不レ可レ下レ堂。越レ義求レ生、不レ如二守レ義而死一。遂逮二於火一而死。

（『列女伝』貞順伝「宋恭伯姫」）

伯姫曰く、婦人の義、傅母至らざれば、夜、堂を下りるべからず。義を越えて生を求むるは、義を守りて死するに如かず、と。遂に火に逮びて死す。

〔夜、火事が起こった際〕伯姫は、「婦人の道義として、傅母がこなければ、夜は建物を出るわけにはゆきません。道義をはずれて生きようとするより、道義を守って死んだ方がましです」と言い、ついに火に巻かれて死亡した。

参考文献

【一般的・入門的文献】

①　荒城孝臣『列女伝』（明徳出版社・中国古典新書、一九六九年）

＊『列女伝』全文の訳注書。巻一より巻七までの訓読・原文・注釈より成る。現代語訳を載せないこともあり、全巻の訳注書ながらハンディな一冊に収まっている。

②　山崎純一『列女伝――歴史を変えた女たち』（五月書房、一九九一年）

＊『列女伝』の抄訳書。巻一より巻七まで、各巻四・五話の伝の現代語訳を収載する。序章「『列女伝』の誕生」において『列女伝』そのものについて、余章「『列女伝』その後」において後世への影響と続成書とについて解説している。

③　中島みどり『列女伝』1・2・3（平凡社・東洋文庫、二〇〇一年）

＊『列女伝』全文の訳注書。全三冊。巻一より巻七までの現代語訳・注釈より成る。班昭の『女誡』七章を附す。「はじめに」および「解説」が、『列女伝』を概観する参考になる。

④　牧角悦子『列女伝――伝説になった女たち』（明治書院、二〇〇一年）

＊『列女伝』の抄訳書。巻一より巻七まで、各巻四～七話の伝の現代語訳を収載する。

【専門的文献】

①　山崎純一『教育からみた中国女性史資料の研究――『女史書』と『新婦譜』三部書』（明治書院、一九八六年）

＊続成の女訓書の訳注書。『女誡』『女論語』『内訓』『女範捷録』『女孝経』『新婦譜』『新婦譜補』を収載する。原文・現

代語訳・訓読・校異・語釈より成る。校異・語釈が精密かつ詳細で、これら女訓書を読む際には必備の書と言える。

② 下見隆雄『劉向『列女伝』の研究』（東海大学出版会、一九八九年）
＊『列女伝』に関する研究書。序論篇と研究篇との二篇構成で、序論篇が研究論文、研究篇が『列女伝』の訳注となっている。序論篇は「『列女伝』の成立と伝来」「『列女伝』の特質」「『列女伝』と三家詩の関係について」の三章の論考より成り、研究篇は、巻一より巻七までの原文・訓読・注釈より成る。

③ 山崎純一『列女伝』上・中・下（明治書院・新編漢文選、一九九六～一九九七年）
＊『列女伝』全文の訳注書。全三冊。巻一より巻七までの原文・訓読・通釈（現代語訳）・校異・語釈・脚韻・余説より成る。校異・語釈や余説が詳細な上、序章として附された解題も充実している。

▼コラム　我が子より大切なもの

『列女伝』では、「公義」のために「私愛」を抑えることがしばしば説かれる。このことが最も尖鋭に現れたのが節義伝であり、そのため節義伝においては、「我が子を犠牲にして○○を救う」というモチーフが多く見られる。

この「○○」にもパターンがあり、先に紹介した「魯義姑姉」や、火事の際、兄の子を助けようとして誤って自分の子を助けてしまったため、火に飛び込んで自殺した「梁節姑姉」などは、兄弟の子を救う（救おうとする）パターンである。

また、殺人事件の容疑者として二人の兄弟が捕えられたが、二人とも自分が犯人だと言って引かない。母親に判断させようとすると、弟を処罰してくれと答える。理由を問うと、「兄は先妻の子で、先妻が亡くなる際に立派に育てあげると約束した。弟は後妻である自分の子であるから、こちらを殺してほしい」と答えた「斉義継母」などは、継子を救うパターン。

御家騒動で公子が殺されそうになった際、自分の子に公子の服を着せて身代わりとし、自身は公子を連れて脱出した「魯孝義保」は、主君の子を救うパターンである。

これらは、倫理道徳を教えることを目的とした説話であるが、こうしたモチーフは、後世、道徳説話の枠をこえ、様々な芸能に生かされるようになった。

特に我が国では、我が子を犠牲に主君の子を救うといったモチーフが好まれ、独自のストーリーが多数考えだされて多くの芸能で人気を博した。

主君の馬鹿息子を斬れと主君自身に命じられた家臣が、若君の身代わりに我が子の首を主君に差し出す「満仲」は、幸若・古浄瑠璃・能といったいくつもの芸能の題材となっているし、こうしたモチーフが見える作品は、「小篠」（古浄瑠璃）、「百合若大臣」（幸若・浄瑠璃・歌舞伎）、「義経千本桜」（浄瑠璃・歌舞伎）、「伽羅先代萩」（浄瑠璃・歌舞伎）、「一谷嫩軍記」（浄瑠璃・歌舞伎）など枚挙に遑が無い。

中でもよく知られるのが、「菅原伝授手習鑑」（浄瑠璃・歌舞伎）四段目の「寺子屋」であろう。要旨は、「菅丞相（菅原道真がモデル）が政争に敗れ流罪となり、その子菅秀才は寺子屋で匿われている。政敵が菅秀才を討つため探しに来た際、菅丞相に恩を受けた松王丸が、我が子小太郎を寺子屋へ送り、菅秀才の身代わりとしてその首を討たせる」というもの。

『列女伝』を彩る「義理と人情」の相克背反といったテーマは、我が国の芸能の発展にも大きな役割を果たしたと言えるであろう。

第十三章 『十八史略』――中国史のダイジェスト

草野友子

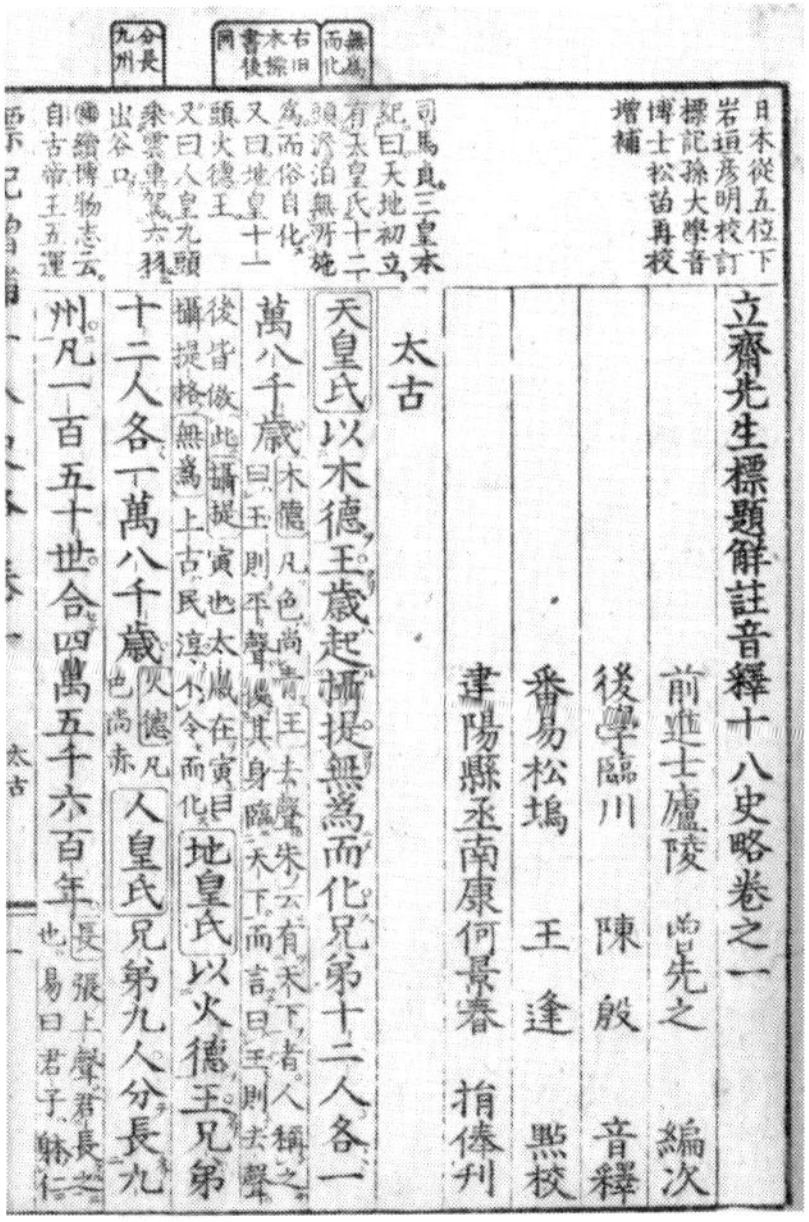
日本從五位下岩垣彥明校訂
標記孫大學音博士松苗再校
增補

立齋先生標題解註音釋十八史略卷之一

前進士廬陵　曾先之　編次

後學臨川　陳　殷　音釋

番易松塢　王　逢　點校

建陽縣丞南康何景春　捐俸刊

太古

天皇氏以木德王。歲起攝提。無爲而化。兄弟十二人。各一萬八千歲。地皇氏以火德王。兄弟十二人。各一萬八千歲。人皇氏兄弟九人。分長九州。凡一百五十世。合四萬五千六百年。

和刻本『標記増補十八史略』

秦昭王求見孟嘗君

孫臏猶英布被黥稱黥布也嘗與端通

者一作宅

立靖郭君田嬰者宣王之庶弟也封於薛有子曰文食客數千人名聲聞於諸侯號為孟嘗君秦昭王聞其賢乃先納質於齊以求見至則止囚欲殺之孟嘗君使人抵昭王幸姬求解姬曰願得君狐白裘蓋孟嘗君嘗以獻昭王無他裘矣客有能為狗盜者入秦藏中取裘以獻姬姬為言得釋即馳去變姓名夜半至函谷關關法鷄鳴方出客恐秦王後悔追之客有能為鷄鳴者鷄盡鳴遂發傳出食頃追者果至而不及孟嘗君歸怨秦與韓魏伐之入函谷關秦割城以和孟嘗君相齊或毀之於王乃出奔

薛郡屬山東今東平府 聞於 之聞去聲 質 音致交質 抵 音底至也 幸姬 師古曰姬者周之姓貴於諸國之女故婦人美号皆称姬後因總謂衆妾為姬 狐白 狐腋下白者為貴 藏 音状物所畜曰藏為去聲 函谷關 在弘農郡靈寶縣界函音咸 傳 音博去聲

和刻本『標記増補十八史略』

京都の五車楼から出版された『十八史略』の和刻本。この画像は，「鶏鳴狗盗」の故事の部分である。前ページは第1巻「太古」の冒頭部分であり，撰者の曾先之（そうせんし），音釈をつけた陳殷（ちんいん），点校を施した王逢（おうほう）の名が見える。この書は，江戸時代の京都の儒者岩垣彦明（いわがきひこあき）（号は龍渓（りゅうけい），1741〜1808）が返り点・送り仮名と注釈を加え，儒者で大学音博士の岩垣松苗（いわがきまつなえ）（号は東園（とうえん），1774〜1850）が再校・増補したものである。頭注には，松苗は「孫」と書かれているが，もともと京都の儒者西尾杏庵（にしおきょうあん）の子で，のちに彦明の養子となった。彦明は京都に私塾「遵古堂（じゅんこどう）」を創立し，松苗もそこで教えた。五車楼は藤井孫兵衛（ふじいまごべえ）が創業した出版社で，松苗の家で学僕をしていたことから，のちに同家の書を譲り受け，出版を始めたとされる。明治維新期には，五車楼版の『十八史略』や『国史略（こくしりゃく）』（松苗による日本史の概述書）が人気を博した。

1 中国の正史と『十八史略』

正史とは

『十八史略』とは、宋末・元初の学者、曾先之（生没年未詳）によってまとめられた歴史読本である。『史記』以下の正史一七史に宋代の史料を加えて一八史とし、重要な記事を取捨選択して中国史全体を概述したものとなっている。「十八史」の内訳は、次のとおりである。

①司馬遷『史記』　②班固『漢書』　③范曄『後漢書』（司馬彪『続漢書』志を含む）
④陳寿『三国志』　⑤房玄齢『晋書』
⑥沈約『宋書』　⑦蕭子顕『南斉書』　⑧姚思廉『梁書』
⑨姚思廉『陳書』　⑩魏収『魏書』　⑪李百薬『北斉書』
⑫令狐徳棻『周書』（別名『北周書』『後周書』）　⑬魏徴・長孫無忌『隋書』
⑭李延寿『南史』　⑮李延寿『北史』　⑯欧陽脩・宋祁『新唐書』　⑰欧陽脩『新五代史』
⑱李燾『続資治通鑑長編』および劉時挙『続宋中興編年資治通鑑』（二書を一つと数え、『宋鑑』とも呼ばれる）。

正史とは、国家が認めた正統な歴史書という意味であり、①から⑰の歴史書に、劉昫『旧唐書』、薛居正『旧五代史』、脱脱（托克托）『宋史』『遼史』『金史』、宋濂『元史』、張廷玉『明史』が加わって、「二十四史」と呼ばれる。

『十八史略』と『資治通鑑』

正史は、すべて紀伝体という歴史記述の形式で書かれている。紀伝体とは、項目ごとに分類して歴史を記述するもので、司馬遷『史記』に始まり、中国の正史編纂の正統な形式とされている。一方、年代の順を追って記述するものを編年体と言い、『春秋』はこの形式で書かれている（本書第三章参照）。

代表的な編年体の通史としては、『資治通鑑』が挙げられる。北宋の司馬光（一〇一九〜八六）が英宗（在位一〇六三〜六七）の勅命を受け、治平二年（一〇六五）に編集を開始したもので、元豊七年（一〇八四）に全二九四巻が完成し、神宗（在位一〇六七〜八五）に献ぜられた。もとは『通志』といったが、神宗から、政治に資する鑑（手本）になる書という意味で、この名を下賜された。この書には、韓・魏・趙が諸侯として封建された前四〇三年（中国ではこの年を戦国時代の始まりとする）から、北宋建国の前年の九五九年に至るまでの一三六二年間が記録されている。豊富な資料をもとに厳密な批判と考証が行われているために高い評価が与えられ、『貞観政要』（本書第十四章参照）などと並んで代表的な帝王学の書とされている。

『十八史略』の宋代の部分については、『宋史』がまだ刊行されていなかったため、『続資治通鑑長編』および『続宋中興編年資治通鑑』がベースとなっている。『続資治通鑑長編』は、南宋の李燾（一一一五〜八四）が著した北宋一代の歴史書である。司馬光『資治通鑑』に続く目的で、北宋の太祖から欽宗に至る九代一六七年について詳細に記述した編年体の史書である。もともと本文六〇四冊九八〇巻、目録・挙要八三巻の計一〇六三巻あったとされるが、現存は五二〇巻であり、宋の神宗・哲宗のかなりの部分と、徽宗・欽宗のすべてが欠落している。『続宋中興編年資治通鑑』は全一五巻で、南宋の劉時挙（生没年未詳）によって編纂された。南宋の高宗建炎元年（一一二七）から寧宗嘉定一七年（一二二四）までの高宗・孝宗・光宗・寧宗の四朝の歴史を記録する編年体の史書である。これらは宋代の歴史研究の基本典籍として位置づけられている。

2 『十八史略』の内容とその特徴

曾先之の伝記

『十八史略』の撰者である曾先之については、『江西通志』では字は孟参、吉水（現・江西省吉安県）の人であるとする。一方、『四庫全書総目提要』（後述）では、字は従野、廬陵の人であるとし、多くのテキストも「廬陵　曾先之」の撰であるとする。曾先之に関する比較的詳しい伝記が記されているのは、清の乾隆四一年（一七七六）に編纂された江西省吉安府（現・吉安市）の地方史『吉安府志』の中の「人物志」であり、そこには次のように記されている。

曾先之は、字は孟参、吉水の人。若い頃に王介という人物に師事し、科挙の試験に合格して進士となり、恵州石橋塩場（現・広東省恵州市）の監督官となった。そして、潭州醴陵（現・湖南省長沙市）の県尉（警察長官）となった後、湖南提刑僉庁（法律の役所）に転任し、臨時に検法官（法律官の一つ）の職についた。そこでは重大犯罪の再審にあたり、公平で寛恕な処理をした。その後、提挙茶塩司（国の専売品であった茶と塩の管理官）を担当し、これらの任じられた職務では不公平な審理をすることはなかった。南宋滅亡（一二七九年）後は故郷に隠居し、『十八史略』を著した。そして、九二歳で死去し、故郷の賢人として祀られた。

ただし、清代の『吉安府志』第二四巻の「宋進士表」には、咸淳元年（一二六五）の進士の名簿にその名が登録されている一方、明の万歴年間（一五七三～一六二〇）の『吉安府志』の「宋進士表」には曾先之の名が見えない。清の乾隆帝（在位一七三五～九五）の命によって編集された一大叢書『四庫全書』には『十八史略』は収められていないが、書名とその概要を記す『四庫全書総目提要』にその名が見える。そこでは、曾先之について、「郷から推挙されて進士と称しているが、科挙の試験には合格しなかったのではないか」と述べており、この頃にはすでに曾先之に関する詳細はあまり知られていなかったと見られる。また、『十八史略』については、「史書の文を抜き書きしたもので、きわめて簡略である。特に巻頭に歌括（後述）を置いたのは愚劣きわまりない。田舎の塾のテキストといったところであり、同時期の胡一桂『古今通略』に比べれば、遠くおよばない」との低い評価が下されている。

テキストの変遷

『十八史略』には、太古の伝説の時代から南宋までの一八史の概略が編年体でつづられている。現存する最も古いテキストの刊行時期は、元の仁宗皇帝の延祐年間（一三一四～一三二〇）に出版された『古今歴代十八史略』二巻であり、曾先之の晩年に出版されたものであると見られる。続く至治年間（一三二一～一三二三）以降もテキストに校正が施されたり、字意や釈文がつけられたりして、刊行が続いていたようである。明代に至ると、明の陳殷が音釈をつけ、劉剡が改訂した七巻本が通行本となる。七巻本には、字音や釈文の詳細な注釈だけでなく、司馬光や欧陽脩などの学者から無名の史家まで多くの「歴史批評」がテキストの行間に加えられている。

二巻本と七巻本には、いくつかの違いがある。第一に、三国時代の記述についてである。二巻本は、時代の前後関係を初学者が理解しやすいようにという曾先之の意図により、三国の中で政権の受け継ぎが前後継続している一国、すなわち魏を中心とし、蜀・呉を附記するという体裁を採っている。一方、七巻本は、劉剡が曾先之のテキストに手を加えており、そのことについて、「南宋の朱子（名は熹、一一三〇～一二〇〇）が司馬光『資治通鑑』を訂正して『資治通鑑綱目』を編纂した例にしたがって、『十八史略』を訂正し、後漢の劉氏をつぐ蜀を正統王朝と見なした」と自ら述べている。朱熹は大義名分や伝統儒教を踏まえて『資治通鑑』を組み換えており、それにのっとって、『十八史略』も編纂し直したというのである。ここには儒教における「正統」についての考え方も反映されている。

第二に、南宋王朝滅亡の記事についてである。二巻本では、南宋王朝を滅ぼした元を「大朝」と称しているが、七巻本ではすべて「元」に改められている。元を国号とした「世祖皇帝」（フビライ＝ハン、在位一二六〇～九四）も七巻本では「蒙古部」となっている。さらに七巻本は、南宋王朝が滅亡に至る詳細な史実を大幅に増やし、南宋王室保持のために戦って命を落とした忠義の臣下たちの記述が格段に多くなっている。

第三に、「歌括」についてである。二巻本の巻首には、歴代王朝の名、天子の名、その在位の干支、歴代国都などを、記憶しやすいように歌にした「歴代国号歌」「歴代世年歌」「歴代甲子紀年」「歴代国都」と名づけられた「歌括」と称する項目が付されていたが、七巻本ではそれが取り除かれている。

『十八史略』の内容

二巻本と七巻本には前述のような違いがあるものの、主たる内容はほとんど変わらない。通行本である七巻本は、第一巻に太古・三皇・五帝・夏・殷・周・春秋戦国、第二巻に秦・前漢、第三巻に後漢・三国・西晋、第四巻に東晋・南北朝・隋、第五巻に唐、第六巻に五代・宋（上）、第七巻に宋（下）・南宋の事績が記されている。

司馬遷『史記』の始まりは、もともと五帝本紀からであった。司馬遷は三皇五帝の伝説について、「その文は洗練されていない（其文不雅馴）」、「これをいうことは難しい（難言之）」と述べており、「その言がとりわけ洗練されているもの（其言尤雅者）」を選択して五帝本紀を執筆したとされる。しかし、その後、唐の司馬貞（六七九～七三二）による注釈書『史記索隠』によって、『史記』に三皇の部分が加えられた。

『十八史略』は、まず「太古」から始まり、天皇氏、地皇氏、人皇氏という天地開闢の時代について述べられている。続く「三皇」では、伏羲・神農・黄帝という伝説の帝王の事績を述べ、神話の色彩が非常に強いものとなっている。

なお、一九九四年に上海博物館が入手した戦国時代の竹簡資料「上海博物館蔵戦国楚竹書」（上博楚簡）の中には『容成氏』、二〇〇八年に北京の清華大学が入手した戦国時代の竹簡資料「清華大学蔵戦国竹簡」（清華簡）の中には『良臣』という文献が含まれていた。これらの新資料には、太古の帝王について記載されており、戦国時代にはすでに三皇に関する明確な記述があったと見られる。

儒教精神と『十八史略』

『十八史略』の特徴については、第一巻の「春秋戦国」の部分を例に挙げてみたい。ここでは、呉・蔡・曹・宋・魯・衛・鄭・晋・陳・斉・趙・魏・韓・楚・燕・秦の各諸侯国について書かれており、『史記』の中の「世家」（各諸侯国の国別史）や「列伝」（各人物の伝記）の記述を基に取捨選択されている。もともと『史記』は一三〇巻で、世家は三〇巻、列伝は七〇巻あり、それを簡略化して一巻に収めるならば、そこに撰者の何らかの意図が込められているはずである。

そこで注目されるのは、孔子に関する記載である。呉・蔡・曹・宋・晋・陳・斉・趙・魏・韓・楚・燕・秦は、内容に長短はあるものの、各国の事績や主要人物の故事などが簡潔に記載されているが、魯・衛・鄭は、孔子と子思についての紹介がほとんどである。

とりわけ魯の記述は詳細であり、孔子について二度にわたって記載している。まず、孔子の魯における事績、たとえば中都の宰（邑の長官）や大司寇（司法大臣）を歴任したことや、夾谷の会（魯と斉の会合）について記す。続けて、『史記』に見える孔子の生涯の概略、すなわち幼少時から成人後の事柄や、列国周遊、孔子による『尚書』『詩経』の編集、『易経』の整理、『春秋』の筆削、および孔子の教育事業について述べられている。孔子の記述の末尾では、子の孔鯉、孫の子思（本名、孔伋）を紹介し、子思が著したとされる『中庸』についても言及されている。これに引き続いて、孟子や老子について書かれている。孟子の部分には、孟子が子思の門人であると記されている（実際には、子思の門人に学んだとされる）。老子の部分は主に、孔子が老子に面会したという伝説について書かれ、末尾では列禦寇（列子）と荘周（荘子）について述べられている。また、衛の部分では孔子の弟子の子路や孫の子思の事績が記され、鄭の部分では孔子が鄭の宰相の子産と親しくしていたと書かれている。

このように、春秋戦国時代の諸子については、孟子・老子・荘子ら自身のことは簡単に紹介されているだけで、彼らと孔子・子思との関係に焦点が当てられている。このほかの諸子、たとえば縦横家の蘇秦・張儀や兵家の孫臏らも登場するものの、その事績は簡潔に記されている。また、稷下の学（斉による学者招聘）について言及されている部分では、性善説を主張した孟子について触れている一方、その祭酒（学長）をつとめ性悪説を主張した荀子についてはまったく触れられていない。

おそらく撰者の曾先之は、諸子百家の中で儒家を重視し、中でも特に孔子と子思を尊崇していたと考えられる。『十八史略』には至るところに儒教の精神を反映した記述が見られることからも、曾先之がいかに儒教を重んじていたかをうかがい知ることができる。

3 日本での受容

日本への伝来

前述のとおり、『十八史略』は、宋代までの歴史を抜き書きした初学者向けの書物であるため、史料的価値は低いと見なされている。一方で、中国の歴史の概略が簡単に分かるため、日本では中国史の入門書として広く読まれた。いつ頃日本に伝来したのかは定かではないが、栃木県の足利学校に収蔵されている『十八史略』二巻本には、「大永丙戌小春日、藤原憲房寄付」という記載がある。「大永丙戌」は後柏原天皇の大永六年（一五二六）、将軍足利義晴の時代で、中国では明の世宗の嘉靖五年にあたるため、室町時代にはすでに伝来していたと考えられている。

江戸時代には、藩校や漢学塾などで『十八史略』が教科書として用いられるようになり、急速に普及した。最も読まれたのは明治時代であり、小学校・中学校での漢文教育や中国史の教科書として広く使われるようになった。また、『明治天皇紀』には、『詩経』『孟子』『春秋左氏伝』『貞観政要』などと並んで、『十八史略』の進講（身分が高い人に講義すること）があったと記録され、明治神宮の資料館にも『十八史略』のテキストが収蔵されている。

現代における意義

現在、日本の学校教育において、国語・漢文で『十八史略』は読まれ続けている。春秋時代、呉王夫差が父のかたきの越王句践を討とうとして、いつも薪の上に寝て身を苦しめ、その後夫差に敗れた句践が、いつか会稽の恥をそそごうと苦い胆をなめて報復の志を忘れないようにしたという「臥薪嘗胆」、親密な交友を示す「管鮑の交わり」（春秋時代、管仲と鮑叔牙の生涯変わらない友情）、「刎頸の交わり」（戦国時代、趙の藺相如と廉頗の、ともに首を切られても後悔しないほどの堅い友情）、「水魚の交わり」（三国時代、蜀の劉備と諸葛孔明との間柄）など、多くの故事・説話を『十八史略』から学ぶのである。

中国において評価が低い『十八史略』が日本の漢文教材となっているのは、その記述の簡潔さが関係している。たとえば「鶏鳴狗盗」の故事（4名文読解参照）は、もともと『史記』孟嘗君伝に見えるが、そこでは四四五〇字余りに及ぶ長大な文章になっている。一方、『十八史略』ではそれが二四〇字余りにまとめられており、分かりやすい。また、登場人物が多く、人間関係が複雑に絡み合っている場合、初学者にはなかなか理解しづらいが、『十八史略』ではそれが簡潔に記されている。時代の順序も適宜組み換えて説明されていることがあり、たとえば三国時代の部分では、優れた人物は死後にも生前の威力が保たれ、生きている者を恐れさせることのたとえ「死せる諸葛（孔明）、生ける仲達を走らす」のエピソードが語られた後に、諸葛孔明が「泣いて馬謖を斬る」（情として処分するのに惜しい人物でも、違反があったときには全体の統制を保つために処分する）ように政治に対して公平な人物であったと、生前の事績が語られている。

漢文は、漢字という共通点はあるものの、日本人にとって外国の文章であることには違いない。そのため、膨大な分量の正史を読もうと思えば、読者に大きな負担がかかる。しかし、先に『十八史略』で基本的知識を身につけておけば、その世界にスムーズに入れるであろう。ただし、『十八史略』はあくまで歴史書の抜き書きである。中国史の知識をさらに深めたい場合には、ここで留まらずに、実際の歴史書の記述を確認する作業が必要となる。また、故事成語の出典についても、そのおおもとなっている書物、すなわち『史記』や『三国志』などが存在することも、念頭に置いておく必要がある。

現在では、『十八史略』を題材にした小説やビジネス書も書店に多数並んでいる。日本において『十八史略』は、中国古典の基本書としての地位を獲得していると言ってもよい。『十八史略』はまさしく「入門」の書であり、中国の歴史に深く入ってゆく契機を与えてくれるのである。

4 名文読解

鶏鳴狗盗

客有下能爲二鶏鳴一者上。鶏盡鳴。遂發レ傳。出食頃、追者果至、而不レ及。

（『十八史略』春秋戦国・斉）

客に能く鶏鳴を為す者有り。鶏尽く鳴く。遂に伝を発す。出でて食頃にして、追う者果して至るも、及ばず。

（孟嘗君の）食客の中に鶏の鳴きマネの上手な者がいた。（彼が鶏の鳴きマネをすると）周囲の鶏はみな鳴き出した。ついに（関所の役人は朝に鶏が鳴くと発行される）通行許可証を出した。孟嘗君一行が関所を出て食事をする程の短い時間で追手がやってきたが、彼らに追いつくことはなかった。

＊戦国時代、斉《せい》の公族で賢人として知られた孟嘗君《もうしょうくん》が、秦《しん》の昭王《しょうおう》に捕らえられた際、昭王の寵愛《ちょうあい》する姫にとりなしを頼んだところ、謝礼として狐白裘《こはくきゅう》（狐の白毛を使って作られた皮衣）を要求された。しかし、先に昭王に献上していて他に持ち合わせがなかった。そこで孟嘗君は、狗《いぬ》のようにすばしっこく盗みのうまい食客にこれを盗ませ、姫に献上した。姫のとりなしによって解放された孟嘗君は、すぐに馬で逃げ出し、夜半に函谷関に到着した。この箇所は、それに続く文章である。

＊「鶏鳴狗盗《けいめいくとう》」とは、くだらない技能でも何かの役に立つということ。また、つまらないことしかできない人のことを指す。この話はもともと『史記』孟嘗君伝に見える。

隗より始めよ

今王必ズ欲セバレ致サントレ士ヲ、先ヅ従リレ隗始メヨ。況ンヤ賢ナル二於隗ヨリ一者、豈ニ遠シトセン二千里ヲ一哉。

（『十八史略』春秋戦国・燕）

今王　必ず士《し》を致《いた》さんと欲せば、先《ま》ず隗従《かいよ》り始めよ。況《いわ》んや隗より賢なる者、豈《あ》に千里を遠しとせんや。

今、王がどうしても優れた人物を手に入れたいなら、まず隗《かい》を優遇することから始めてください。この隗より賢い者がどうして千里の道を遠いと思うでしょうか（いや、遠いとは思わずに遠方からこの国にやってくるはずです）。

＊この箇所は、燕《えん》の昭王《しょうおう》と郭隗《かくかい》との賢者採用についての問答に出てくる。郭隗は、ある小間使いが君主の命令で名馬を探しに行き、死馬の首を五百金で買って帰ったところ、一年もたたずに名馬が三頭も現れたという逸話を話し、王が優れた人物を招聘したいなら、まず隗から始めてください、と説得している。この話はもともと『戦国策』燕策に見える。

＊「隗より始めよ」は、大きな事業や計画を始めるときには、まず身近なところから始めるのがよい、という意味。また、優秀な人材を集めるためにつまらない人でも優遇することや、熱心に人材を集めることを「死馬《しば》の骨を買う」と言う。

参考文献

【一般的・入門的文献】

① 市川任三『十八史略』（明徳出版社・中国古典新書、一九六八年）
＊『十八史略』の訳注書（抄訳）。『十八史略』の中から九〇話を選び出し、原文・訓読・現代語訳付きで紹介する。冒頭に非常に詳細な「解説」が掲載されている。

② 林秀一訳、堀江忠道編『十八史略（新版）』（明治書院・新書漢文大系、二〇〇二年）
＊『十八史略』の訳注書（抄訳）。『十八史略』の中から読みどころをピックアップし、書き下し文と現代語訳、説明を付している。一九九六刊の新版。

③ 辛島驍・多久弘一『十八史略詳解（新装版）』上・下（明治書院、二〇〇四年）
＊『十八史略』の訳注書（抄訳）。重要な部分を抜き出して、歴史の流れを「説話」しながら、原文・訓読・語釈・通釈を載せる。上巻は太古より前漢まで、下巻は東漢より南宋までを収録。『十八史略詳解』（二冊本）、『新十八略詳解』（一冊本）を経て、新装版として出版された。

④ 竹内弘行『十八史略』（角川ソフィア文庫、二〇一二年）
＊『十八史略』の訳注書（抄訳）。訳注の範囲は伝説の聖人の時代から春秋戦国を経て中国統一へと向かう時代に絞られており、初めて『十八史略』を読む人のための入門書となっている。

⑤ 渡邉義浩『十八史略で読む『史記』――始皇帝・項羽と劉邦』（朝倉書店・漢文ライブラリー、二〇一六年）
＊『十八史略』の『史記』の部分から、始皇帝の中国統一や項羽と劉邦の対決などの挿話三〇編を選び出したもの。書き下し文・現代語訳・解説等を収録する。同著者による『十八史略で読む『三国志』』（朝倉書店、二〇一二年）もある。

【専門的文献】

① 林秀一『十八史略』上・下（明治書院・新釈漢文大系、一九六七・一九六九年）
＊『十八史略』の全訳書。解題・原文・訓読・現代語訳・余説・注釈・索引で構成されており、研究者、学生だけでなく漢文に関心のある幅広い読者に漢文の世界を紹介する。

②　駒田信二・常石茂『新十八史略』全六巻（河出書房新社、一九九七年）
＊『十八史略』の全訳書。王道・覇道の巻（神話・伝説の時代～春秋時代後期）、戦国群雄の巻（戦国時代～項羽・劉邦）、人生朝露の巻（三国時代）、秋風五丈原の巻（魏晋南北朝～隋）、長恨歌の巻（隋～唐）、草原の英雄の巻（宋～元）の六巻で構成。一九八一年刊行の『新十八史略』（全三巻）の文庫化。

③　竹内弘行『十八史略』（講談社学術文庫、二〇〇八年）
＊『十八史略』の訳注書（抄訳）。『十八史略』の中で、伝説の聖人の時代から、春秋戦国を経て、中国統一へ向かう時代までに焦点を当てて紹介する。「総説」には、撰者の曾先之や『十八史略』という書物について詳細に解説されている。

④　竹内弘行『十八史略』上・中（タチバナ教養文庫、一九九九・二〇一〇年）
＊『十八史略』の全訳書。同著者の抄訳である右記③を補うものにもなっており、あわせて読むとさらに理解が深まる。下巻の刊行が待たれる（二〇一七年現在未刊行）。

⑤　今西凱夫訳、三上英司編『十八史略』（ちくま学芸文庫、二〇一四年）
＊『十八史略』の訳注書（抄訳）。『十八史略』から、有名な故事成語、項羽や韓信、劉備といった重要な人物に関する項目をセレクトしている。一九八三・一九八五年刊「中国の古典　一五・一六」を改題、再編集したものである。

第Ⅳ部　古典籍の展開

第十四章　『貞観政要』

――唐太宗の帝王学

湯浅邦弘

唐太宗（『歴代古人像賛』）

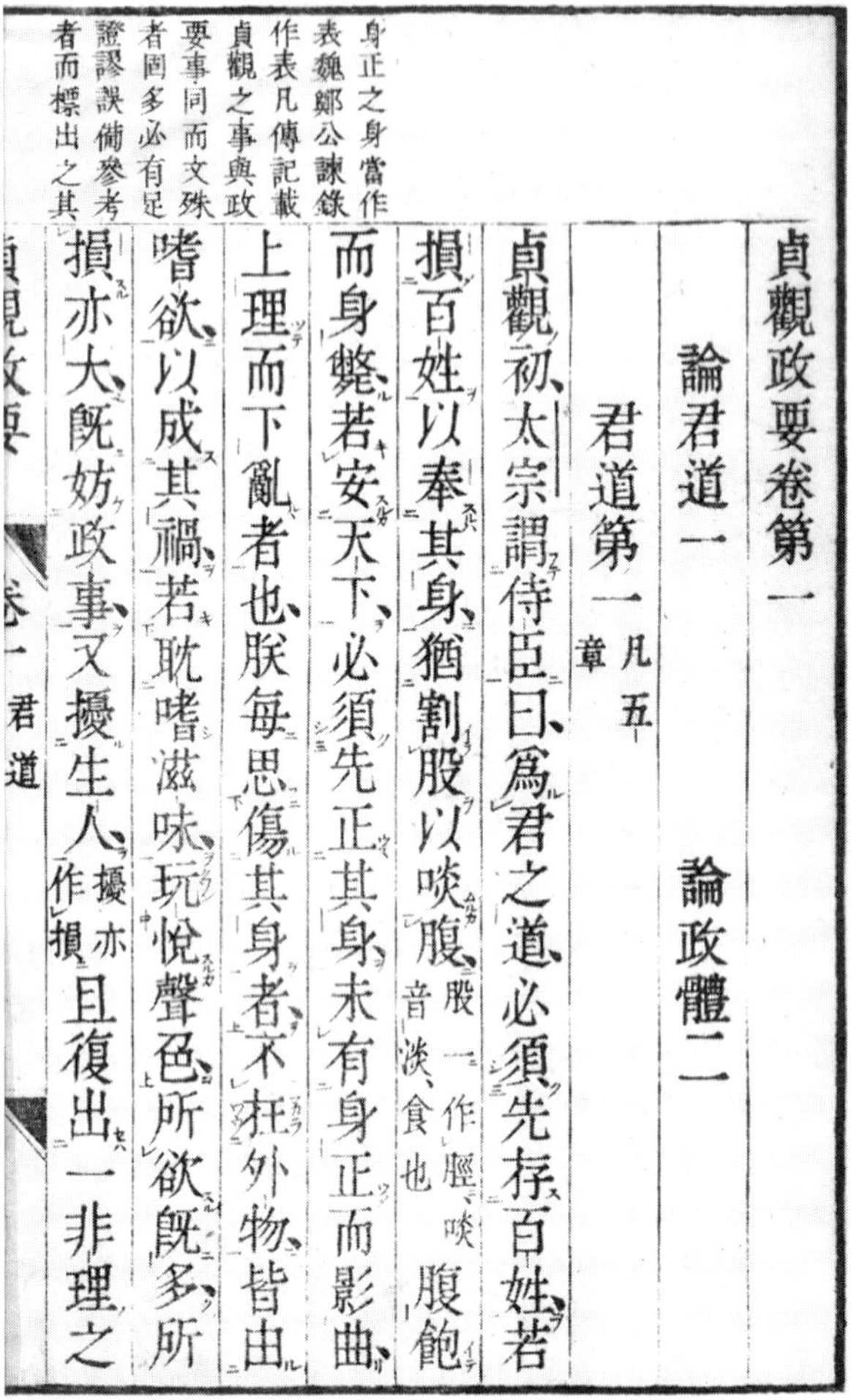
貞觀政要巻第一

論君道一　論政體二

君道第一 凡五章

貞觀初太宗謂侍臣曰爲君之道必須先存百姓若損百姓以奉其身猶割股以啖腹 股一作脛啖音淡食也 腹飽而身斃若安天下必須先正其身未有身正而影曲上理而下亂者也朕毎思傷其身者不在外物皆由嗜欲以成其禍若耽嗜滋味玩悅聲色所欲既多所損亦大既妨政事又擾生人 擾亦作損 且復出一非理之

身正之身當作表魏鄭公諫録作表凡傳記載貞觀之事與政要事同而文殊者固多必有足證謬誤備參考者而標出之其

貞觀政要　巻一　君道

和刻本『貞観政要』

文政６年（1823）に，紀州藩の藩校「学習館」が刊行した『貞観政要』の和刻本。巻一の君道篇の冒頭部である。この和刻本では，訓点（返り点・送り仮名・句点）が打たれ，さらに「（唐の）太宗」（人名）には傍線が引かれている。本文の間に２行にわたって小字で書かれているのは，呉兢の割注（わりちゅう），欄外上部にあるのは学習館による頭注（とうちゅう）である。日本では，こうした和刻本によって『貞観政要』は広く読まれるようになった。

1 「貞観の治」と『貞観政要』の成立

輝かしい時代の君臣問答

唐の第二代皇帝太宗（在位六二六〜六四九）の治世は、その年号を取って「貞観の治」と呼ばれ、中国史上最も優れた太平の世と称される。安定した政局、充実した軍事力、豊かな農業生産、運河や交通網の整備、書画・工芸の発達など、それは他に類を見ない輝かしい一時代であった。その太宗と臣下たちとの問答をまとめたのが、『貞観政要』である。

書名は、「貞観の治」にちなみ、「政要」とは政治の要諦という意味。構成は、全一〇巻四〇篇。その中に収録された問答は約二八〇条にのぼる。

編纂の意図

編纂者の呉兢（六七〇〜七四九）は、唐代を代表する歴史家で、長年、都の史館にあって、歴代皇帝の実録の編纂にも携わった。呉兢が活躍していたのは、太宗が亡くなってから半世紀ほど後であるが、ちょうどその頃、唐王朝では大きな政治的混乱があった。六八四年、第三代高宗の後を受け、第四代中宗が即位するが、すぐに武則天によって退位させられている。そして、六九〇年、武則天が中国史上初の女帝（則天武后）として即位。しかし七〇五年には、則天武后が退位し、中宗が復位する。こうした宮中の混乱を目の当たりにした呉兢は、中宗への期待も込めて、第二代太宗によって実現された「貞観の治」を顕彰し、唐の王権維持に寄与しようとしたのである。

2 帝王学の白眉

自ら身を正す

『貞観政要』は、数多い中国古典の中でも、「帝王学の白眉」と評されている。王や太子はどうあるべきかを、分かりやすい君臣問答で記し、後世の為政者たちの規範とされた。

まず、王はどうあるべきかを説いている。比較的近い魏晋南北朝の混乱や、短命で終わった直近の隋（五八一～六一七）を歴史の鑑として、唐の王はどのような資質と条件を備えるべきなのか、太宗は自問自答し、また臣下たちに問いかけた。そこで、最も大切だと自覚されたのは、何よりもまず自分自身を正すということであった。自己修養を第一歩だとするのは儒家的な倫理だと言ってよい。冒頭の君道篇の一節を紹介してみよう。

> 貞観年間の初めに、太宗がおそばに仕える臣下たちに言われた。「君主たる者の道は、必ずまずは人民を存続させなければならない。もし人民を苦しめてわが身に役立てようとするのであれば、それはまるで、自分の股の肉を割いて自分の腹を満たそうとするようなものだ。ひととき腹は満たされるかもしれないが、その身は死んでしまうだろう。もし天下を安定させようとするのなら、必ずまずは自分自身を正さなければならない。身が正しくまっすぐなのにその影が曲がったり、上の者がきちんとおさまっていながら下々の者が乱れる、というようなことはない。私はいつもその身を滅ぼす者について考えるに、決して外圧によってではなく、みな自らの欲望によってその禍根を作ってしまうのだ」。（君道篇）

自分の肉を食べるという比喩、体と影の比喩などにより、君主たる者がまず自分の身を正さなければならないと説いている。そして、身を滅ぼすのは、外からの要因によってではなく、君主自身の欲望によるのだと指摘している。伝統的な儒家の思想では、内から外へ、また我が身から社会全体へ、という方向性が意識されているが、太宗も、社会の安定と存続が、何よりまず自分自身の節制にあることを自覚していたのである。

明君と暗君の違い

続いて、明君と暗君の違いも明らかにされる。同じく君道篇の一節である。

貞観二年、太宗が魏徴に問うて言われた。「明君・暗君とはどのようなものを言うのか」。魏徴が言った。「君主が聡明である理由は、広く多くの人の意見を聞く（兼聴する）からです。暗愚な理由は、一人の言うことだけを信じる（偏信する）からです。『詩経』にこうあります、『先人が言っている、薪を採るような卑しい者（芻蕘）にも問いたずねる』と。昔、堯舜（唐虞）の政治は、四方の門を開き、四方に目を向け、四方に耳を傾けるようにしました。それだからこそ、その聡明さはすべてを照らし出したのです」。（君道篇）

ここでは、臣下の魏徴の答えとして、優れた君主は「兼聴」（広く多くの人の意見を聞く）、暗愚な君主は「偏信」（お気に入りの一人の言うことだけを信じる）だと対比されている。

ここからさらに『貞観政要』では、臣下が君主に向かって遠慮なく意見を言うこと、また君主も広い心でそれを受け止めることの重要性が説かれている。たとえ言い争いになっても、臣下が君主の不正を指摘することを「諫諍」（諫める）といい、『貞観政要』の主題の一つとなっている。

兆しを諫める

たとえば、次の求諫篇の条では、兆しを諫めることについて説いている。

貞観一七年、太宗が諫議大夫（天子を諫める官）の褚遂良に問うて言われた。「昔、舜が漆器を造り、禹がその俎（肉をのせる台）に彫刻を施した。当時、それを諫めたものが一〇人あまりいたという。たかだか食器くらいのことで、どうして苦言を呈することがあろうか」。褚遂良がお答えして言った。「彫刻のような細工は農事に害をなし、組みひものような飾りは、女性の仕事を妨げます。行き過ぎた贅沢に手を染めるのは、危機滅亡の第一歩です。漆器で満足できなくなると、次は金で器を作ることになるでしょう。また金の器で満足できなくなれば、次は玉（宝石）で器を作ることになるでしょう。だから諫諍する臣下は、必ずその兆しの段階で諫めるのです。ものごとが充ち満ちてからでは、もう諫めることはできません」。（求諫篇）

書家としても有名な褚遂良（五九六～六五八）が太宗の問に対して答えている。その昔、舜が漆器を作り、禹が俎に彫刻を施した際、一〇人もの家臣がそれを諫めたという話は、『韓非子』十過篇に記される故事である。太宗は、たかだか食器のことで、そう大げさに諫めるのはどうか、と問うた。これに対して、褚遂良は、「漸」（兆し）の段階で強く諫めるのが肝要だと答えている。

創業か守成か

次に、重要なテーマとして論じられるのは、「創業か守成か」という問題である。太宗たちが出した答えは、物事を始めるのにもまして、それを維持して守っていくことの方がはるかに難しいというものであった。

貞観一五年、太宗がおそばに仕える臣下たちに言われた。「天下を守ることは難しいかそれとも易しいか」。侍中の魏徴がお答えして言った。「大変に困難です」。太宗が言われた。「賢人や能力ある者を任用し、諫諍を聞き入れれば良いのではないか。どうして困難ということがあろうか」。魏徴は言った。「古よりの帝王の行状を見てみますに、憂いや危険のあるときには、賢者を任用し、諫めも聞き入れます。しかし、安楽な状態になると、必ず気持ちが緩んで怠慢の心を懐きます。〔諫諍を受け付けなくなり〕奏上しようとする者を、ただおびえさせることになります。こうして日に日に衰え、ついに国家の危亡に至るのです。聖人が安楽な状態にいながら危難のときを思うのは、まさにこのためです。安らかなときにこそ恐れなければなりません。どうして困難でないと言えましょうか」。（君道篇）

ここで魏徴は、天下を守る方が難しいと答えている。なぜなら、創業時にあった緊張感がなくなって怠慢の心が生じ、はじめは受け付けていた諫めも聞かなくなるからである。

国の統治は病の治療のように

これに応えるかのように、太宗も、国を治めるのは病を治療するのと同じだと自覚する。やや安定したかなと思う頃が最も危険だというのである。

貞観五年、太宗がおそばに仕える臣下たちに言われた。「国を治めるのと病気を治療するのとには、何の違いもない。病気は、人が治ったかなと思ったときこそ、ますます体を大切にしなければならない。もしも医者から禁止されていることを破るようなことがあれば、必ず命を落とすことになろう。国を治めるのも同じである。天下がやや安定しているときこそ、最も恐れ慎まなければならない。もし気持ちがおごり心が緩めば、必ず滅亡に至るだろう」。（政体篇）

このように、『貞観政要』は、君主や臣下はどうあるべきか、国政や組織をどのように維持していけば良いのかという普遍的な問題を、平易な君臣問答で示しているのである。

統治の基盤としての儒教

では、『貞観政要』全体の基盤となっている思想とは何であろうか。それは儒教であった。理念のない政治は、いずれ行き詰まる。個々の政策や施策の基盤として、政治思想という理念が必要であることは言うまでもない。唐の太宗が規範として仰いだのは、周や漢（前漢・後漢）である。特に後漢（二五〜二二〇）は経学（儒教経典に関する学問）全盛の時代。五経博士（儒学の経典「五経」を講義する専門官）が置かれ、『詩経』『書経』『礼記』『易』『春秋』といった経典が尊重されていた。『論語』や『孝経』も必読の書であった。

唐王朝が目指したのは、この儒教国家の復活である。太宗は、そのための具体的な手段として、儒学に優れた人材の登用や、孔子廟（孔子を祭る廟）の整備に代表される儒学振興を実行した。次の条では、「仁義」を根本とする政治の必要性を説く。

> 貞観元年、太宗が言われた。「私が古来の帝王を見るところ、仁義を根本として政治を行う者は、国の福運も長い。しかし法に任せて人を統制する者は、一時的に弊害を救うことはできても、滅亡もすぐにやってくる。前代の王の立派な業績を見れば、模範とするに十分である。今、もっぱら仁義と誠信を根本として政治を行おうと思う。それにより近代の澆薄（人情が軽薄になっている風潮）を改めたいと願う」。（論仁義）

そして、次のような儒学振興策を打ち出した。

> 貞観二年、詔を発して、周公旦（周の武王の弟。周王朝の基礎を固めた）を先聖とするのを停止し、はじめて孔子の廟堂を国学（国都の学校）に建て、古いしきたりを調べてそのやり方に従い、孔子を先聖とし、（孔子の愛弟子の）顔回を先師とし、お供えする祭器や舞楽の全容が、ここにはじめて備わった。この年、大いに天下の儒士（儒学に秀でた人物）を探し出して招き、帛（絹）を与え駅伝に支給して、上京させ、順序次第によらず抜

擢し、朝廷に参列する者が非常に多かった。学生で一つの経書（『礼記』『左伝』など）以上に通じている者は、みな官吏として任用された。（崇儒学）

こうした理念を基盤として、太宗は唐王朝の経営を進め、「貞観の治」と呼ばれる太平の世を実現したのである。

3 伝来と評価

『貞観政要』の刊行と普及

では、この『貞観政要』は、どのように伝えられてきたのであろうか。

まず成立年代自体ははっきりしないが、二度にわたってやや異なる内容の『貞観政要』が唐の皇帝に献呈されたという説がある。つまり、歴史家の呉兢（ごきょう）がはじめ第四代皇帝中宗（ちゅうそう）に進呈し、後に少し手を加えて第六代皇帝玄宗（げんそう）に献呈した。その結果、『貞観政要』には、当初から大きく二系統のテキストが伝えられることになったというものである。

その後、『貞観政要』が普及したのは、戈直（かちょく）本の刊行による。これは、元（げん）の時代（一三三三）に、戈直という歴史家が校訂して注釈をほどこしたテキストで、当時の高名な学者たちの意見を加味したものである。呉兢が唐の皇帝に献呈したテキストは手書きの写本であったが、このテキストは、木版（もくはん）印刷され、多くの読者に供されたのである。さらに明（みん）の成化（せいか）元年（一四六五）、時の皇帝憲宗（けんそう）が重版したことにより、一気に普及した。これを成化本と言う。

日本への伝来と意義

日本には、遅くとも平安時代前期には伝わっていた。それが分かるのは、『日本国見在書目録（げんざいしょもくろく）』の記載による。

この本は、寛平三年（八九一）頃に成立した図書目録で、その時点でどのような漢籍が日本に存在していたのかが分かる貴重な資料である。そして、そこでは、漢籍が伝統的な四部分類（経・史・子・集）によって列挙されていて、その中の「子」部の「雑家」類に『貞観政要』の名が見えるのである。

また、徳川家康はこの本の重要性を認め、慶長五年（一六〇〇）、足利学校に命じて刊行し、また紀州藩でもこれに基づく和刻本（返り点・送り仮名を付けたもの）を刊行した。

現代でも、『貞観政要』は、特に組織の長の立場にある人たちに読まれている。帝王学は、本来、王や太子を対象とするものであるが、『貞観政要』の君臣問答は、高い普遍性をもつため、王や太子だけではなく、あらゆる組織のリーダーにとっても座右の書となるのである。

たとえば、創業か守成かという問題は、王朝の創始や王位の継承という政治論としてだけではなく、広く組織の運営に関する手引きとしても読むことができる。つまり、何もないところから事業を興すのは大変なことではあるが、そうしてできあがった組織や財産や制度を継承し、発展させていくことはさらに難しい、という受け止めである。『貞観政要』の問いかけは、優れた現代的意義をもっていると言えよう。

4 名文読解

自薦のむつかしさ

知レ人者智、自知者明。知レ人既以爲レ難。自知誠亦不レ易。且愚暗之人、皆矜レ能伐レ善。恐長二澆競之風一。不レ可レ令二其自擧一。

（『貞観政要』論択官篇）

人を知る者は智、自ら知る者は明。人を知ること既に以て難しと為す。自ら知ること誠に亦た易からず。且つ愚暗の人、皆能に矜り善に伐る。恐らくは澆競の風を長ぜん。其の自ら挙げしむべからず。

他人を知ることができるのは知性、自分自身を知ることができるのは明察です。他人を知ることはそれ自体すでに難しい。自分自身を知ることは、実にまた容易ではありません。さらに、暗愚の人は、みな自分の才能や善行を誇りがち。（自薦させれば）おそらくは澆競（乱れ競う）の風を助長することでしょう。自薦させるべきではありません。

＊人材を得ようとするとき「自薦」させるかどうかという唐太宗の問いに対する臣下魏徴の答え。

今こそ読書を

君臣父子、政教之道、並在書内。古人云、「不學牆面。莅事惟煩」。（『貞観政要』論悔過篇）

君臣父子、政教の道、並びに書内に在り。古人云う、「学ばざれば牆面す。事に莅みて惟れ煩なり」と。

君臣父子や政治教化の道は、すべて書物の中に記されている。昔の人は言っている、「勉強しなければ垣に向かって立っているようなもの（何も見えない）。いざ事に臨んだときにも、心が乱れるばかりだ」と。

＊唐太宗の言葉。軍事に奔走して読書をする余裕がなかったことを反省し、天下が治まった今こそ読書が大切であると説いている。

参考文献

【一般的・入門的文献】

① 呉兢著・守屋洋訳『貞観政要』（ちくま学芸文庫、二〇一五年）
＊『貞観政要』の訳注書（抄訳）。全体を「治世の要諦」「諫言の機微」「人材の登用」など一〇章に再編する。底本は、一九七五年に刊行された同訳者の『貞観政要』（徳間書店）。
② 出口治明『座右の書『貞観政要』』（KADOKAWA、二〇一七年）
＊サブタイトルに、「中国古典に学ぶ「世界最高のリーダー論」」とある通り、『貞観政要』を現代社会に役立つリーダー論として解説する書。実社会で活躍する著者の体験を踏まえていて分かりやすい。
③ 湯浅邦弘『貞観政要』（角川ソフィア文庫、二〇一七年）
＊角川ソフィア文庫「中国の古典」の一冊として刊行された訳書（抄訳）。全体を「明君の条件」「創業か守成か」「諫める臣下、聞き入れる君主」など九つの章に再編している。原文には返り点を付け、巻末に主要登場人物解説・主要語句索引を付す。

【専門的文献】

① 原田種成『貞観政要』上・下（明治書院・新釈漢文大系、一九七八・一九七九年）
＊『貞観政要』の全訳注。著者原田種成（はらだたねしげ）氏は、日本に伝来した『貞観政要』の旧写本をもとにして独自に『貞観政要定本（ていほん）』を作成し、それに基づく訳注書を「新釈漢文大系」（明治書院）の『貞観政要』全二巻として刊行した。上巻（巻一～五）が一九七八年刊、下巻（巻六～十、および附篇、補遺、索引）が一九七九年刊。
② 謝保成『貞観政要集校（しゅうこう）』（中華書局、二〇〇三年）
＊現代中国の学者謝保成（しゃほせい）氏が、『貞観政要』の多くのテキストを集めて対照し、詳しい注記を付けて校訂したもの。底本としている主なテキストは、日本に伝わった古写本と戈直本系統の刊本の計四種。さらに、そのほか一八種類にも及ぶテキストを照合して、文字を確定している。「集校」と呼ぶにふさわしい内容。

第十五章　『朱子語類』——朱熹の教え

久米裕子

朱熹（『新刻歴代聖賢像賛』）

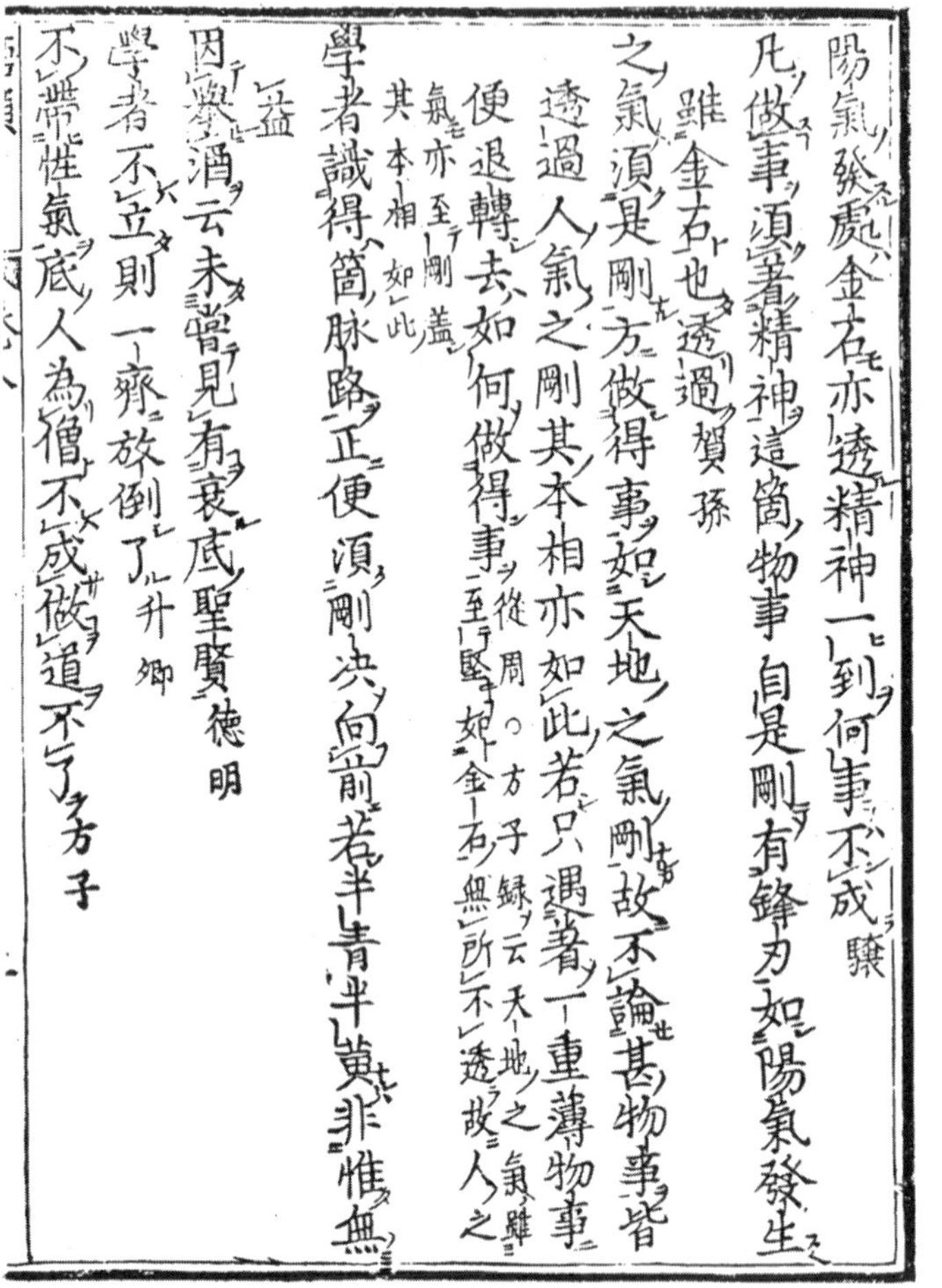
陽氣發處金石亦透精神一到何事不成 驤
凡做事須著精神這箇物事自是剛有鋒刃如陽氣發生
雖金石也透過 賀孫
之氣須是剛方做得事如天地之氣剛故不論甚物事皆
透過人氣之剛其本相亦如此若只遇著一重薄物事
便退轉去如何做得事 從周 方子録云天地之氣雖至堅如金石無所不透故人之
氣亦至剛蓋其本相如此
學者識得箇脈路正便須剛決向前若半青半黄非惟無
益
因舉酒云未嘗見有衰底聖賢 德明
學者不立則一齊放倒了 升卿
不帶性氣底人為僴不成做道不了 方子

和刻本『朱子語類』（寛文８年刊本）

江戸時代に刊行された和刻本。当該頁は，『朱子語類』巻八の「精神一到，何事か成らざらん」という有名な一節。陽の気が金石を貫くように，精神を集中させればどのようなことでも成し遂げられるという意味。この『朱子語類』の訓点は，『朱子文集』の訓点に比べ，誤読が多いと指摘されるが，当時の状況を考えるとやむをえない部分もあり，この和刻本が『朱子語類』研究における有益な資料であることは否定できない。

1 朱熹と朱子学

朱熹とその生涯

『朱子語類』は、南宋の朱熹（一一三〇〜一二〇〇）と弟子たちの問答の記録である。朱熹は、「朱子」とも呼ばれるが、「子」は「先生」という意味の尊称であり、名は熹、字は仲晦または元晦、号は晦庵という。福建省の山間部にある尤渓という片田舎で生まれ、生涯の大部分をその近辺で過ごした。

朱熹が築きあげた「朱子学」は、朱熹一個人の思想をまとめただけではなく、北宋の周敦頤（一〇一七〜七三）、程顥（一〇三二〜八五）、程頤（一〇三三〜一一〇七）、張載（一〇二〇〜七七）らの学問をもまとめて体系づけたものである。この思想グループは、当時「道学」と呼ばれ、道学派は朱熹の登場により、他の学派を圧倒し、宋代を代表する学問となった。そのため一般に「宋学」といえば、主に朱子学のことを指す。

朱子学は、近世の東アジアで強い影響力もった思想として知られるが、朱熹は、その生涯において、官僚として華々しい活躍をすることはなく、その学問も当時から有力ではあったが、まだ一地方の学問に過ぎなかった。晩年になって、皇帝に対して講義を行う侍講の職を与えられたが、時の権力者である韓侂冑という人物を批判したため、わずか数十日で解雇されている。そしてその直後から朱熹の学問は「偽学」（異端の学問）として弾圧され、朱熹はこの弾圧のさなかに亡くなった。

朱熹の名誉は、没後一〇年ほどで回復されたが、朱子学が科挙試験の標準解釈となるのは、その没後百年近くたってからのことである。

朱子学の特色

朱子学は、従来の儒学を一新する内容であったため、「新儒学」とも呼ばれる。新しい儒学が提唱された背景には、当時、流行していた仏教、特に禅宗への対抗意識があった。漢代以降、儒学は各王朝の体制教学であったが、魏晋南北朝の頃から、多くの知識人の関心は仏教に移り、宋代に入っても、表向きは儒教を学びながらも、私生活では仏教を信奉するという状況だった。朱熹もまた若い頃には禅を学んでいたが、李侗（一〇九三～一一六三）のもとで二程子（程顥・程頤）の学問に触れ、そこでようやく禅宗批判へと転じた。

朱子学の特色として、従来、重視されてきた「五経」に加え、『大学』『中庸』『論語』『孟子』を「四書」とし、これを「五経」に先んじて読むべきものとしたことが挙げられる。朱熹は、『論語』は孔子（前五五一〔一説に前五五二〕～前四七九）、『大学』は曾子（前五〇五～前四三六、孔子の弟子）、『中庸』は子思（前四九二～前四三一、孔子の孫、曾子の弟子）、『孟子』は孟子（前三七二頃～前二八九頃、子思門人の門人）、それぞれの思想を伝える重要な書物であるとみなし、孔子から曾子、子思、そして孟子へと受け継がれた学問の系譜を「道統」と呼んだ。またこの系譜は、孟子以降、断絶していたが、先の北宋の四先生（周敦頤・程顥・程頤・張載）の出現によって復活し、さらにこの系譜を継承したのが朱熹自身であるとした。

なお儒教は「孔孟の教え」とも呼ばれ、今でこそ『孟子』は、『論語』と並び称される儒教の経典であるが、長く危険思想とみなされ、経典として扱われるようになるのは宋代以降のことであり、『孟子』が不動の地位を獲得したのは、ひとえに朱熹のおかげと言える。

このように孟子の後継者を自認する朱熹は、孟子の「性善説」を受け継ぎ、「理」と「気」という二つの概念をもちいて、「性」を「本然の性」と「気質の性」に分け、その不備を補った。また朱熹は、必ずしも完全な状態を保てない気である後者を完全無欠な理である前者に近づけるため、「居敬」と「窮理」という二つの修養法を提唱した。そしてこの修養法によって、人が「聖人」になる道がひらかれた。「聖人学んで至るべし（努力次第で聖人になれる）」（『伊川先生文集』巻四）というのは、先の道学派の目指すところであり、これは宋代という時代の精神性を反映している。

朱熹の著作

朱熹は、儒教の正統な後継者として、儒教の経典である「経書（けいしょ）」を徹底的に研究した。経書研究の基本理念は「述べて作らず」（『論語』述而（じゅつじ）篇）である。これは「経書という古典がある以上、それについて解説することはあっても、経書とは別にあらたなものを創作するのはおこがましい」という考え方である。そして漢代以降、経書研究とは、すなわち経書に注釈をつけることであり、朱熹もまた数々の経書に対する注釈書を残している。しかし、その注釈は宋代以前の文献学的な注釈に比べ、非常に哲学的で独創的であるため、経書に注釈をつけるという体裁をとりながら、自身の思想を語っているようにも見える。

もちろん朱熹が編集・出版に関わった書物は、経書関係だけではなく、北宋の四先生の著述を編集整理したものや、歴史に関わるものなど、多岐にわたっている。だが朱熹の主著と言えば、それはやはり『四書集注（ししょしっちゅう）』である。『四書集注』とは、宋代以降の「四書」に関する注釈を収集整理し、そこに朱熹自身の注釈を加えたもので、朱熹はこの『四書集注』に対して相当の自信を抱いている。

このほか朱熹の死後に編纂されたものとして、朱熹の詩や文章や手紙などを集めた『朱子文集（しゅしぶんしゅう）』と朱熹の弟子たちによって書かれた講義ノートを再編集した『朱子語類』がある。『朱子語類』は、純粋な意味での朱熹の「著作」ではないが、朱熹の「言葉」を伝える重要な文献である。

2 『朱子語類』の魅力と危うさ

いきいきとした師弟のやりとり

現在、通行している『朱子語類』は、黎靖徳という人物が編纂した『朱子語類大全』全一四〇巻である。同書は百人近い朱熹の弟子たちが個々に記録した講義ノートの集大成であり、朱熹の没後七〇年目に刊行された。膨大な資料のとりまとめに長い年月を要したことが分かる。以下、『朱子語類』とは、この『朱子語類大全』を指す。

さて一般に「語録」は、儒者や禅僧の「言葉」を記録した口語文献を指し、「語類」は、語録に記された記録を内容ごとに分類整理したものを指す。『朱子語類』中には、現代中国語に通じる表記が多々見られ、『朱子語類』は言語資料としても重要な価値をもつ。ただ宋代の口語は、明代清代よりも唐代のものに近く、また語録の類には宋代特有の俗語も多用されているため、宋代の語録や語類を読み解くには現代中国語の知識だけではとても対応できない。また『朱子語類』に見られる朱熹の「言葉」は、口語と言っても、当時の話し言葉をそのまま逐語的に記録したものではないので、その点にも注意を払う必要がある。

とは言え、口語的な表現によって記された師弟のやりとりは臨場感にあふれており、朱熹の話しぶりや当時の講義の雰囲気を感じ取ることができる。朱熹の短気とも言える性格や、弟子に対するえこひいき、気丈に振る舞ったかと思えば、時に弱音を吐く様子など、『朱子語類』を通じて、朱子学の大成者としての「朱子」ではなく、一人の人間としての「朱熹」の人物像が浮き彫りになっている。

たとえば朱熹が弾圧を受けていた頃、弟子に読書法について諭したあと、「これが偽学の勉強さ」と笑いながら言ったという。逆境においてもユーモアを忘れない姿勢が見られる。また弟子にむかって「あと三、四〇年間は我が学問を途絶えさせず、あとに続く者たちに説いてやってほしい」と述べた記録からは、自信家のイメージとは裏腹な、謙虚で堅実な一面がうかがわれる。さらにまた前節で触れた朱熹の経書解釈の態度についても、弟子とのやりとりからは、朱熹が、恣意的な解釈を極力排除し、客観性を追求しようとしていたことが読み取れる。すると朱熹のあの独創的な注釈も経書をひたすら精読した結果だと考えられる。

こうした語録の類の編纂が盛んになるのは宋代からであるが、語録を口語ではなく文語で記録しようとする動きもあった。だがその場で語られた言葉を文語に置き換えるには時間がかかる上、文語では発話の細かいニュアンスがそぎ落とされてしまう。一方、口語であれば、文章を一義的に表現できるというメリットもあり、精密な哲学的議論においては、口語による表記の方がむしろ適している。こうした点を踏まえ、ほかでもない朱熹が口語による表記を推奨しており、以後、語録の表記として口語が定着していったのである。

『朱子語類』による朱子学の体系化

『朱子語類』は、それ以前に刊行された朱熹の語録（「池録（ちろく）」「饒録（じょうろく）」「饒後録」「建録」）や語類（「蜀類（しょくるい）」「徽類（きるい）」「徽続類」）を基に編纂されている。すでに述べたように、語録は個人の講義ノートを基本とするもので、語類は、語録を一旦、解体し、語られる内容ごとに分類整理したものである。

その分類と配列は、朱熹最晩年の弟子の黄士毅（こうしき）という人物が編纂した「蜀類」を基本的に踏襲している。講義ノートという性質上、複数のノートを並べたとき、そこには当然重複がある。黄士毅は、これを不満に思う人たちのために、分類後、重複するものには校訂を加え、一つの記録だけを残し、これらを項目ごとに配列したのである。現在では、「理気」「鬼神」「性理」に始まり、計四〇ほどの項目が立てられており、分量の多い項目、たとえば「学」という項目の下には、「小学」「総論為学之方」「論知行」「読書法」「持守」「力行」という細目が立てられている。また第一巻から第一四〇巻までの各項目は、たとえば次のようにまとめられる。

・基礎理論…理気、鬼神、性理
・学問方法論…学
・古典解釈学…大学、論語、孟子、中庸、易、書、詩、孝経、春秋、礼、楽
・学統史論…孔孟周程張子、周子書、程子書、張子書、邵子書、程子門人、楊氏尹氏門人、羅氏胡氏門人
・体験的実践論…朱子
・同時代思想家論…呂伯恭、陳葉、陸氏
・異端論…老荘、釈氏
・歴史論…本朝、歴代、戦国漢唐諸子
・雑纂…雑類
・文学論…論文

（山田慶児『朱子の自然学』より）

『朱子語類』全体の構成を一望すると、『朱子語類』の内容が思想・宗教・歴史・文学・自然科学に及んでおり、朱熹の学問の守備範囲の広さがよく分かる。また朱熹の思想がいかにきれいに整理され、体系づけられているかが見て取れるであろう。この『朱子語類』の登場により、賛否両論はあるものの、後学者たちは、特定の朱子学用語について知りたければ、それに関する直接的な議論を手軽にまとめて読むことができるようになったのである。

語録と語類の問題点

朱熹が尊敬してやまない程頤は、師から直接教えを受けることを最善とし、語録を読むことに否定的であった。そのため程頤の弟子たちは、自身の手控えとして講義ノートは作っても、これを人と共有したり、編集刊行したりすることをしなかった。しかしその結果、程頤の死後、弟子たちのノートはバラバラになり、悪用されかねない状

況にあった。そこで二程子の語録編纂に踏み切ったのが朱熹である。朱熹は、語録がもつ長所と短所を誰よりもよく理解していた。特に記録者の力量によって記録に出来不出来が生じるため、語録を読む際には、記録者がどのような人物であるかを十分に理解した上で読まなければならないと弟子たちに注意をうながしている。

朱熹の弟子たちは、日頃から朱熹の語録に対する見解を聞いていたこともあり、語録の編纂には非常に慎重であった。朱熹の語録や語類が編纂されていく中で、なつかしい師の「言葉」に触れる喜びを感じると同時に、その伝承の過程において師の学問が誤って伝わることを危惧している。

また『朱子語類』の場合、その配列にも実は問題がある。現行の『朱子語類』は、はじめに「理気」の項目が立てられ、理気先後の論から始まっているが、このことによって、この冒頭の議論があたかも朱子学における最重要課題であるかのような印象を読者に与えている。この配列は、あくまでも先の黄士毅の朱子学理解に基づくもので、これは朱熹とその友人の呂祖謙（一一三七～八一）が編纂した『近思録』の配列を参考にしているとされる。だが分類・配列されたものがひとたび世に出てしまうと、これが朱子学のイメージを固定してしまうのである。ちなみに南宋から明代前半にかけて流布した別系統の朱熹の語類は、時代のニーズにより、心性論から始まっているが、これはこれで朱子学に対するまた別の印象を読者に与えていると言える。

さらに語類の問題として、語録では時系列に並べられていた記録が、編纂の過程において、時系列が失われている点が挙げられる。一般に講義ノートというものは、時間軸に沿って記録されるものである。複数の語録を一つにまとめる際、記録者ごとにまとめられていれば、記録者ごとに時系列が守られる。ところが語類は、各記録の末尾に記録者の名前は残されているものの、記録者ごとの枠組みが取り除かれたため、時系列はバラバラになってしまったのである。

『朱子語類』には、朱熹が四〇歳のときから亡くなるまでの約三〇年間にわたる弟子たちとのやりとりが記録されている。この頃、朱熹はすでにいくつもの著作を刊行しているが、それらの刊行物の記述と『朱子語類』の記述が食い違っていることがままある。その場合、『朱子語類』の記述が当該刊行物の刊行年よりも前のものか後のものかによって、どちらの記述を正しいとするかの判断が変わってくる。朱熹の思想形成の過程を知る上で、時系列の問題はきわめて重要なのである。

3 日本における『朱子語類』の受容

『朱子語類』と崎門学派

日本における『朱子語類』研究の先駆者として、山崎闇斎（やまざきあんさい）（一六一八〜八二）を挙げることができる。闇斎の崎門学派（きもんがくは）は、朱子学の純粋化を目指し、朱熹の後学者の注釈を集めた『四書大全』によるのではなく、朱熹自身の「言葉」によって朱子学を理解するべきであると考え、朱熹の『四書集注』ならびに『朱子文集』や『朱子語類』の精読に努めた。中でも『朱子語類』が重要視され、たとえば『朱子語類』の「訓門人」を読む際には、自身を朱熹の弟子のいずれかに当てはめ、朱熹の「言葉」を自分自身への訓戒として読むべきであるとしている。

闇斎は、啓蒙活動にも熱心であり、林羅山（はやしらざん）（一五八三〜一六五七）が考案した訓点法に改良を加えた、いわゆる闇斎点（あんさいてん）（嘉点（かてん））を考案し、これによって『四書集注』に訓点を施している。そして『朱子文集』には闇斎の弟子の浅見絅斎（あさみけいさい）（一六五二〜一七一二）が訓点を施し、『朱子語類』には鵜飼石斎（うかいせきさい）（一六一五〜六四）と安井真祐（やすいさねすけ）（生没年不詳）という崎門学派と関係の深い人物が訓点を施している。このほか「白鹿洞書院学規（はくろくどうしょいんがくき）」「玉山講義（ぎょくざんこうぎ）」など、朱熹の代表的な文章や関連資料にも訓点を付けて刊行している。また崎門学派は、講義もさかんに行っており、『朱子語類』になぞらえて平易な日本語の講義録をつくっている。

岡島冠山の功績

中国語に不慣れであった江戸時代の日本人にとって、『朱子語類』は、きわめて難解であった。そこで刊行された手引書が岡島冠山（一六七四〜一七二八）の『字海便覧』（別名『経学字海便覧』）である。『字海便覧』は『朱子語類』の「四書五経」に関する部分を中心に、おおむね全編にわたって、冒頭から順に俗語を抜き出し、解説を加えている。

冠山は、長崎の人で、はじめ唐通事（中国語の通訳）をつとめ、のちに荻生徂徠（一六六六〜一七二八）が主宰した唐話（中国語）の講習会の講師となり、唐話学の大家として活躍した人物で、林鳳岡（一六四五〜一七三二）から朱子学を学んだことでも知られる。

冠山の著述としては、中国語会話の学習書である『唐話纂要』が有名であり、冠山は、江戸時代における中国白話小説の普及に貢献した人物として語られることが多い。その一方で、冠山は、『字海便覧』だけでなく、『唐話纂要』においても、取り上げた語句やフレーズに伝統的な返り点や送り仮名をつけ、また『字海便覧』では、石斎・真祐による『朱子語類』の訓点を「古点」と呼び、その誤りを訂正するなど、儒者としての意識も見受けられる。

『語録訳義』と崎門学派

岡島冠山の『字海便覧』のほかに、刊行こそされなかったが、比較的広く流布した口語文献を読むための手引書として、留守希斎（一七〇五〜六五）の『語録訳義』および千手旭山（一七八九〜一八五九）による増補版『語録訳義』がある。留守希斎は、崎門三傑の一人である三宅尚斎（一六六二〜一七四一）の弟子である。崎門学派は、『朱子語類』を精読する上で、俗語研究にも熱心であった。闇斎の読書録である『文会筆録』も、『語録解義』（作者未詳）や朝鮮の李退渓（一五〇一〜七〇）の『語録解』から俗語に関する解説を多数引用している。

『語録訳義』は、先の冠山の『唐話纂要』ならびに『字海便覧』を大いに参考にするとともに、崎門学派で重要視された『語録解義』を利用していることから、その編纂目的は、冠山の俗語研究の成果に、崎門学派の研究成果がうかがわれる。

を加味することにあったと考えられる。こうした俗語研究の中にも、『朱子語類』の東アジアにおける需要の一端

『朱子語類』の価値

朱子学は、長く近世東アジアの支配原理であったため、朱子学には封建的な体制擁護の思想というイメージがつきまとう。また朱熹に対しては、朱子学を大成した偉大な思想家というイメージと、道徳の厳守にこだわり、世情にうとく融通のきかない「道学先生（どうがくせんせい）」というイメージが存在する。しかし『朱子語類』を読むと、多くの門人たちによって描かれた朱熹の姿は、こうした「朱子像」とは一線を画すものである。

すでに述べたように、朱熹の主要な業績は、あくまでも経書に対して書かれた注釈である。だが朱熹が残した膨大な注釈から、その根底にある朱熹の思想を一つひとつ拾い上げるのは至難の業である。ところが『朱子語類』のおかげで、後学者は朱熹の思想を体系的に学ぶことが容易になった。そして朱熹の後学者たちは、『朱子語類』の記述を用いて朱熹の注釈を再注釈しており、『朱子語類』は注釈の素材としても活用されている。

また近年の研究によれば、『朱子語類』の基になったもの以外にも、既刊・未刊のものも含め、朱熹の語録や語類が数多く存在していたことが確認されており、朱熹の死後にそれらが広く読まれていたことが分かる。そしてこのことから、朱子学が体制教学に採用されるまでの間、語録や語類が朱熹の思想を世に広めるのに一定の牽引力をもっていたと考えられる。

さらに現代においても『朱子語類』は朱子学を理解する上での必読書であり、二〇〇七年には、『朱子語類』の全編を現代日本語に翻訳するべく、『朱子語類』訳注刊行会が発足された。同刊行会は、二〇年後の完訳を目指し、これまで独自に『朱子語類』の訳注作業を進めていた各種研究会や大学の研究室に呼びかけを行い、現在、それぞれの研究成果が、『『朱子語類』訳注』シリーズとして、汲古書院から続々と刊行されている。

『朱子語類』が朱子学を理解する手がかりであると同時に、近世東アジア社会を理解する手がかりとなることは言うまでもないが、それはとりもなおさず『朱子語類』が近世東アジア社会の延長線上にある現代の日本社会と決して無関係ではないことを意味している。

4 名文読解

語録の価値

又如云「易傳是伊川所自作者、其他語錄是學者所記。故謂只當看易傳、不當看語錄。」然則夫子所自作者春秋而已、論語亦門人所記也。謂學夫子者只當看春秋、不當看論語、可乎！ 㽦。

（『朱子語類』巻一〇一「程子門人」）

又如し「『易伝』は是れ伊川の自ら作る所の者にして、其の他の語録は是れ学ぶ者の記す所なり。故に謂えらく只当に『易伝』のみを看るべくして、当に語録を看るべからずと」と云わば、然らば則ち夫子の自ら作る所の者は『春秋』のみにして、『論語』も亦た門人の記す所なり。夫子に学ぶ者は只当に『春秋』のみを看るべくして、当に『論語』を看るべからずと謂うは、可なるか！ 㽦。

またもし「『易伝』は程頤が自ら著したものであり、その他の語録はその門人が記録したものである。だから思うに『易伝』だけを読むべきであり、語録は読むべきではない」と言うのであれば、孔子が自ら著したものは『春秋』だけであり、『論語』もまたその門人が記録したものである。孔子に学ぶ者はただ『春秋』だけを読むべきであって、『論語』を読むべきではないと言ってよいのか！ 黄㽦。

＊語録を読むことに否定的であった程頤の門人の尹焞（いんとん）という人物は、師が亡くなった後も頑なに語録を読もうとしなかったため、これに対して朱熹が述べた言葉。記録者は黄罃。

学問と腰痛

先生一日腰疼甚、時作呻吟聲。忽曰、「人之為學、如某腰疼、方是。」胡泳。

（『朱子語類』巻一二一「訓門人九」）

先生一日　腰疼（ようとう）甚（はなは）だしく、時に呻吟（しんぎん）の声を作（な）す。忽（たちま）ち曰く「人の学を為（な）すや、某（それがし）の腰疼の如（ごと）くして、方（はじ）めて是（ぜ）なり」と。胡泳。

先生は、ある日、腰痛の具合がひどく、ときどきうめき声をあげておられた。すると突然、「人が学問に取り組む際には、私の腰痛のようになって、ようやくよしとできる」とおっしゃった。胡泳。

＊記録者の胡泳によれば、その場にいた者は誰もこの発言の真意について質問することができなかったというが、胡泳は自身の解釈を次のように述べている。学問に取り組もうとする気持ちを継続させると、学問のことを一時も忘れることがなくなり、そうすれば学問は進歩してやまない。先生の腰の痛みは体につきまとい、これをなくそうと思ってもできない。そこで弟子たちにこのように諭して聞かせたのではなかろうかと。

参考文献

【一般的・入門的文献】

① 三浦國雄『『朱子語類』抄』（講談社学術文庫、二〇〇八年）

＊『朱子語類』の抄訳。『朱子集』（朝日新聞社・中国文明選、一九七六年）の改訂版。独自の章立てにより原文を採録。現代語訳に加え、書き下し文を載せている点は貴重。各注釈は『朱子語類』読解の手引きにもなっている。

②三浦國雄『朱子伝』（平凡社ライブラリー、二〇一〇年）

＊朱熹の伝記。『朱子』（講談社・人類の知的遺産、一九七九年）所収「朱子の生涯」の改訂版。従来の神棚に祀りあげたような朱熹ではなく、人間的矛盾を背負い込んだ人間朱熹を描いている。『朱子語類』からも資料を多く採用している。

③垣内景子『朱子学入門』（ミネルヴァ書房、二〇一五年）

＊朱子学の入門書。垣内氏の研究書『「心」と「理」をめぐる朱熹思想構造の研究』（汲古書院、二〇〇五年）を踏まえ、一般向けに書かれたもの。『朱子語類』に言及する箇所は多くないが、朱子学について概括的に分かりやすく描いている。

④土田健次郎『江戸の朱子学』（筑摩選書、二〇一四年）

＊日本朱子学の概説書。朱子学が江戸時代に果した機能について論じることで、従来の体制教学としての朱子学という一面的な理解を改めようとしている。『朱子語類』を奉じた山崎闇斎についても、詳しく取り上げられている。

【専門的文献】

①岡田武彦『朱子の伝記と学問』（明徳出版社・『岡田武彦全集』第一六巻、二〇〇八年）

＊朱熹に関する研究論文集。『和刻本朱子語類大全』（中文出版社）、『影印朝鮮古写徽州本朱子語類』（中文出版社）、『朱子語類』（明徳出版社・朱子学大系）の「解説」や「序文」もあわせて掲載されている。

②山田慶児『朱子の自然学』（岩波書店、一九七八年）

＊『朱子語類』を手がかりに、朱熹の自然学を再構築した研究書。自然科学者としての朱熹の研究成果を「宇宙論」「天文学」「気象学」の三分野に分けて論じ、最終章では自然学に関わる「気」と人間学に関わる「理」という二つの概念によって全体を総括。『朱子語類』からの引用はすべて平易な日本語がもちいられ、原文は各章末に挙げられている。

③田中謙二『朱子語類外任篇訳註』（汲古書院、一九九四年）

＊『朱子語類』第一〇六巻「外任篇」の訳注。「外任篇」は、朱熹が行政官として地方に赴任していた際の経験をまとめたもの。当時の政治のあり方を知る上で貴重な資料。中国の俗語文学を専門とする著者による正確かつ平易な訳文に加え、豊

富な注釈が施されている。

④田中謙二「朱門弟子師事年攷」（汲古書院・『田中謙二著作集』第三巻、二〇〇一年）
＊『朱子語類』に関する研究論文。『朱子語類』は時系列に沿って編纂されていないが、『朱子語類』の記録者たち、すなわち朱熹の弟子たちの師事年を明らかにすることで、それぞれの発言の時期を特定。朱熹の思想の軌跡をたどっている。

⑤『『朱子語類』訳注』（汲古書院、二〇〇七年〜刊行中）
＊『朱子語類』の全訳を目指す訳注書シリーズ。二〇〇七年に同シリーズの第一冊が刊行された。以来、二〇一七年現在までに計一三冊が刊行されている。原文を挙げて、その校定を行ったのちに、分かりやすい現代語訳と注釈を載せている。

第十六章　『家礼』——儒教を大衆化した冠婚葬祭マニュアル

佐藤由隆

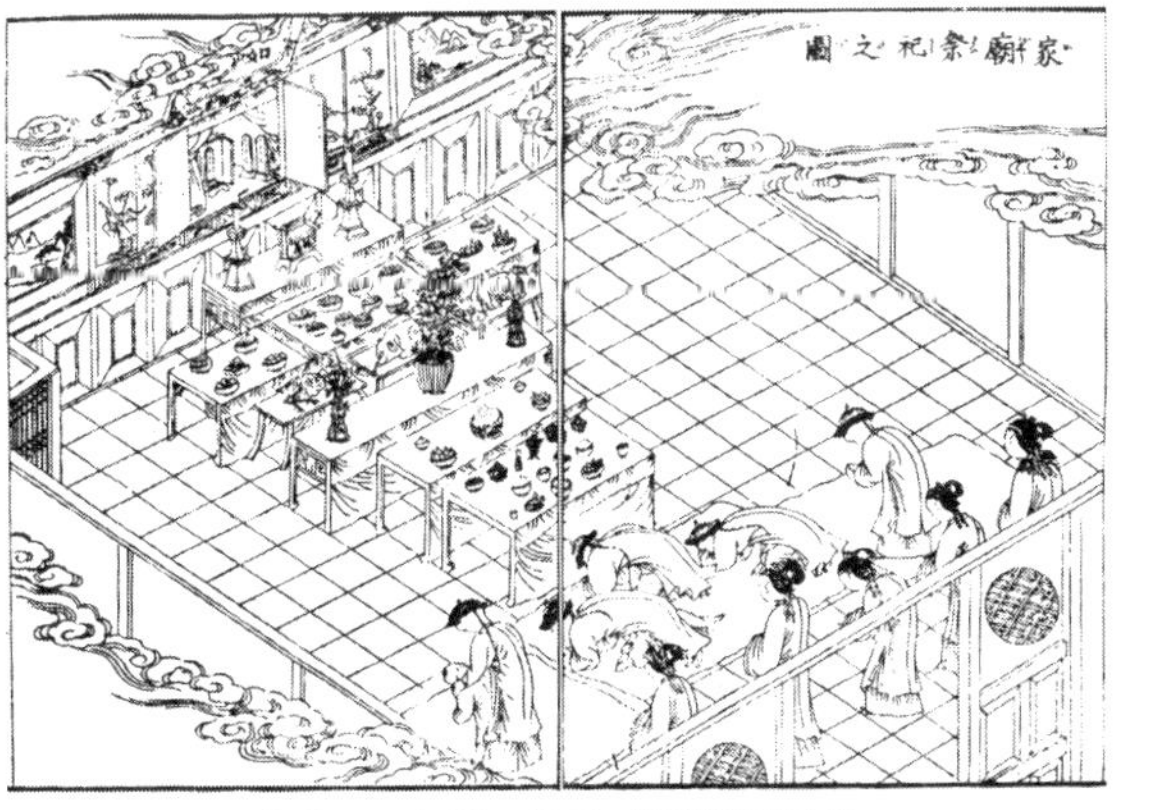

家廟での祭祀の様子（『清俗紀聞』）

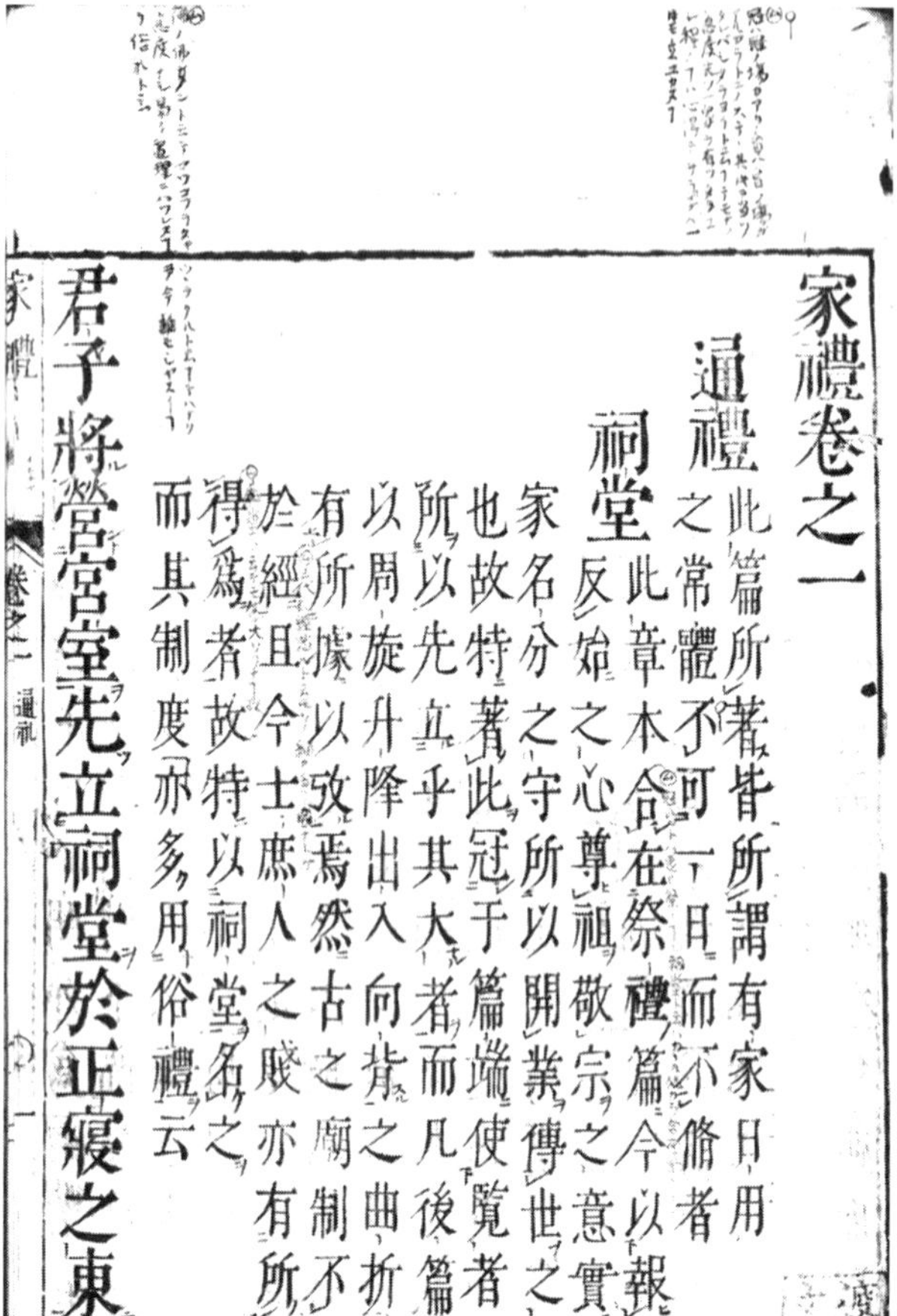
家禮卷之一

通禮 此篇所著皆所謂有家日用之常體不可一日而不脩者

祠堂 此章本合在祭禮篇今以報本反始之心尊祖敬宗之意實有家名分之守所以開業傳世之本也故特著此冠于篇端使覽者知所以先立乎其大者而凡後篇所以周旋升降出入向背之曲折亦有所據以攷焉然古之廟制不見於經且今士庶人之賤亦有所不得爲者故特以祠堂名之而其制度亦多用俗禮云

君子將營宮室先立祠堂於正寢之東 祠堂

家禮 巻之一 通礼 一

和刻本『家礼』（元禄10年刊本）

本章[3]で紹介する，江戸時代に浅見絅斎によって編集・刊行された和刻本。この部分は同じく[3]で紹介する通礼篇・祠堂章の冒頭部である。『家礼』は，このように本文の下に，朱熹自身が詳しい説明や考察を加えた注（本文1行分に対して2行に割られた小文字の注釈なので「割注（わりちゅう）」または「双注（そうちゅう）」と言う）が附されており，全体的な分量としても，本文より注の方がきわめて多い。ここでは章の本文に入る前に，篇や章についての概要を説明している。[3]で紹介する内容は，「祠堂」の下の朱熹注の後半部に見える。

1 『家礼』が作られた経緯

『家礼』とは

『家礼』とは、朱子学の祖である南宋の朱熹（号は晦庵、諡は文公、一一三〇～一二〇〇）が一般向けに作った、冠婚葬祭に関する礼の作法についての手引き書である。『朱子家礼』『文公家礼』とも言われる。成立年については、『朱子年譜』を見ると、乾道六年（一一七〇）に母親の逝去と葬儀に合わせて完成した、という記事があるが、後述するとおり定かではない。

儒教経典の一つである『儀礼』に基づいて作られた本書は、主に当時の知識人層である「士大夫」（科挙に合格して官僚になった者）や「士人」（それ以外の無官の文人）の実践のために作成されたが、のちに庶民が儒教にのっとった礼（儒礼）を行う際のマニュアルとして、とりわけ東アジア地域において広く浸透し、後世まで多大な影響を与えることとなる。簡単に言えば、儒教が民間に広まるために、非常に大きな力を発揮した書の一つが、この『家礼』である。

成立の背景

そもそも礼に関する儒教経典は、三種類ある。周王朝の礼制を官職の管轄ごとに担当領域を定めた『周礼』（『周官』とも言う）、古代の儀礼マニュアルである『儀礼』、そして『儀礼』の解説書として礼に関する議論を総合的にまとめた『礼記』（本書第四章）である。これがいわゆる「三礼」である。

さて、『礼記』大学篇の言葉を借りて言えば、このうちの『周礼』は「治国」（国を治める）、『儀礼』は「斉家」（家を斉える）に相当する礼について述べた書である。つまり『周礼』と『儀礼』のどちらの書をより重視するかに

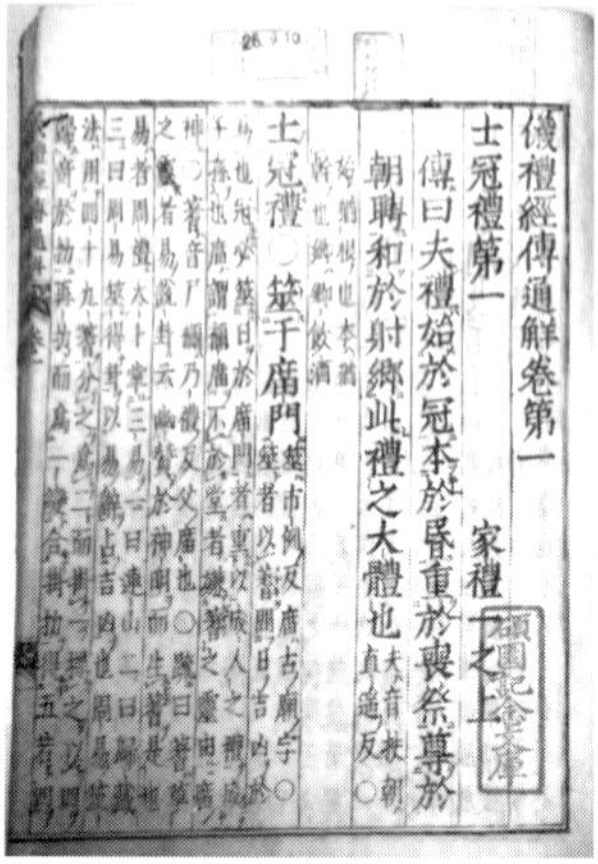

『儀礼経伝通解』
（大阪大学懐徳堂文庫蔵）

よって、国家と一家と、どちらにおける礼の実践がより重要か、という思想にも関わってくるのである。

当時、「礼」について言えば、政治実践に重点を置いた『周礼』が中心であり、『儀礼』は副次的なものであると、一般的には考えられていた。中でも北宋時代、王安石（一〇二一～八六）は、自ら編纂した『周官新義』を科挙（今で言う国家公務員試験）のテキストとして採用するとともに、その科目から『儀礼』を排除した。

こうした『周礼』重視の風潮の中、より身近な礼法をまとめた『儀礼』に目を向けたのが、朱熹である。寧宗の慶元年間（一一九五～一二〇〇）に、朱熹が礼学研究のための援助を要請した上奏文（「三礼を修むるを乞うの箚子」）を見ると、『儀礼』の根本的な再構成の必要性を主張すると同時に、次のように言っている。

『周官』一書は固より礼の綱領（要点をまとめたもの）なれども、其の儀法度数（具体的な礼の方法論）に至っては、則ち『儀礼』こそ乃ち其の本経にして、『礼記』の郊特牲・冠義等の篇は乃ち其の義の説（解説）なるのみ。

要するに、『周礼』を尊重しつつも、『儀礼』こそが礼における「本経」であると、朱熹は考えていたのである。そんな彼の礼学思想に基づいて作成されたのが、この『家礼』である。

朱熹以前における『儀礼』にまつわる研究は、たとえば司馬光（諡は温公、一〇一九～八六）の『書儀（温公書儀）』などがあり、また政府の主導で編纂された『政和五礼新儀』も存在したが、朱熹は現行の『儀礼』研究は不十分であると感じていた。彼は『家礼』の序文（「家礼序」）において、これまでの『儀礼』研究は要点を捉えきれておらず、実践するには不適切であったり、個人の財政状況によっては困難であったりするものばかりである、という趣旨のことを述べている。この序文によれば、より適切な実践マニュアルを目指して作成したのが、すなわち『家礼』であると言う。

なお朱熹は『家礼』を作ったのち、晩年には国家礼制を含む中国古代儀礼の資料集である『儀礼経伝通解（ぎらいけいでんつうかい）』の編纂にも着手したが、未完のまま没してしまい、弟子の黄榦（こうかん）らによって引き継がれて完成することとなる。この『儀礼経伝通解』と『家礼』が、朱熹の礼学研究を代表する書物であるが、前者は古代礼制についての研究書で、後者は実用を目的とした手引き書、という違いがある。

ささやかれる偽作説

しかしこの『家礼』という書について、実は別人の作ではないかという、いわゆる「偽作説」が以前は有力であった。これを大々的に唱えたのは清の王懋竑（おうぼうこう）である。彼は、朱熹の門人である李方子（りほうし）の『朱子年譜』を見ると、乾道六年に「『家礼』成る」とあるにもかかわらず、それより二〇年以上ののちに礼についての議論を行った朱熹の書簡にも、『家礼』に言及した記述が見られないこと、また文献そのものが朱熹の没後まもなく発見されて出版されたという経緯などを理由に、同書は偽作である、という説を主張した（『朱子年譜考異』巻一、『白田草堂存稿』巻二）。そして『朱子文集』にも収録されている「家礼序」すら、偽作であると断じたのである。

この説は、清代に国家事業として編纂された漢籍叢書『四庫全書（しこぜんしょ）』の解題目録である、『四庫全書総目提要（しこぜんしょそうもくていよう）』でも採用され、以降しばらくは定説のように認識されていた。しかし、近年の様々な研究によって、『家礼』の出版に関わった朱熹の直弟子すべてが朱熹の自著として最大限の敬意を払っている事実、また朱熹自筆の「家礼序」が翻刻によって掲載されている版本が存在することなどが指摘され、王懋竑の偽作説自体は否定されることとなった。現在では、『家礼』はやはり朱熹の作である、ということが通説となっている。

ただし、王懋竑が指摘するとおり、『家礼』の記述内容には前後で矛盾する箇所がある。そのため完本（完成原稿）と言うよりは、その時点での朱熹の研究をまとめた稿本（草稿）であると言えよう。

2 『家礼』の構成と「家礼図」

『書儀』から『家礼』へ

『家礼』は司馬光の『書儀』を踏まえて作成されたものである。「書儀」とはそもそも「書簡（手紙）の書き方の手引き」という意味であり、書儀というもの自体は、南北朝時代頃からすでに存在していたことが、『隋書』経籍志、『旧唐書』経籍志、『新唐書』芸文志などを見ると分かる。近年、中国の敦煌で発見された文書類（「敦煌文書」）の中に、唐代を中心とする書儀が多数あることが分かり、注目を集めた。

この書儀というものは、題名のとおり、書簡の書き方を説明することを主としているが、実際には日用における百科全書のような性質をもっている。司馬光の『書儀』も、巻頭に「表奏」「公文」「私書」「家書」という四種類の書簡の書き方の例を載せた後は、「冠儀」「婚儀」「喪儀」「祭儀」と、いわゆる冠婚葬祭における様々な場面での作法をまとめた篇が続いている。

これに対し、朱熹の『家礼』は、巻頭に書簡の用例集を載せず、代わりに「通礼（日常の礼儀作法）」という篇を置き、続けて「冠礼（成人式における礼）」「昏礼（結婚式における礼）」「喪礼（葬式から喪が明けるまでの礼）」「祭礼（祖先祭祀における礼）」と置く、五部構成をとっている。これにより、儀礼書の体裁として、より完備されたものを目指していることが分かる。このうち「通礼」には、「司馬氏居家雑儀」という条が設けられており、司馬光の『書儀』に記載された日常における礼の作法がまとめて紹介されている。

また五つの篇の中で、とりわけ分量が多いのが「喪礼」であり、内容も多岐にわたっている。ごく一例を挙げれば、人が危篤となってから臨終するまでに行うべき礼（「初終」）、遺体の洗い方（「沐浴」）、納棺式の手順（「大斂」）、喪の服し方（「成服」）、一周忌の方法（「小祥」）、二周忌（いわゆる「三年の喪」が明ける日）の方法（「大祥」）などである。またこの「喪礼」にのみ、葬式に際して書かねばならない様々な書状の用例を載せている点も大きな特徴である。

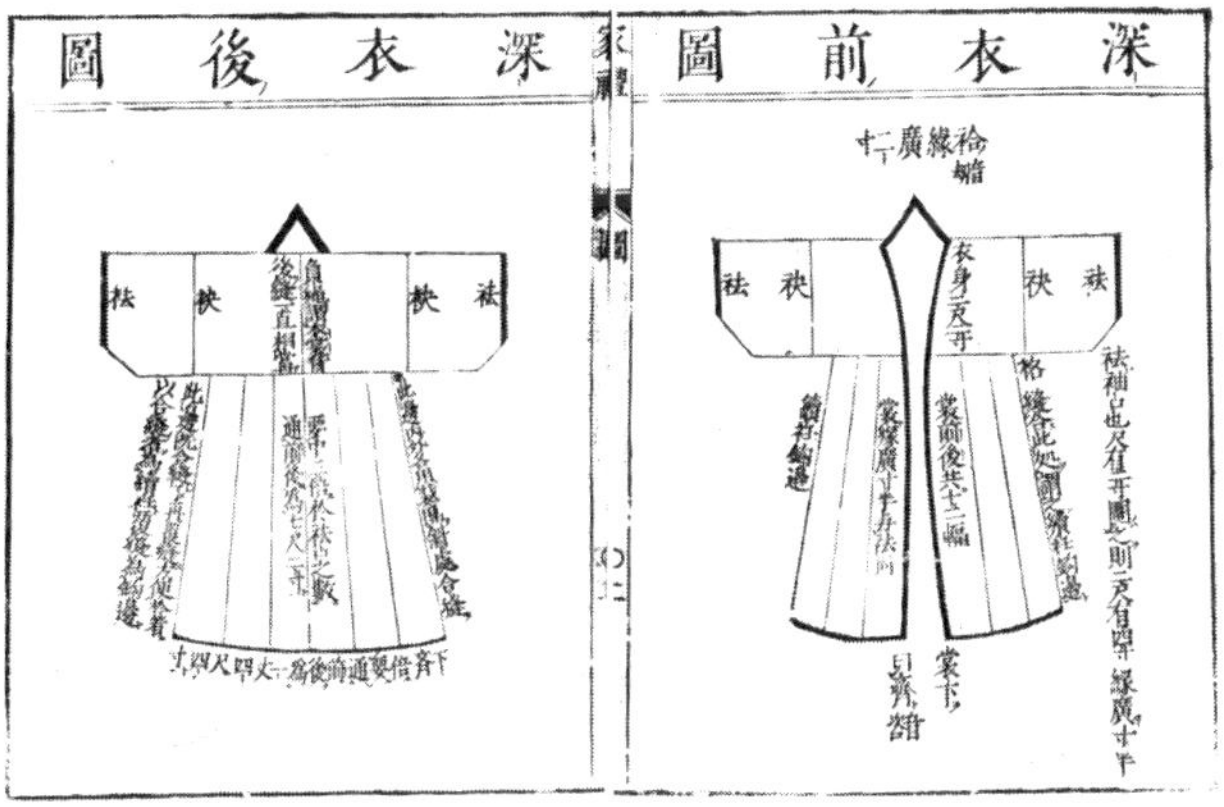

「家礼図」の深衣（一部）（元禄10年刊本）

家礼図

現在伝わる『家礼』の巻頭（あるいは巻末）には、「家礼図」という二八種類の図が掲載されている。『家礼』の中で紹介された儀式などを図によって示したものであるが、作者についてはよく分かっていない。おそらく『家礼』の内容を補足説明するため、後世に付け加えられたものだと思われる。

これらの図のうち、古代に普段着として使用された「深衣」にまつわる図が、『朱子文集』にある朱熹自身が作成したもの（「深衣制度」）と一致しているが、その他については誰の作なのか、判然としないものが多い。いまの二八種すべてが初めて見られるのは、元の時代の大徳九年（一三〇五）に黄瑞節が編纂した『朱子成書』に収録された『家礼』である。これがさらに明の時代、永楽一三年（一四一五）に勅命によって編纂された『性理大全』に収録され、全国に頒布されたことにより、『家礼』本文とあわせて「家礼図」も広く浸透することとなった。

3 実践マニュアルとしての『家礼』

為己の学

『論語』憲問篇に、「古の学者は己の為にす。今の学者は人の為にす」という孔子の言葉がある。「学者」とは今で言う専門家のような意味ではなく、「学ぶ」ということを行っている者全般を指した語である。一見すると、「人の為に」学んでいる「今の学者」の方が良いように思えるかもしれないが、孔子が推奨しているのは「古の学者」の方である。

朱熹は自身が作った注釈書である『論語集注』や、『朱子語類』にある弟子との問答などで次のように言っている。ここの「人の為にす」というのは、自分ではなく他人の幸福のため、という意味の他に、ただただ他人から評価されたいため、という意味を含んだ言葉である。両者はレベルの違いこそあれ、いずれにしても自分が自分として生きるということから目を背けていることには変わりなく、結果的に自分というものを失ってしまう（「己を失う」）ことになる。学問をするのであれば、自分自身が人として成長するために、すなわち「己の為に」学ぶ、という心構えで臨むことが大切である、と。これがいわゆる「為己の学」であり、朱熹が推奨した学問のあり方である。言い換えれば、これが朱子学の大きなスローガンである。

朱熹の生きた宋代は、社会や文明に大きな変革が起きた時期であり、そのことを一般に「唐宋変革」と呼ぶ。中でも大きな影響を及ぼしたのが、科挙制度の整備である。これにより、かつては家名の高い一部の貴族しか携わることのできなかった政治に、科挙に合格しさえすれば、出自を問わず官僚として携わることができる、という大きなチャンスが生まれた。隋の時代に始まったこの制度は、唐代を経て、宋代に入るとさらに整備され、より門戸の広いものとなる。立身出世を志す者は、みなこの科挙に合格するために、受験科目に指定されている儒教経典を学んでいたのである。

しかしこのような学問は、大抵の場合、「人の為に」している学問である。もちろん朱熹自身も科挙に合格して、官僚として政治実践を行った経験もあるため、科挙を受けること自体を否定しているわけではない。ただし受験戦争にあまりにもとらわれてしまうと、学問自体も単なる合格・出世のための道具として埋没してしまう危険性を大いに孕んでいた。この点に大きな問題意識をもち、自分が社会実践者として立派な人物になるために学問をする、という意識を常にもって臨むべきだと主張した代表的人物こそ、すなわち朱熹である。このような思想のもと、朱熹は従来の「五経」とは別に、『大学』『中庸』『論語』『孟子』をまず読むべき四種のテキスト（「四書」）と設定し、優れた社会実践者となるための基盤形成に力を注いだのである。

ただ、この「四書」は、どちらかと言えば行動理念の方に重点を置いたテキストであり、個々の状況下における具体的な方法論については、断片的な説明しかなされていない。したがって、この「四書」とは別に、儒教に基づいた具体的な実践方法を知るためのテキストが必要である。

『大学』には、最終的に「平天下」（天下を平らかにする）ができる人物になるまでの修養の段階を説いた「八条目」というものがある（本書第四章参照）。この中で、まず最初にしなければならないのは、あらゆる物事のしくみや原理を把握して、自分がどのようにその物事に対応すればよいかということをきちんと知る――という「格物致知」（物に格りて知を致す）である。その後、自分の心理状態や行動を正しくした上で、初めての対外的な実践として設定されているのが、いちばん身近な「家」（当時は広く親戚も含めた一族を指して言う）を平和な状態にすること、すなわち「斉家」である。

では、「斉家」のための具体的な方法論をまとめた書とは何か。すなわち『儀礼』である。これこそ朱熹が『儀礼』を「本経」として重要視し、研究に着手したゆえんであろう。

庶民のための実践マニュアル

そもそも、『礼記』曲礼篇に「礼は庶人に下らず」という一文があるように、本来の儒教においては、庶民は礼を実践する資格すら与えられていなかった。『儀礼』は、古代の貴族階級の中では下の方に位置する「士」が行うべき礼、すなわち「士礼」を中心にまとめられた書である。しかし貴族制から官僚制に移行した宋代では、科挙に合格して官僚となった「士大夫」にも様々な出自をもつ者がいるわけで、貴族社会における「士」とは根本的に性質を異にしている。ましてやその他の知識人層である「士人」は、官職すらもっていない。

つまり、社会の変容とともに学問の門戸が広くなった宋代になると、古代では想定されていなかった身分の者たちが儒教を学びはじめたことにより、彼らが儒教にのっとった礼を行うにはどのようにしたらよいか、という問題が生じたのである。特に冠婚葬祭の儀式において、民間に浸透しているのは仏教式の作法である。これに対抗する、一般向けの儒教式の作法を提唱することが目下の課題であった。そこで朱熹は、『家礼』を編纂することにより、今の士庶人たちが行うべき儒教の礼のモデルを示したのである。

ここで実際に『家礼』本文の中から例を二つほど紹介したい。

まず「喪礼」の「題木主」という章を見てみたい。この章は位牌（神主、木主とも言う）の作り方を説明する箇所である。

『家礼』の基本的なスタイルは、それぞれの礼の作法についての簡潔な手順が本文に書かれ、朱熹自身による具体的方法論についての詳しい解説文（注）がその下に附される、というものである。この章でも、「主に題す」（位牌に字を書き付ける）という本文があり、どこにどのようなことを書き、書き終わったらどのようにすればよいのか、ということを説明したものが注として附されている。その注の部分を見てみると、官職等がある場合の表面の書き方を説明したのち、続けてこのようにある。

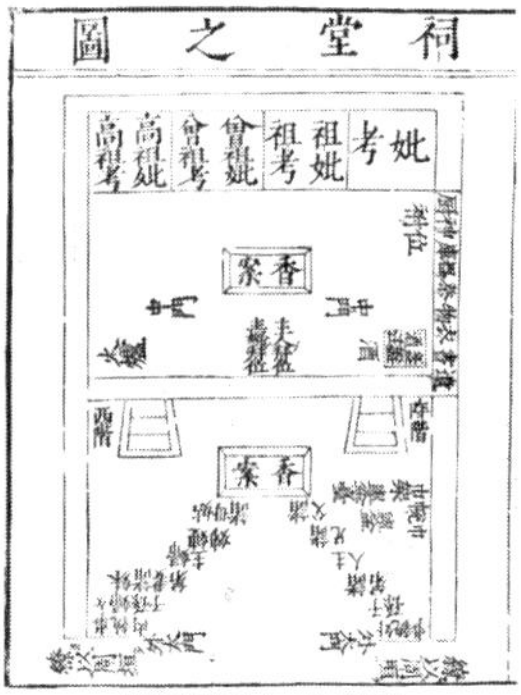

「家礼図」の祠堂
（元禄 10 年刊本）

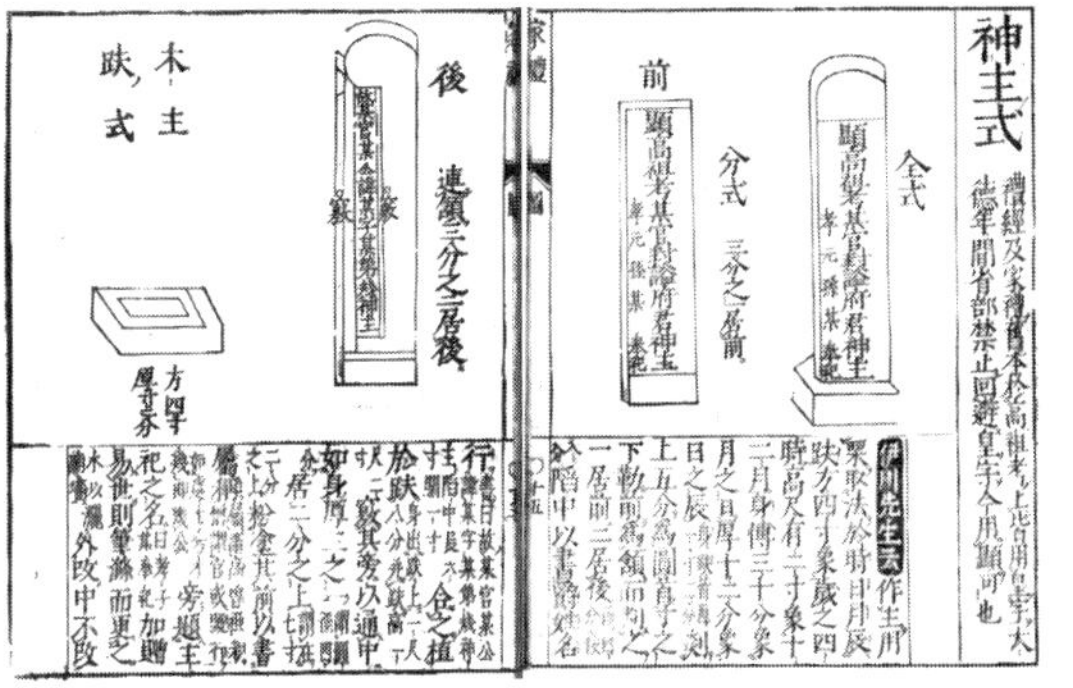

「家礼図」の神主（位牌）
（元禄 10 年刊本）

官封無ければ、則ち生時に称する所を以て号と為す。

（故人が官職や封号を得ていなかった場合は、生前の通称をそのまま号として書くとよい）

つまり官職の有無に関係なく位牌が作れるように、両方の場合の書き方を紹介しているのである。

また「通礼」の「祠堂」という章には、「祠堂」というタイトルの下の朱熹の注に、次のような文章がある。

古の廟制は経に見えず、且つ今の士庶人の賤なる、亦た為るを得ざる所の者有り。故に特だ祠堂を以て之に名づけ、而して其の制度も亦た多く俗礼を用うと云う。

要するに、廟（祖先を祀る施設。家廟）を作るというのは非常に大事なことだけれども、古代における廟の作り方を詳しく記した文章が経典には見られないし、そもそも身分の低い私たち「士庶人」がそれを忠実に再現しようとすると色々大変である。なので、ひとまず「祠堂」という名前をつけ、またその作り方も「俗礼」を多く採用しながら紹介したい、ということである。

ここで注目すべきなのは、朱熹は単に古代の儒教の礼法を復活させようとしたわけではなく、時代や行う人物の身分に合わせた適切な方法を模索し、時には当時の習俗も柔軟に取り入れようとした、ということである。これが民間に儒教式の礼法が受け入れられるための大きな役割を果たしたのであろうと思われる。

『家礼』とは、それまでの「王朝の礼」に対する「民間通行の礼」を一書にまとめあげたものであり、大衆が儒教を受容するにあたって、その大きな足がかりとなる「儀礼」というものを、大衆に向けて開放したものなのである。儒教の大衆化、大衆の儒教化に貢献した書、それが『家礼』である。

東アジア諸国への伝播

明代に入り、『家礼』は国家事業として編纂された勅撰書の中に収録され、国家的威信を背景に諸階層に広く受け入れられてゆくこととなる。洪武三年（一三七〇）の『大明集礼』や、2で紹介した『性理大全』がそれである。さらに成化一〇年（一四七四）、丘濬（一四二一～九五）が『家礼』を明代の社会状況に合わせて改編した『文公家礼儀節』を作る。この書が、『性理大全』とともに朝鮮や日本に伝わり、翻刻を重ねて広く読まれることとなるのである。

朝鮮においては、一四世紀後半頃に伝わったとされている。以後、『家礼』は朝鮮王朝を通じて同国の知識人階級である「両班」にとって絶大な儀礼規範となり、一六世紀初頭の中宗期以後には民間にも積極的に推進され、『家礼』を踏まえた「祠堂」が両班階層を中心に広く作られた。また中国ではついに現れることのなかった詳細な注釈書も、朝鮮では数多く登場した。一例を挙げると、曺好益『家礼考証』、金長生『家礼輯覧』などであり、『家礼』が中国以上に大きな権威を保っていたことがうかがわれる。

日本に『家礼』が伝わったはっきりとした時期は、よく分かっていない。確認できる最古の記録は室町時代中期である。かつては、儒教の礼は日本においては大した影響を及ぼさなかった、という説が一般的であったが、近年の研究により、必ずしもそうではないことが明らかになりつつあり、特に葬礼については無視できない影響を及ぼしたのではないかと考えられている。江戸時代に儒教（儒学）が流行すると、林羅山（一五八三〜一六五七）、中江藤樹（一六〇八〜四八）、山崎闇斎（一六一八〜八二）、徳川光圀（一六二八〜一七〇〇）など、朱子学者を中心として（右の人物のほか、とりわけ山崎闇斎の流れを汲む闇斎学派によって）、『家礼』に基づいた葬礼を行った例が多く見られるようになる。またテキストについても、『性理大全』本や『文公家礼儀節』に見られる明代の習俗を取り除き、朱熹本来のものに復元した『家礼』を、浅見絅斎（一六五二〜一七一二）が元禄一〇年（一六九七）に刊行して以来、数多くの和刻本が出版されており、江戸時代後期には『家礼』の葬祭儀礼に関する論述が数多く著されている。

とりわけ江戸時代の日本における儒教の特色は、市井の儒者が多く活躍した点にある。身分制度により、政治実践を容易に行うことができない彼らにとって、儒者としての自己存在をアピールできる大きな場と言えば、冠婚葬祭における礼の実践であったと思われる。こうした民間の儒者の活動もあり、現代に至るまで、『家礼』に基づいた儒教の礼法は、民間の祖先祭祀に隠然たる影響を及ぼしつづけたのではないかとされている。その典型例こそ、すなわち仏教の礼法にはもともと存在していなかった位牌（神主）が、『家礼』式の形で普及している点である。

4 名文読解

礼における「本」と「文」

凡禮有レ本有レ文。自下其施二於家一者上言レ之、則名分之守、愛敬之實者、其本也。冠婚喪祭儀章度數者、其文也。

（家礼序）

凡そ礼に本有り文有り。其の家に施す者よりして之を言えば、則ち名分の守、愛敬の実なる者は、其の本なり。冠婚喪祭の儀章度数なる者は、其の文なり。

およそ礼というものには「本（根幹）」があり「文（具体的な実践内容）」がある。家で実施するものについて言えば、つまり（親であったり子であったりなど）各々の立場によって守るべき事がら（「名分の守」）や、中身（「実」）のある愛や敬といったものが「本」である。冠婚葬祭でのさまざまなマナーや作法（「儀章度数」）というものは「文」である。

「本」を守った礼の実践

大抵謹名分崇愛敬以為之本、至其施行之際、則又略浮文務本實、以竊自附於孔子従先進之遺意。

（家礼序）

大抵名分を謹しみ愛敬を崇びて以て之が本と為し、其の施行の際に至れば、則ち又た浮文を略して本実を務め、以て窃かに自ら孔子の先進に従うの遺意に附く。

（本書『家礼』は）およそ自分の（その状況下での）立場をつつしんで守り、愛や敬の気持ちを大切にすることを「本」として、礼を実施・実行する時には、表面的な型にとらわれずに「本」や「実」をきちんと守ることを心懸け（た内容を目指し）たことで、孔子が「前の時代の素朴な礼法に従いたい（見た目の豪華さより本質が大事だ）」とおっしゃった（『論語』先進篇）、そのご遺志を受け継いだつもりである。

参考文献

【一般的・入門的文献】

① 加地伸行『沈黙の宗教――儒教』（ちくま学芸文庫、二〇一一年）

＊位牌やお墓など、時には仏教由来のものであると思われている、日本人の宗教観や死生観は、実は儒教の影響を受けてい

るものが多い、という論点を中心にしてまとめられた儒教概論書。

② 加地伸行『儒教とは何か（増補版）』中公新書、二〇一五年）

＊『沈黙の宗教――儒教』の姉妹編。こちらも儒教の宗教性を論点の中心に据えているが、より幅広く中国思想史について概論したものである。巻末に著者による「『家礼図』略説」が附されている。

③ 小島毅『朱子学と陽明学』（ちくま学芸文庫、二〇一三年）

＊朱熹の始めた朱子学と、明代に王陽明が朱子学を批判する形で誕生した陽明学について紹介した入門書。第九章「礼教と風俗」では、彼らの思想の背景をなす社会秩序観が紹介されており、『家礼』についても説明があるほか、『儀礼経伝通解』についても言及されている。

【専門的文献】

① 細谷恵志『朱子家礼』（明徳出版社、二〇一四年）

＊『家礼』の全訳注。全文に書き下し文・語釈・現代語訳を附しているが、個々の内容についての詳しい解説はない。巻末に「家礼図」と、著者による「解題」が附されている。

② 吾妻重二・朴元在編『朱子家礼と東アジアの文化交渉』（汲古書院、二〇一二年）

＊「『家礼』の知的文脈」「『家礼』の伝播と変容」「東アジアにおける『家礼』の様相」という三部に分かれ、『家礼』という文献そのもののことからそれが各地域に与えた影響まで、一七人の学者が行った研究をまとめた論文集。

③ 吾妻重二編『東アジアの儀礼と宗教』（雄松堂出版、二〇〇八年）

＊儒教のほか、東アジアにおける道教、仏教、イスラーム、キリスト教、民間信仰について、一四人の学者が行った研究をまとめた論文集。『家礼』の概要を把握するにあたっては、この書に収録されている「儒教儀礼研究の現状と課題――『家礼』を中心に」（吾妻重二著）が有用である。

④ 近藤啓吾『四礼の研究――冠婚葬祭儀礼の沿革と意義』（臨川書店、二〇〇三年）

＊『家礼』を中心とした中国の儀礼が、日本における冠婚葬祭それぞれの儀礼（四礼）に与えた影響性について論じた書。同じ著者に『儒葬と神葬』（国書刊行会、一九九〇年）があり、こちらには「朱子家礼概説」という章がある。

⑤　田世民『近世日本における儒礼受容の研究』（ぺりかん社、二〇一二年）
＊『家礼』を近世日本の儒家知識人がいかに受け止め、それを社会生活においていかに実践し、自らの思想をいかに展開していったか、という点を考察した研究書。日本における様々な儒者たちの、『家礼』に基づいた実践内容が具体的に紹介されている。

⑥　子安宣邦『鬼神論――儒家知識人のディスクール（新版）』（白澤社、二〇〇二年）
＊祖先祭祀を行う中で避けられないのが、先祖の霊魂（鬼神）の捉え方である。これは神秘的なものをとりわけ排除しようとした朱子学にとっては大きな課題であった。この課題に対し、特に日本の儒者がどう向き合ったのか、ということについて論じたのがこの書である。

第十七章　『菜根譚』——処世訓の最高傑作

湯浅邦弘

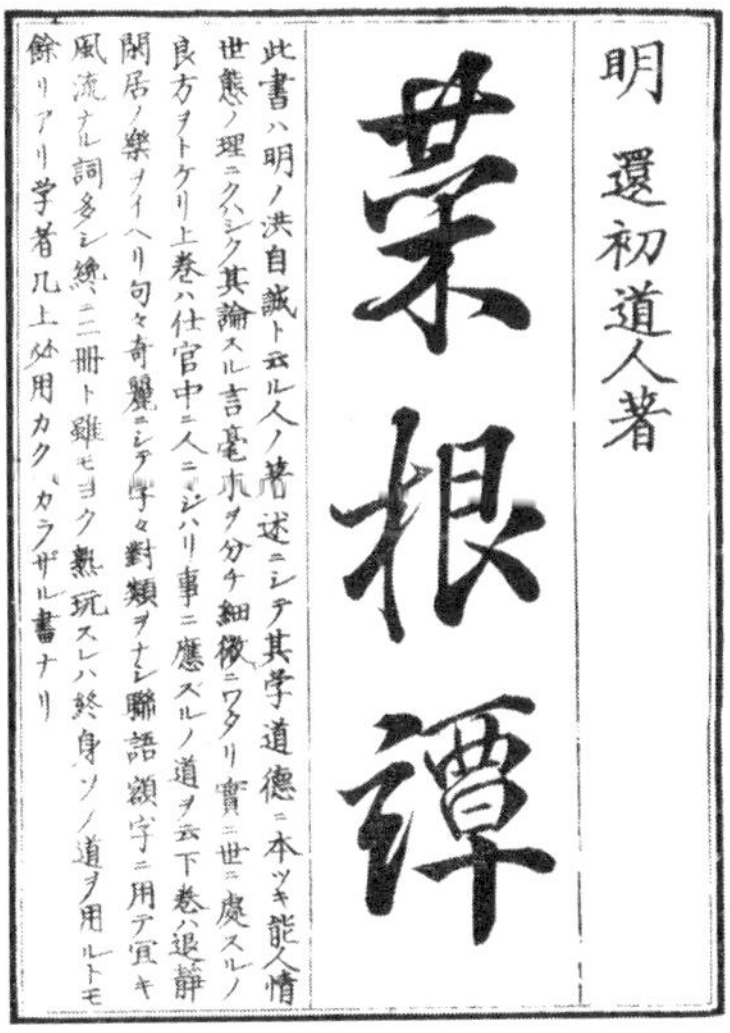
明　還初道人著

菜根譚

此書ハ明ノ洪自誠ト云ル人ノ著述ニシテ其学道德ニ本ツキ能人情
世態ノ理ニクハシク其論スル言毫ホヲ分チ細微ニワタリ實ニ世ニ處スルノ
良方ヲトケリ上巻ハ仕官中ニ人ニマジハリ事ニ應ズルノ道ヲ云下巻ハ退静
閑居ノ楽ヲイヘリ句々奇麗ニシテ字々對類ヲナシ聯語額字ニ用テ宜キ
風流ナル詞多シ纔ニ二冊ト雖モヨク熟玩スレハ終身ソノ道ヲ用ルトモ
餘リアリ学者几上必用カクヘカラザル書ナリ

和刻本『菜根譚』（文政５年刊本）

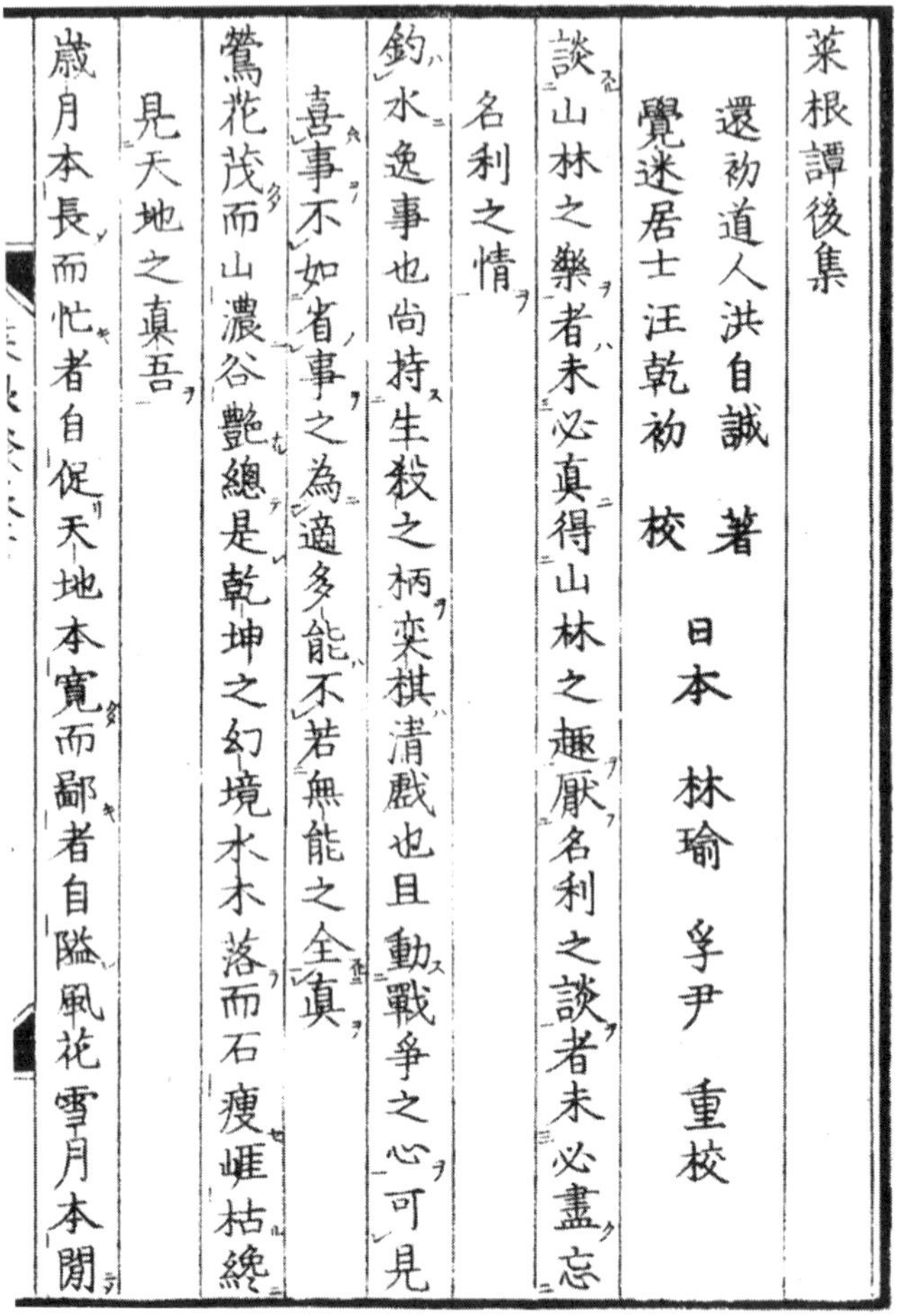
菜根譚後集
還初道人洪自誠　著
覺迷居士　汪乾初　校
日本　林瑜　孚尹　重校
談山林之樂者未必眞得山林之趣厭名利之談者未必盡忘
名利之情
釣水逸事也尚持生殺之柄奕棋清戲也且動戰爭之心可見
喜事不如省事之為適多能不若無能之全眞
鶯花茂而山濃谷艶總是乾坤之幻境水木落而石瘦崖枯纔
見天地之眞吾
歳月本長而忙者自促天地本寛而鄙者自隘風花雪月本閒

和刻本『菜根譚』（文政５年刊本）

江戸時代に刊行された和刻本。『菜根譚』は，前集・後集の全357条からなるが，これは後集の冒頭部。著者として「還初道人洪自誠」の名が見える。また，返り点・送り仮名を付け和刻本として刊行した人は，その下に見える「林瑜（はやしゆ）」（加賀藩の儒者，号は孚尹（ふいん））。

『菜根譚』の各条は，このように，ほぼ２行で一条となっている。一条が終わると改行して次の条となるが，分類や見出しはない。そのゆるやかな構成が読者に受け入れられ，『菜根譚』は処世訓の傑作となっていった。

1 洪自誠と『菜根譚』

謎の人洪自誠

『菜根譚』は中国処世訓の最高傑作である。著者は洪応明。字の自誠をとって、洪自誠と呼ばれるが、生卒年も出身地もはっきりせず、おおよそ明代末期、万暦年間（一五七三～一六二〇）頃の人だったと考えられている。傑作を著した人なのに、詳しい伝記が残っていないというのは、『菜根譚』が後の世になってから評価されはじめ、同時代の人々にとって、洪自誠がそれほどの有名人ではなかったことを示している。

ただ、『菜根譚』の内容から推測してみると、「もと役人で、明末の政争に巻き込まれ、あるいは政争に敗れて隠遁した人」という人物像が浮かび上がってくる。たとえば、洪自誠は、『菜根譚』の中で次のように述べている。

士大夫たるものは、官職に就いているときは、手紙のやりとりにも節度がなければならない。それは、自分の心を見透かされないようにし、他人に幸運を乗っ取られないようにするためである。しかし、官職を退いて、郷里に帰ったら、お高くとまっていてはならない。それは、自分の心をよく見通せるようにして、旧交を温められるようにするためである。（前集二一〇条）

前半は役人としての心構え、後半は引退後のことについて書いている。ここからは、役所勤めを終えて田舎に引退してきた知識人、という人物像がうかがえる。洪自誠の号は「還初道人」だったと伝えられている。それは、こうした経歴と関係があるかもしれない。田舎に帰り、初心に返って筆を執った人、という意味である。

「末の世」に登場した『菜根譚』

明代末期は政争の続いた時代である。洪自誠も、その混乱の中を生き、またそのむなしさを痛感した。その体験が、名著『菜根譚』として実を結んだのである。次の言葉は、そうした時代背景をうかがわせる。

> 治世にあっては四角張って生き、乱世にあっては丸く生き、末の世にあっては、四角と丸の生き方を併用しなければならない。（前集五〇条）

これは、時代の治乱に沿って言動を変えるべきだという主張で、同じような思想はすでに『論語』にも見られた。『論語』憲問篇に、「子曰く、邦に道有れば、言を危くし行いを危くす。邦に道無ければ行いを危くして言は孫う」とある。つまり、国に正しい道が行われているときは、言語も行動も厳しくしてよいが、道が行われていないときは、行動は厳しくしても言葉は害にあわぬようおだやかにする、という意味。

『菜根譚』が、治世のときには「方」、乱世のときには「円」と言っているのはこれに近い。ただし『菜根譚』は、第三の世として「叔季」（道徳の退廃した末の世）を挙げ、「叔季の世に処りては当に方円並び用うべし」としている点が特色となっている。これは、架空の時代を言っているのではなく、洪自誠が生きていた明代末期を指しているのであろう。そのような時代に『菜根譚』は生まれたのである。

2　構成と思想

書名と構成

書名の「菜根」は、宋の汪信民の言葉にちなむ。「人は常に菜根（野菜の根）をよく咬んでいれば、あらゆる事はなしとげられる」と言っていたという。野菜の根は堅くて筋が多いが、それを苦にせずよく咬めば、世の中の真の味を理解できるという意味。洪自誠はこの言葉に共感し、書名とした。また、「譚」は「談」と同じ。「菜根談」と記すテキストもある。しかし内容は、くどくどとした談義ではない。明快で簡潔な言葉の連続で、多くは二句または三句の対構造となっている。暗唱にも適した名文である。

構成は、きわめて簡潔である。『菜根譚』のもともとのテキストには、明確な条の区分けや条数の記載がない。全体が前集と後集に大別されるだけで、前集二二二条、後集一三五条、計三五七条からなる。一条が終わると改行して次の条に移る（本章冒頭の図版参照）。一条ごとの独立性が高く、どこから読み始めてもよく、どこで読み終わってもよい。

儒・仏・道の融合

内容上の特色は、儒・仏・道の融合である。前集は、どちらかと言えば、俗世の人々との関わりを中心に語る。儒家の思想にも見られるような常識的な道徳が説かれている。一方、後集には、その俗世を超えた深遠な境地が説かれ、老荘思想や仏教の色彩も見られる。象徴的なのは、洪自誠が語る自らの読書生活である。

明け方の窓の下で『易経(えききょう)』を読み、松葉の露(つゆ)で句読点を打つための朱墨(しゅぼく)を擦(す)る。昼間は机の上に仏典を置いて語り合いながら、宝磬(ほうけい)を打って音色を竹林の風に響かせる。（後集五四条）

ここにいう『易経』とは、『周易(しゅうえき)』。儒家の経典「五経」の筆頭に位置づけられる文献である。洪自誠が儒家であることを端的に表明しているであろう。面白いのは、午後は一転して仏典について語るという点である。「宝磬」とは、楽器。「へ」の字形に加工した石や玉(ぎょく)をつるして鳴らす。仏典を読む際にも使われた。儒者でありながら、仏教や道教の思想にも共鳴した洪自誠の読書生活として興味深い。『菜根譚』には、多分にこうした雰囲気が漂っている。

ただし、洪自誠の基本は、やはり儒家としての道徳心である。確かに、『菜根譚』には、道家や仏教の思想が色濃く見られ、「無」や「空」の思想まであと一歩のところまできている条もある。しかし、洪自誠は、ぎりぎりのところで踏み留まり、道家や仏教とは一線を画している。自らの立場を表す際には「吾が儒」と言っている。洪自誠は、仏教・道教の思想を認めながら、あくまで是々非々の態度で臨んだ。この見事な融合のさまが、『菜根譚』を深みのある処世の書として支えている。

一歩を譲る

特徴的な主張としては、まず、「一歩を譲る」がある。

世の中を渡っていくのに一歩を譲る気持ちが大切である。一歩退くのは、のちのち一歩を進めるための伏線となる。人を待遇するのに少し寛大にする心がけが望ましい。他人に利を与えるのは、実は将来自分を利するための土台となる。（前集一七条）

これは、かつて『老子』が「聖人は其の身を後にして而も身は先んず。其の身を外にして而も身は存す」（第七章）と説いた思想に類似する。聖人は他人の背後に身を置きながら結局は先頭にいる。その身を中心から離れたところに置きながら結局は中心にいる、という意味である。

同様に、『老子』を連想させるものとして、「足るを知る」という思想がある。

いっぱいに抱え込んでいる者は、失うものもまた大きい。だから、富んでいる者は、貧しい者がそうした心配をしなくてすむには及ばない、ということを理解すべきである。また、足高に歩む者は、つまずき倒れることもまた早い。だから、身分が貴い者は、賤しい者が常に心安らかにしているのには及ばない、ということを理

解すべきである。（後集五三条）

これも、『老子』の「甚だ愛すれば必ず大いに費ゆ。多く蔵すれば必ず厚く亡う。足るを知れば辱められず。止まるを知れば殆うからず。以て長久すべし」（第四四章）に近い思想である。一定のところで留まることを知っていれば危険な目に遭うこともない。それがいつまでもそのままでいられる秘訣である、という意味で、『菜根譚』のこの条の背景には、この『老子』の言葉がある。

遇と不遇

それに関連して、遇不遇に関する考え方も注目される。

道徳を住みかとして守り抜く者は、一時的には、不遇で悲しい境地となる。権勢におもねって生きている者は、一時的には栄えても、結局は、痛ましく寂しい境遇となる。達人は、俗世間の外の物を見て、死後にも続く永遠の生命を思う。むしろ一時的には不遇であっても、永遠に痛ましさが続くような道を選んではならない。（前集一条）

『菜根譚』の最初の条である。洪自誠が基本的には儒家の徒であることが分かる。また、ここで説かれているのは、人生に遇不遇はつきものだということである。権勢におもねることによって一時の厚遇を受けても、それは長続きせず、結局は悲惨な境遇におちいると戒めている。一時的には不遇であっても、道徳心をもつ者が結局は永遠の幸せを得られると説く。

善と悪

善と悪についても興味深い主張をしている。言わば「悪中の善」と「善中の悪」の発見である。

> 悪事を行いながら、それでも人に知られることを恐れる者は、まだ悪の中にもわずかに善に向かう道があると言える。立派な行いをして、そのことを他人に知ってほしいと焦る者は、善意の行いも、そのまま悪の根源となってしまう。（前集六七条）

単純な善悪観ではない。人間の心が複雑であることを洞察したものである。政界の悪事が横行した明代末期において、洪自誠は、悪事をはたらく人の心の中にもわずかな善を見出そうとする。一方で、優れた行いも、人に知られたいという雑念があれば、それが悪事の根源になると戒めている。深い人間観である。

苦心の中にある幸せ

そして、洪自誠が求めたのは、真の幸福であった。それは苦心の中にこそある幸せである。

> あれこれと苦心している中に、とかく心を喜ばせるような面白さがあり、逆に、自分の思い通りになっているときに、すでに失意の悲しみが生じている。（前集五八条）

『菜根譚』の中でも屈指の名言だと思われる一条である。物事には常に表裏の二面性があり、表層的な現象に一喜一憂してはならないという戒めである。前半の句は、今、あれこれと悩み苦しんでいる人には大いなる励ましとなり、一転して、後半は、今、得意の絶頂にある人への警鐘となる。また、原文の書き下し文を示すと、「苦心の中、常に心を悦ばしむるの趣を得、得意の時、便ち失意の悲しみを生ず」となるが、ここからも、『菜根譚』の文章が見事な対句構造になっていることが分かる。

晩年の輝き

こうした幸福論に関連して、洪自誠が自らに向けて発したのではないかと思われる言葉もある。それは晩年の輝きである。

日が暮れても、烟霞（夕景）は絢爛と輝いている。歳末になっても、橙橘（柑橘類）は一層良い香りを漂わせている。だから、人生の晩年に際してこそ、君子たる者は、さらに気力を充実させなければならない。（前集一九六条）

夕日の輝きと蜜柑の香り。この二つの比喩を使って、人生の晩年のすばらしさを讃えている。ここには、枯れていく老人とはまったく異なる老人像が示されている。失意のうちに帰郷した洪自誠が、晩年『菜根譚』の筆を執る中でたどり着いた一つの境地であろう。

3『菜根譚』の伝来と日本での評価

付録から単行本へ

『菜根譚』が世に出るのは、まず、明末の高濂（一五七三～一六二〇）の編纂した『雅尚斎遵生八牋』（一五九一年）という書の付録としてであった。この書は、明代の戯曲作家高濂が、養生（身体の修養法）を中心として、飲食、趣味、薬物などについて記したもので、全八牋（篇）一九巻から成る。広く修養という概念に関わるものとして、『菜根譚』も付録されたのであろうが、後に単行本（全二巻）としても刊行された。これを明刊本の『菜根譚』という。

また、この明刊本とは別に、次の清朝において刊行された『菜根譚』（全一巻）もあるが、これは、構成や条の配列の異なる、まったく別系統のテキストである。

和刻本『菜根譚』と評価

日本に伝来したのは、明刊本である。加賀藩の儒者・林蓀坡（名は瑜、一七八一〜一八三六）が文政五年（一八二二）に我が国初の和刻本『菜根譚』を刊行した。これが日本における『菜根譚』の運命を大きく変えた。

蓀坡は江戸の昌平黌に三年間留学したが、その際、『菜根譚』を通読し、従来の儒家の書を超えるその内容に深く感動して刊行を思いついたのである。中国伝来の刊本は、いわゆる白文（漢字だけで訓点のないもの）であったが、和刻本は、訓点（返り点と送り仮名）が付されていて大変読みやすい。

以後、この和刻本は多くの読者を得、重刊されている。その後も、多くのテキストが世に出たが、それらはすべて、この文政五年刊本を基礎とするものであった。明治に入ってからも、様々な注釈書が登場し、『菜根譚』の人気をうかがわせる。近年では、多くの著名人が愛読書としていると公言し、さらに人気が高まっている。

4　名文読解

真の仏は家庭の中に

家庭有二個真佛一、日用有二種眞道一。人能誠心和氣、愉色婉言、使二父母兄弟間、形骸兩釋、意氣交流一、勝二於調息觀心一萬倍矣。

（『菜根譚』前集二一条）

家庭に個の真仏有り、日用に種の真道有り。人能く誠心和気、愉色婉言、父母兄弟の間をして、形骸両つながら釈け、意気交流れしめば、調息観心に勝ること万倍なり。

家庭の中にこそ一個の真の仏があり、日々の生活の中にこそ一種の真の道がある。人の心が誠で気が和らぎ、穏やかな顔つきで優しい言葉を使い、そして父母兄弟の間がまるで体がとけあうように気持ちが互いに通じ合えば、正座をして息を整え、座禅して念を凝らすことよりも数万倍の効果があろう。

三つの花のどれを選ぶか

富貴名譽、自道德來者、如山林中花。自是舒徐繁衍。自功業來者、如盆檻中花。便有遷徙廢興。若以權力得者、如瓶鉢中花。其根不植、其萎可立而待矣。

（『菜根譚』前集五九条）

富貴名誉、道徳より来たる者は、山林の中の花の如し。自ずから是れ舒徐繁衍す。功業より来たる者は、盆檻の中の花の如し。便ち遷徙廃興有り。若し権力を以て得る者は、瓶鉢の中の花の如し。其の根植えざれば、其の萎むこと立ちて待つべし。

道徳心に基づく富貴や名誉は、山林の中の花のようだ。自然に枝葉が伸び茂っていく。事業の成功によって得られたものは、鉢植えや花壇の花のようだ。移しかえられたり、捨てられたり拾われたりというありさま。権力によって得られたものは、花瓶の中の花のようだ。根がないのだから、やがて萎むのは目に見えている。

参考文献

【一般的・入門的文献】

① 今井宇三郎『菜根譚』（岩波文庫、一九七五年）
＊林蓀坡の文政五年刊本（内閣文庫蔵）を底本とする『菜根譚』全訳。巻末に、書名・著者・内容・版本・注釈書に関する解説を付す。

② 中村璋八・石川力山『菜根譚』（講談社学術文庫、一九八六年）
＊『雅尚斎遵生八牋』付録として収録された『菜根譚』明刊本（内閣文庫蔵）に基づく全訳。原文には返り点を付す。巻末に解説と初句索引あり。

③ 湯浅邦弘『菜根譚――中国の処世訓』（中公新書、二〇一〇年）
＊『菜根譚』を処世訓の最高傑作として解説する入門書。六つのテーマに分けて『菜根譚』の主な条を読み、主要な言葉を解説する。また、中国処世訓の歴史についても概説する。

④ 湯浅邦弘『菜根譚』（角川ソフィア文庫、二〇一四年）
＊文政五年刊本を底本とする『菜根譚』の抄訳。条ごとに、平易な現代語訳、書き下し文、返り点付きの原文、解説を掲げ、巻末に主要語句索引を付す。

⑤ 湯浅邦弘『菜根譚』（NHK出版・NHKテレビテキスト、二〇一七年）
＊二〇一四年一一月と二〇一五年一〇月にNHKテレビ「100分de名著」で放映された番組のテキスト。『菜根譚』を「逆境を乗り切る知恵」「真の幸福とは」「人づきあいの極意」「人間の器の磨き方」の四回で解説する。

⑥ 湯浅邦弘『菜根譚×呻吟語』（NHK出版・別冊100分de名著、二〇一七年）
＊⑤の別冊として企画されたもの。『菜根譚』と『呻吟語』とを中国の二大処世訓として対比しながら平易に解説する。『菜根譚』の著者洪自誠と『呻吟語』の著者呂新吾との架空対談を載せる。

【専門的文献】

① 中村璋八『清朝本全訳菜根譚』（東方書店、二〇〇六年）
＊明刊本とは異なる系統の清刊本『菜根譚』（一巻本）に基づく注釈書。修省・応酬・評議・閒適・概論の各篇からなる。巻末に解説と初句索引・人名索引を付す。

② 湯浅邦弘監修『『菜根譚』叢書』全二五巻、別巻一（大空社、二〇一一年～刊行中）
＊江戸時代の和刻本（文政五年刊本）から明治・大正・昭和まで、各時代の『菜根譚』注釈書を影印で集成する叢書。

第十八章　『呻吟語』——乱世に向けた呻吟の声

湯浅邦弘

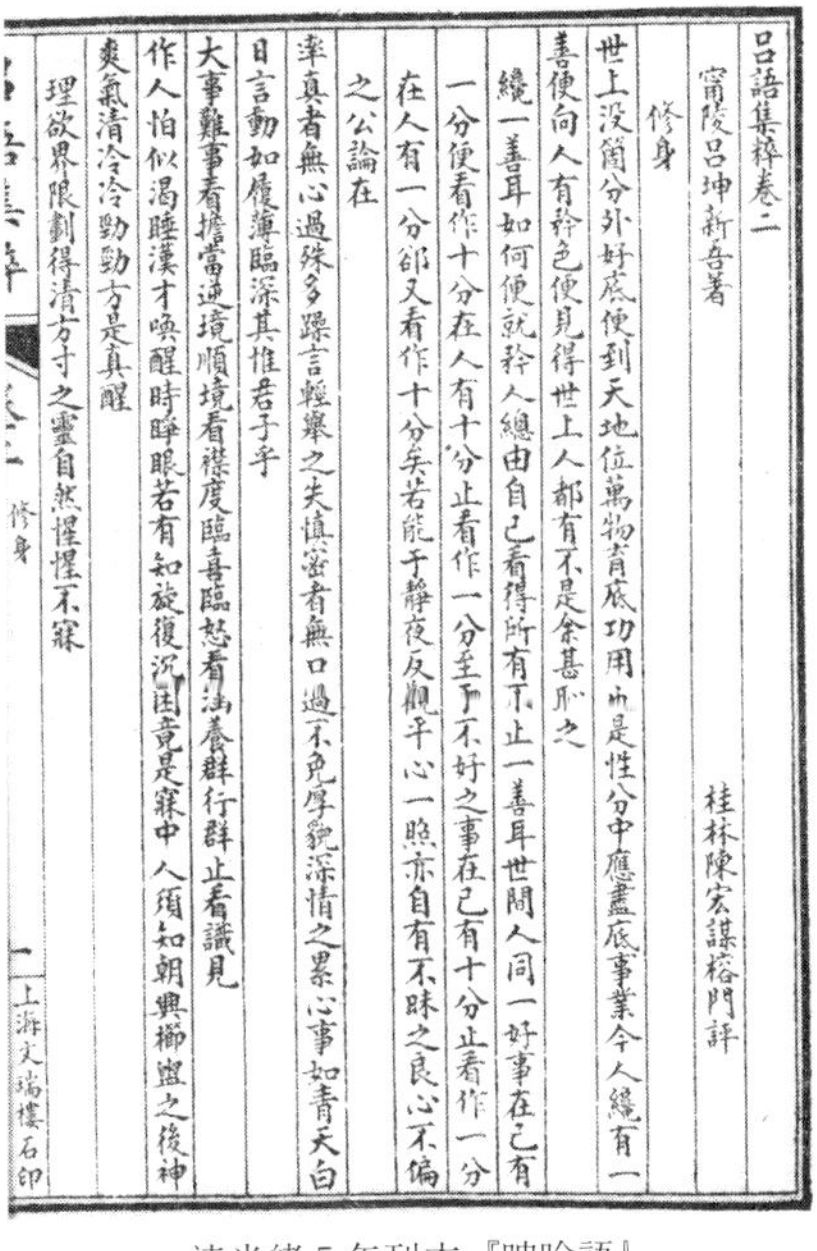

呂語集粹卷二

甯陵呂坤新吾著　桂林陳宏謀榕門評

修身

世上沒個分外好底便到天地位萬物育底功用亦是性分中應盡底事業今人纔有一善便向人有矜色便見得世上人都有不是余甚恥之

纔一善耳如何便就矜人總由自己看得所有不止一善耳世間人同一好事在己有一分便看作十分在人有十分止看作一分至于不好之事在己有十分止看作一分在人有一分卻又看作十分矣若能于靜夜反觀平心一照亦自有不昧之良心不偏之公論在

率真者無心過殊多躁言輕舉之失慎密者無口過不免厚貌深情之累心事如青天白日言動如履薄臨深其惟君子乎

大事難事看擔當逆境順境看襟度臨喜臨怒看涵養群行群止看識見

作人怕似渴睡漢才喚醒時睁眼若有知旋復沉困竟是寐中人須如朝興櫛盥之後神爽氣清冷冷勁勁方是真醒

理欲界限劃得清方寸之靈自然惺惺不寐

修身　上海文瑞樓石印

清光緒５年刊本『呻吟語』

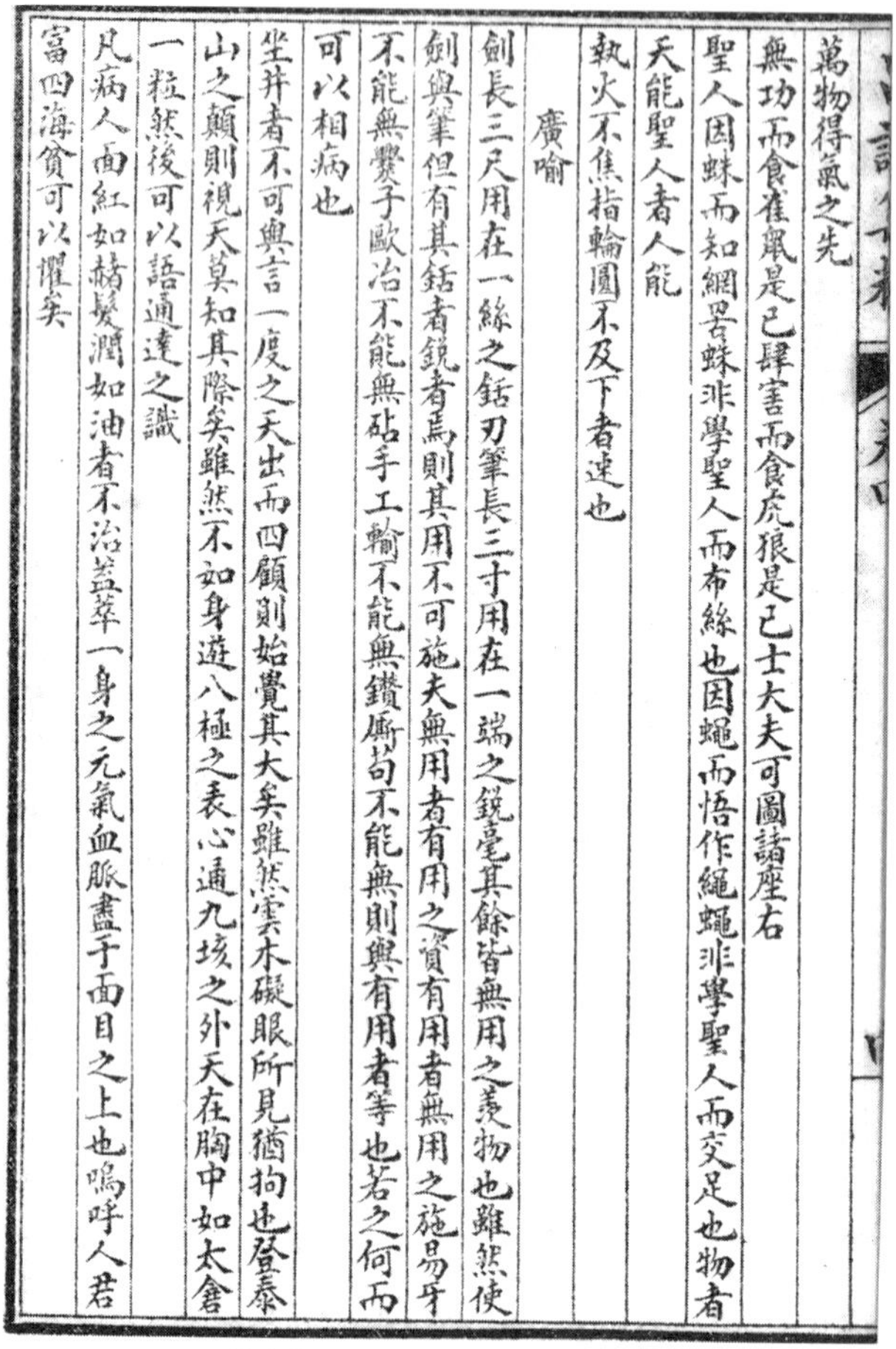
萬物得氣之先
無功而食雀鼠是已肆害而食虎狼是已士大夫可圖諸座右
聖人因蛛而知網罟蛛非學聖人而布絲也因蠅而悟作繩蠅非學聖人而交足也物者
天能聖人者人能
執火不焦指輪圜不及下者速也
廣喩
劍長三尺用在一絲之銛刃筆長三寸用在一端之銳毫其餘皆無用之羨物也雖然使
劍與筆但有其銛者銳者焉則其用不可施夫無用者有用之資有用者無用之施易牙
不能無爨子歐冶不能無砧手工輸不能無鑽厮苟不能無則與有用者等也若之何而
可以相病也
坐井者不可與言一度之天出而四顧則始覺其大矣雖然雲木礙眼所見猶拘也登泰
山之顚則視天莫知其際矣雖然不如身遊八極之表心通九垓之外天在胸中如太倉
一粒然後可以語通達之識
凡病人面紅如赭髮潤如油者不治蓋萃一身之元氣血脈盡于面目之上也嗚呼人君
富四海貧可以懼矣

清光緒5年刊本『呻吟語』広喩篇

清の光緒年間に刊行された4巻本の『呻吟語』。光緒5年（1879），上海文瑞楼という版元から刊行されたテキストである。『呻吟語』は，著者呂新吾の生前から何度か刊行されており，2巻本，4巻本，6巻本，節録本（ダイジェスト版）などいくつかの種類がある。

ここは，広喩篇の冒頭部。比喩表現を集めた特色ある篇である。冒頭は，剣と筆の比喩を説く条。剣と筆とを，その鋭利な部分，先端の部分だけで作ろうとすれば，剣として，また筆として用を発揮することはできないとし，有用と無用の真の意味とは何かを問いかけている。

1 明末が生んだ処世訓

明末の世相と『呻吟語』

洪自誠の『菜根譚』とほぼ同じ頃、もう一つの名著が世に現れた。処世訓の傑作『呻吟語』である。著者は呂坤（一五三六～一六一八）。字は叔簡、号は新吾。三〇年の歳月をかけて書きあげた『呻吟語』が刊行されたのは、万暦二一年（一五九三）三月、呂新吾五八歳のときであった。

『菜根譚』も『呻吟語』も、明代の末期、万暦年間に登場しているが、それはなぜであろうか。一つの要因として考えられるのは、乱世が処世訓を生み出したという一面である。政界も学界も腐敗して混乱をきわめ、その憤懣を表出せざるをえなかったという執筆動機である。

万暦帝の時代とは、ちょうど豊臣秀吉の朝鮮出兵（文禄慶長の役）があった頃である。明は朝鮮に援軍を送ったが、国力の消耗に拍車をかけた。朝廷内では、国民そっちのけの政治党争が激化し、政局は一気に混迷の度を深めた。そうした時代の中で高官の地位にいた呂新吾は、当時を「末世」だと痛感し、苦しみの声を上げた。『呻吟語』の「呻吟」とは、もともと病人が発するうめき声の意。呂新吾が社会に向けて発した嘆きの声が、『呻吟語』だったのである。

印刷出版の時代

ただ、明末が次々と処世訓の名著を生み出した理由として、当時の印刷出版事情も考慮する必要がある。今から約千年前に発明された木版印刷の技術は宋代に確立する。民間にも普及していったのが明代であった。版木に文字を彫り、墨を塗ってそこに紙を押し当てて刷るという技法である。大衆を念頭に置いた絵入り本や安価な本も登場し、それらが、書店を経由して流通していった。手書き写本の時代には見られなかった本の大量普及である。そうした印刷の時代に『呻吟語』も登場したのである。時代と読者が『呻吟語』を求めたとも言えよう。

2 著者呂新吾の経歴と明代の思想

三〇年にわたる執筆活動

著者の呂新吾は、官吏登用試験「科挙」に合格し、官僚の道を歩んだ政治家であった。生まれは、明の嘉靖一五年（一五三六）。出身は、河南開封寧陵県（現在の河南省商丘市寧陵県）。嘉靖四〇年（一五六一）、二六歳のとき、科挙の第一段階の試験である河南の郷試に合格。万暦二年（一五七四）、三九歳のときに、科挙の最終試験である殿試に合格している。

『呻吟語』の執筆に着手したのは、二八歳頃と推測されている。その後、地方と中央官庁の官吏を歴任して実績を上げるかたわら、万暦二一年（一五九三）三月、五八歳のときに、『呻吟語』六巻を刊行した。翌万暦二二年には、呂新吾にとっての最高ポストである刑部左侍郎（法務次官）に昇進している。

しかし、万暦二五年（一五九七）、六二歳のときに官界を引退し、帰郷した。その後も執筆を続け、万暦四四年（一六一六）、八一歳のとき、全集『去偽斎文集』一〇巻と『呻吟語』二巻を刊行した。亡くなったのは、その二年後の万暦四六年（一六一八）である。

朱子学批判

こうして、呂新吾が三〇年にわたって書き続けた『呻吟語』は、洪自誠の『菜根譚』と並んで、中国の二大処世訓と呼ばれることもある。ただどちらかと言えば、『呻吟語』の方が、より明代の思想状況を色濃く反映する著作となっている。

当時の学問の主流であった朱子学・陽明学を踏まえながらも、それらを批判的な目で見つめるという点に特色がある。たとえば、宇宙の構成について、朱子学では、「理気二元論」を説くが、呂新吾はこれを批判し、「気一元論」の立場をとる。

> 天地万物は、ただ気の離合集散によるのであって、これ以外に何かがあるのではない。形は気が付着して凝り固まったものである。気は形がそれに託して運動するものである。気がなければ形は存在しない。形がなければ気は留まることができないのである。（天地篇）

万物の生成や様々な現象を「気」の離合集散によって説明するものである。南宋の朱熹によって確立された朱子学では、「理」という宇宙の原理を想定し、その唯一の理を受けた多くの「気」が万物を構成し、様々な現象を引き起こすと考えた。「理気二元論」である。呂新吾は、それを、二つの原理で一つの世界を説明するものだとして批判するのである。

冷静沈着の大切さ

また、陽明学の哲学については、一定の理解を示している。王陽明の説いた心学では、「心即理」のキーワードが表すとおり、我が心をそのまま天理だと考えた。呂新吾は、後世の儒者や学説を経由してではなく、直接「道」（世界の真理）と向き合おうとする。それは、陽明学の風潮と密接な関係があった。次の条の言葉に見られるとおり、「心」の大切さは、『呻吟語』の説く重要なテーマである。

> 臨終の際、あの世へは一つとして物を身につけて行くことはできない。ただ心だけを持っていくのに、人々は

それをみずから壊(こわ)してしまっている。これでは、何も身につけずにあの世に帰って行くことになる。永遠に取り返しのつかない恨(うら)みと言うべきだ。（存心篇）

ただし、『呻吟語』は、陽明学の哲学を尊重しながらも、軽率な言動を繰り返す人々を厳しく批判している。陽明学にかぶれ、心を偏重して、自分がすべて正しいと勘違いする者がいたのである。

宇宙の造化(ぞうか)や本性・天道の精妙さは、ただ静観(せいかん)している者だけがそれを理解し、ただ静かに本性を養っている者だけがそれに共感できる。心乱れて落ち着かない者とは、これらを一緒に語ることはできない。だから、静止している水面には、星や月が映って見える。しかしわずかに水面が波立てば、光が入り乱れてしまう。悲しいことに、心乱れて落ち着かない者は、何も分からないままに一生を終えることになり、一つもそれらの精妙さが見えないのである。（談道篇）

このように、『呻吟語』では、しばしば冷静沈着の大切さが説かれる。それは、浮ついた言動を繰り返す当時の政治・学問・社会の風潮を背景にするものであった。

学問の弊害

さらに、朱子学や陽明学の弊害を説くものとして、次のような条がある。

聖人の残した経書(けいしょ)には、当時の事物を記したもの、時事的問題を記したもの、ある特定のことがらを記したもの、その思想を記したものなどがある。その当時の詳しい意味は、聖人の体とともに今はなくなってしまった。残された言葉は、その心の十分の一もない。ところが儒者は、後世の事物や自分の意見でそれを推し量り、もし得心がいかないと、苦しまぎれの解釈をする。ああ、もし漢代・宋代の儒者がいなければ、古代聖人の経書の要旨は、後世、その十分の一も理解できなかったであろう。しかしながら、彼らが牽強附会して、もともとの意味を失ってしまったものも、また少なくないのである。（詞章篇）

ここでは、漢代以降の儒学が経書（古代聖人の言葉を記した儒家の経典）の読解に大いに貢献したことを認めながらも、同時に、それらの注釈がもともとの意味をゆがめてしまった一面があることを指摘している。自分の心で直接経書に向き合うことが必要だと説くのである。

3 構成と伝来

全一七篇の概要

『呻吟語』は内篇八篇、外篇九篇の全一七篇で構成されている。内外の区分は形式的なもので、各篇の名称が端的にその内容を示している。以下に列挙してみよう。

（内篇）

・性命…人の生まれながらの性・命とは何か、また、それを踏まえて人はどう生きるのかという基本的かつ哲学的な問題を論ずる。冷静沈着を旨とし、言葉を慎むことが説かれ、性善説や性悪説で知られる本性の問題についても言及する。

・存心…正しい心のあり方について説く。孟子の説く「放心」（失われた良心）を取り上げ、続いて、中庸を守ること、我執を去ること、沈静を保つこと、を論ずる。

・倫理…人間道徳の基本について説く。特に親子の関係は、人倫の基本として重視される。また、病人に直接安否を問わない、人の過ちを責めすぎないなど、著者のこまやかな気遣いも伝わってくる。

・談道…「道」について論ずる。道とは、世界の正しいあり方、人間が学問によって追究すべきもの。ここでは、具体的に堯・舜・周公旦・孔子の道として提示し、速成にならないこと、静観することの大切さを説く。

・修身…中国思想の普遍的な課題「修身」について説く。身を修めるための方法として、他人の忠告を素直に聞き入れること、本分を超えないこと、自分かわいさの気持ちを抑えること、などを挙げる。

・問学…学問の方法について説く。お互いの切磋琢磨を勧める一方、単なる物知りは人生の役に立たず、むしろ学を選ぶことが大切だと指摘する。また、才能や学問がかえって自身の災いになることもあると戒める。

・応務…任務に当たるときの心得、対人関係の秘訣を説く。人と争わないようにするにはどうしたらよいか、時間を無駄にしないためにはどのような点に気をつけるのか、意表を突く言葉が続く。

・養生…人間の最大の関心事とも言える「養生」（健康長寿）について説く。徳を養うことこそ生を養うことだと主張する。

（外篇）

・天地…世界は何でできているのかについて説く。世界の枠組みである天地が気で構成されているという「気一元論」を唱える。朱子学の「理気二元論」とは異なる宇宙観が見られる。

・世運…時勢への対処法について説く。俗世に流されず、時には世に逆らうことも必要だと論ずる。また、太平だった古代がどのように劣化してきたのか、独特の歴史観を披露する。

・聖賢…理想の人「聖人賢者」について説く。ただ、「聖人」と「賢者」には違いもあるとされる。また、最上の聖人として孔子が顕彰されるが、聖人にも聖人なりの修養努力があったと説く。

・品藻…人間の品格について説く。品格を三等に分けて考える点に特色がある。さらに、三つの顧みないこと、三つの恥とすべきことなど、「三」でまとめる条が続く。

・治道（ちどう）…統治の理念と方法について説く。官僚として活躍した呂新吾の体験をもとにしたものと推測される。
・人情（にんじょう）…人情とはどのようなものか。どのような心がけで人と交わり、日々を過ごしていったらよいのかを説く。
・物理（ぶつり）…物の理について説く。漢代以降、しばしば現れたとされる祥瑞（しょうずい）（めでたい物事の兆しとして現れる神秘的なしるし）について合理的な意見を述べるほか、中国の膨大な書物を九つに分けた上で、悪書を排除することが必要だと主張する。
・広喩（こうゆ）…様々なことがらを比喩によって表現する。呂新吾の巧みな比喩表現が集中的に見られる。
・詞章（ししょう）…文章作成の秘訣について説く。『呻吟語』全一七篇の最後の篇。

巧みな比喩

多彩な内容であるが、中でも注目されるのは、比喩表現をまとめた広喩篇である。

> 剣は長さ三尺であるが、その用をなすのは、ひとすじの鋭利な刃（やいば）の部分。筆は長さ三寸であるが、その用をなすのは、末端の細い穂先の部分。それ以外は、みな用をなさない余り物である。しかしながら、もし剣と筆とを、その鋭利な部分、先端の部分だけで作ろうとすれば、（剣として、また筆として）用を発揮することはできないだろう。（広喩篇）

この剣と筆の比喩は、社会に名を残した人には必ず陰（かげ）の補助者がいたということを表している。無用のものは有用の資（もとで）であり、有用のものは無用のおかげであることを知るべきだというのである。こうした巧みな比喩も『呻吟語』の魅力である。

伝来と評価

『呻吟語』は、二巻本、四巻本、六巻本、さらには節録本（ダイジェスト版）など、いくつかの版で刊行された。日本にも、江戸時代に伝わっているが、『菜根譚』のような平易な和刻本として刊行されたことがなく、知る人ぞ知る名著となっている。

現代中国では、『呻吟語』と『菜根譚』を二大処世訓として顕彰し、一冊にまとめて刊行する場合もある。『菜根譚』が詩的であるのに対して、『呻吟語』は論理的な散文だと言える。わずか十字前後の格言のようなものから、数千字に及ぶ長文まで。執筆の軌跡を見るようで興味深い。

4 名文読解

過ちを認める勇気

有過是一過。不肯認過、又是一過。一認則両過都無。一不認則両過不免。

（『呻吟語』修身篇）

過ち有るは是れ一の過ちなり。過ちを認むるを肯ぜざるは、又是れ一の過ちなり。一たび認むれば則ち両過都べて無し。一たび認めざれば則ち両過免れず。

過ちを犯すということはすでに一つの過ちである。それを過ちだと認めないのは、さらにもう一つの過ちを犯すことになる。ひとたび過ちを素直に認めるならば、その二つの過ちはなかったことになる。その過ちを認めないのであれば、二つの過ちを犯すことになる。

時間を無駄にしない三つの心得

我嘗自喜行三種方便。甚於彼我有益。不面謁人。省其疲於應接。不輕寄書。省其困於裁答。不乞求人看顧。省其難於區處。（『呻吟語』応務篇）

我は嘗に自ら喜みて三種の方便を行う。甚だ彼我に於て益有り。人に面謁せず。其の応接するに疲るるを省く。軽々しく書を寄せず。其の裁答するに困しむを省く。人の看顧を乞い求めず。其の区処するに難ずるを省く。

私は日頃、好んで三つの方法を実践している。これはお互いとても有益である。（第一は）人と面会しないことである。それによって応接の疲れを省くことができる。（第二は）軽々しく手紙を書かないことである。それによって相手が返事で苦労するのを省くことができる。（第三は）人の気遣いを求めないことである。それによって相手が進退の処置に悩むのを省くことができる。

参考文献

【一般的・入門的文献】

① 疋田啓佑『呻吟語』（明徳出版社、一九七七年）

＊「中国古典新書」の一冊として刊行された訳注書（抄訳）。巻頭に、著者呂新吾の略伝、『呻吟語』の成立と伝来、テキストの系統に関する詳しい考察を付す。

② 守屋洋『呻吟語』（徳間書店、一九八七年）

＊『呻吟語』の一般向け入門書。全体を「人間について」「修養について」「処世について」など六つの章に再編している。

③ 荒木見悟『呻吟語』（講談社学術文庫、一九九一年）

＊『呻吟語』の訳注書（抄訳）。巻末の解説は、特に呂坤の思想と陽明学についての説明に特色がある。また、呂坤略年譜を付す。

④　湯浅邦弘『呻吟語』（角川ソフィア文庫、二〇一七年）
＊角川ソフィア文庫「中国の古典」の一冊として刊行された訳書（抄訳）。内篇八篇、外篇九篇の計一七篇すべてを対象とする。原文には返り点を打ち、巻末に「『呻吟語』と『菜根譚』」「呂新吾と科挙」などの解説および主要語句索引を付す。

【専門的文献】

①　公田連太郎『呻吟語』（明徳出版社、一九五六年）
＊『呻吟語』の訳注書。「呂新吾先生伝」「呻吟語序」と本文全条とについて書き下し文と語注を掲げる。ただし現代日本語訳はない。脱稿は昭和二一年（一九四六）、初版は昭和三一年（一九五六）である。

②　王国軒・王秀梅『呻吟語正宗』（華夏出版社、二〇〇七年）
＊現代中国の学者王国軒・王秀梅氏による『呻吟語』の注釈書（全訳）。語注はほとんどないが、ともかく全条を現代中国語訳している点に特色がある。

第Ⅴ部　中国の古典五〇選

凡例

（一）書名の五十音順に掲載する。

（二）各文献について、①書名、②その書物・著者の簡潔な紹介、③書物の解題、④翻訳書・解説書・注釈書の紹介、を記す。

（三）翻訳書については、それが全訳か抄訳かを明記し、翻訳がないものは和刻本（日本の主に江戸時代に刊行された返り点付きのテキスト）を紹介した。また、解説書・注釈書は代表的なものを挙げた。日本のものを主とするが、一部、中国書も含む。

（四）前半の『荀子』まで（『呉子』『三十六計』『三略』を除く）は滝野が、後半の『春秋公羊伝』以降（『水滸伝』『伝習録』『本草綱目』を除く）は杉山が担当した。

『晏子春秋』（あんしじゅんじゅう）

中国春秋時代の斉の宰相であった晏嬰（？～前五〇〇）の対話形式の言行録。晏嬰と斉の景公との政治のあり方についての対話が大部分を占める。晏嬰の著作と伝えられるが、晏嬰に仮託して戦国から漢初にまとめられた書物であろう。内篇六巻・外篇二巻の計八巻からなる。民国期の擬古派の人たちによって『晏子春秋』は、後世の偽書ではないかと推定された。ところが、一九七二年中国山東省の銀雀山漢簡の発見によって、『晏子春秋』は、再び偽書でないと考えられるようになった。

【全訳】谷中信一『晏子春秋』全二冊（明治書院・新編漢文選　思想・歴史シリーズ、二〇〇〇～二〇〇一年）

【抄訳】山田琢『晏子春秋』（明徳出版・新装版中国古典新書、二〇〇八年）

『淮南子』（えなんじ）

前漢の淮南王の劉安（前一七九～前一二二）が学者を集めて編纂させた書物。日本へはかなり古い時代に伝わったため、漢音の「わいなんし」ではなく、呉音で「えなんじ」と読むのが一般的である。最古の図書目録の『漢書』芸文志には「内二十一篇、外三十三篇」とあるが、現在「内二十一篇」が伝わるのみである。内容の傾向としては、当時の道家思想に基づきながら儒家など他の考え方も綜合して、あらゆる分野についての説明がなされる。そのため中国の伝統的な書物分類法では「雑家」に分類される。前漢思想を研究するときには、よく用いられる書物であり、多くの論文が書かれている。

【全訳】楠山春樹『淮南子』全三冊（明治書院・新釈漢文大系、一九七九～一九八八年）

【抄訳】戸川芳郎ほか『淮南子　説苑（抄）』（平凡社・中国古典文学大系、一九七四年）、池田知久『訳注　淮南子』（講談社学術文庫、二〇一二年）

【解説書】金谷治『淮南子の思想――老荘的世界』（平楽寺書店・サーラ叢書、一九五九年。講談社学術文庫、一九九二年）

『永楽大典』（えいらくたいてん）

明・永楽帝の命令で編纂され一四〇八年に完成した類書（百科事典）。二万二八七七巻・目録六〇巻で一万一〇九五冊あったと伝わる。様々な書物を『洪武正韻』という韻書（文字を韻字で分類した辞書）の韻の順序により分類排列したところに特徴がある。すでに滅んでしまった書物が多く含まれているので、清代にこの『永楽大典』を利用して、いろいろな書物の復元が行われた。その結果、『旧五代史』や『宋会要輯稿』などが、完全な形ではないものの復元される。ただ、あまりにも膨大な書物だったので、民国になるまでに、ほとんどが散逸してしまった。書誌学的な論文はかなり発表されている。

『管子』（かんし）

春秋時代の斉の桓公を覇者とした宰相の管仲（名は夷吾）の著と伝えられる書。実際には、戦国から漢代にかけて書かれた書物と考えられる。現存する『管子』は八八篇（一〇篇は篇名のみ）からなる。法家（法律を政治の根本手段として、富国強兵を目標とする）の書物と見なされる。ただし、無為自然を尊ぶ考えも含まれる。斉に集まった学者やその末裔が、斉を強大な国に仕立て上げた管仲をたたえて、管仲に仮託して作られたと推測される。研究としては、木村英一「管子の成立に関する二、三の考察」（『支那学』一〇、一九四二年）、金谷治『管子の研究——中国古代思想史の一面』（岩波書店、一九八七年）などがある。

【全訳】遠藤哲夫『管子』全三冊（明治書院・新釈漢文大系、一九八九～一九九二年）

【抄訳】西田太一郎「管子」貝塚茂樹編『世界古典文学全集』（筑摩書房、一九六五年）

『韓詩外伝』（かんしがいでん）

前漢の文帝の時の韓嬰が著した『詩経』の解説書。一〇巻。漢代の『詩経』の注釈書である「三家詩」（魯の申培公の魯詩・斉の轅固生の斉詩・韓嬰の韓詩）の一つ。『韓詩外伝』は、『詩経』の字句の注釈書である『韓詩内伝』とは異なり、まず故事や説話を挙げ、それらを『詩経』の詩句を用いて説明する。『韓詩内伝』や『魯詩』・『斉詩』などは、今では断片しか伝わらないが、この『韓詩外伝』は現存する。なお、巻数について、『漢書』芸文志には、「韓外詩　六巻」と記載されるが、『隋書』経籍志以降は、「十巻」とする。

【抄訳】吉田照子『韓詩外伝』（明徳出版社・中国古典新書続編、一九九三年）

『顔氏家訓』（がんしかくん）

顔之推（五三一～六〇二?）撰。顔之推が子孫に伝えた教訓の書。顔之推は、南朝・梁に仕えていたが、北朝に拉致され、隋の時に亡くなる。この時期の教訓書で完全な形で伝わるのは本書だけである。当時の貴族社会の実際的な姿やその心理的な面を知ることができる。また、本書に散見する南北間の比較は、当時の華北・江南の社会の実情を知るのに有用である。

【全訳】宇都宮清吉『顔氏家訓』（平凡社・中国古典文学

大系、一九六九年。後に平凡社・東洋文庫・全二冊、一九八九～一九九〇年）
【注釈書】周法高『顔氏家訓彙注』（中央研究院歴史語言研究所専刊四一・台聯国風出版社影印本、一九七五年）、王利器『顔氏家訓集解（増補本）』（中華書局・新編諸子集成第一輯、一九九三年）

『漢書』（かんじょ）

　後漢の班固（三二～九二）撰。前漢一代の歴史を記した書。『史記』に続く正史の一つ。紀伝体の体裁によって書かれる。唐初の頃までは、『史記』よりも高く評価されていたので、宋代に印刷出版される前から、筆写されてよく読まれていた。そのため筆写の際に無意識的な、または意識的な訂正がかなり行われ、文章が非常に読みやすくなり、典型的な古文で書かれた書物の代表となった。注釈も非常に多い。唐以前の注釈に自己の見解を加えて大成したのが、唐の顔師古である。顔師古の注釈を基に、それ以後の注釈を集大成したのが清末・民国初期の王先謙の『漢書補注』である。現在よく利用される中華書局版標点本『漢書』もこれを底本とする。

【全訳】小竹武夫『漢書』全三冊（筑摩書房、一九七七～一九七九年。後にちくま学芸文庫・全八冊、一九九七～一九九八年）

『儀礼』（ぎらい）

　知識人たちが、公的または個人的なハレの場で取るべき行動の規定を記した書物。伝統的に「ぎらい」と読む。漢代では、「士礼」・「礼経」などと呼ばれたが、魏・晋の頃から「儀礼」という言い方が定着する。周の周公旦が定めた礼学の一部であると伝えられてきた。しかし、その成立は戦国以後と考えられる。体裁は、「経」の本文と、それを補足・注釈する「記」とから成る。儀式の時間的進行を横軸に、それぞれの行動を重層的に示す書き方で、行動の規定を示す。儒家の経典とされたため、きわめて多くの研究がある。

【全訳】池田末利『儀礼』全五冊（東海大学出版会、一九七三～一九七七年）

『孔子家語』（こうしけご）

　孔子やその弟子の言行を記録した書。著者についてはよく分からない。前漢には存在したものの伝承は途絶えてしまい、三国・魏の王肅（一九五～二五六）によって、再び出現した。偽書をさかんに編纂したとして評判の悪い王肅が関わったため、常に『孔子家語』には偽作説がつきまとう。民国期に顧頡剛が「孔子研究講義」で王肅の偽作と断定して以来、王肅の偽作と理解されてきた。ところが、一九七〇年代以降、出土文献という新しい資料の登場によって、『孔子家語』偽作説は再検討を迫られることになった。

【全訳】宇野精一『孔子家語』（明治書院・新釈漢文大系、一九九六年）

【注釈書】孫志祖『家語疏証』（広文書局、一九七五年）、陳士柯『孔子家語疏証』全四冊（商務印書館『叢書集成初編』所収、一九三九年）、范家相『家語証偽』（鍾肇鵬編『続百子全書　第三冊』所収、北京図書館出版社、一九九八年）

『公孫竜子』（こうそんりゅうし）

戦国の弁論家の公孫竜（紀元前二八四～前二五八年までの間は生存していたと考えられるが、生没年は未詳。趙の人。字は子秉と伝えられる）の著。『漢書』芸文志には、一四編とするが、現在は六編が伝わる。普通、公孫竜は論理学派の人とされるが、彼は論証だけに関心があったわけではない。論証を通じて認識論を体系的に組み立てた点を評価すべきである。「白馬は馬にあらず」のフレーズで有名な白馬論は、形状概念（馬）と属性である色彩概念（白）とは厳密に区別すべきであることを述べる。継承者は一度絶えるが、魏・晋・南北朝期の名理論争において再評価され、その後は道家の文献として扱われるようになる。

【全訳】天野鎮雄『公孫龍子』（明徳出版社・中国古典新書、一九六七年）

『黄帝内経』（こうていだいけい）

『傷寒論』と並んで漢方医学の古典的名著。漢代には『黄帝内経』という名前でまとめられていた。後世にわたって重視される『素問』九巻と『霊枢』九巻とから成る。ただし絶えず補足訂正が行われたようである。そして、北宋時代になって、王冰が唐の宝応元年（七六二）頃にまとめた二四巻本を基礎として、勅命によって編纂された『重広補注黄帝内経素問』二四巻が刊刻され、現行みられる姿になった。この現行『黄帝内経』は、漢代の『黄帝内経』とはかなり異なったものと推測される。また、その医学理論は、陰陽説を取りこんだ哲学的傾向が強く、実際の治療にはあまり役に立たないとの批判もある。

【抄訳】藪内清編『中国の科学』「黄帝内経素問」（中央公論新社・世界の名著、一九七九年）、宮澤正順『素問・霊枢』（明徳出版社・中国古典新書続編、一九九四年）

『国語』（こくご）

春秋時代の大国の国別の歴史書。二一巻ある。列国の中で晋の記述が最も長く、記載が詳細で、書物のほぼ半分の九巻を占める。著者は『春秋左氏伝』と同じ魯の左丘明であると伝えられる。そこから、『春秋左氏伝』を「春秋内伝」、『国語』を「春秋外伝」ともいう。主な歴史的事実の記載などは、『春秋左氏伝』とほぼ一致する。ただ細かいことになると両者に矛盾点が見られる。刊本としては、宋の宋庠の校訂した宋公序補音本（公序本と略す）の重刊本が通行していたが、一八〇〇年に黄丕烈が宋の天聖明道本を重刊してからは、二種類の刊本が利用されることになった。

【全訳】 大野峻『国語』全二冊（明治書院・新釈漢文大系、一九七五～一九七八年）

『呉子』（ごし）

戦国時代の兵家呉起（前四四〇頃～前三八一）が著したとされる兵書。「武経七書」の一つ。呉起は儒家の曾子に学び、魯、魏、楚に仕えて功績があった。儒家的伝統を継承する反面で、冷徹な合理主義者でもあった。「孫・呉の書を蔵する者は家ごとにこれ有り」と『韓非子』が言うように、『呉子』は『孫子』と並び称された。その「図国篇」では、「治兵」の前提としての「治国」、すなわち有事の前提として平時の内政の重要性を指摘する。また、戦争を軍隊の性格や戦闘形態などの面から分類・分析している。

【全訳】 天野鎮雄『孫子　呉子』（明治書院・新釈漢文大系、一九七二年）、山井湧『孫子・呉子』（集英社・全釈漢文大系、一九七五年）、尾崎秀樹『呉子』（中公文庫、二〇〇五年）

【解説書】 湯浅邦弘『よみがえる中国の兵法』（大修館書店、二〇〇三年）

【注釈書】 劉寅『呉子直解』（冨山房・漢文大系『七書』所収、一九七五年）

『西遊記』（さいゆうき）

全百回の明代に成立した口語長編小説。唐の三蔵法師が孫悟空・猪八戒・沙悟浄などを引き連れて、天竺の経典を目指すという内容の物語。呉承恩（一五〇四頃～八二頃）が著者とされてきたが、断定できない。荒唐無稽でおもしろい内容のため、人気を博した。現在に至るまで、多くの舞台化・小説化・映画化が行われる。日本では、江戸時代にはすでに邦訳が出版されている。書物の成立・テキストの問題・日本文学への影響など様々な方面からの研究がある。

【全訳】 中野美代子『西遊記』全一〇冊（岩波文庫、一九八六～二〇〇五年）

『三国志』（さんごくし）

西晋・陳寿（二三三〜二九七）の撰した三国（魏・呉・蜀）についての歴史書。魏書三〇巻・蜀書一五巻・呉書二〇巻として三国それぞれを独立して記述する。魏を正統王朝とする立場から書かれたため、中国で重視される正統論上の議論を巻き起こすことになる。邪馬台国の女王卑弥呼の記載がある「倭人伝」が収められていることでも有名である。南朝・宋の裴松之が、当時存在した様々な文献を引用し本文を補足注釈した有名な注がある。『三国志演義』で描かれる曹操の悪行のほとんどは、この裴松之の注釈に引用された書物に書かれている。

【全訳】今鷹真ほか『三国志』全三冊（筑摩書房・世界古典文学全集、一九七七〜一九八九年。ちくま学芸文庫・全八冊、一九九二〜一九九三年）

『三国志演義』（さんごくしえんぎ）

後漢末・三国時代（魏・呉・蜀）を題材にした歴史小説。もともとは、講釈の種本をまとめたものがあり、それをまた明代に歴史的事実に近づけ、文章を手直しして成立する。娯楽性が高く、たいへん流行した。この『三国志演義』によって、曹操の悪人像が深く定着した。明・清時代の軍人の教科書の役目も果たしたとも言われる。日本では、江戸時代にはすでに邦訳が出版され、それを種本に多くの読み物が作られた。現在に至るまで、数多くの舞台化・小説化・映画化が行われている。

【全訳】井波律子『三国志演義』全七冊（ちくま文庫、二〇〇二〜二〇〇三年。講談社学術文庫・全四冊、二〇一四年）がある。

『三十六計』（さんじゅうろっけい）

撰者未詳の兵法書。『南斉書』に、将軍檀道済の戦い方に対して「檀公の三十六策、走ぐるをこれ上計となす」とある。この「三十六策」という言葉に基づいて、『孫子』などの兵法のエッセンスを三十六策にまとめた書物が『三十六計』である。四字（または三字）の計の名と、それを説明した短文とから成る。流行しはじめたのは二〇世紀になってからであるが、現代中国人にとって身近な兵書となっている。

【全訳】湯浅邦弘『孫子・三十六計』（角川ソフィア文庫、二〇〇八年）、守屋洋『兵法三十六計』（三笠書房・知的生きかた文庫、一九八五年）

『三略』（さんりゃく）

呂尚（前一一世紀頃の人）が著したとされる兵法書。「武経七書」の一つ。前漢の張良が黄石公から授かった兵法書と伝えられる。そのときの不思議な話が『史記』

留侯世家に見える。『六韜』と並んで呂尚の兵法を伝えた書物と言われるが、成立は漢魏以降と考えられる。『六韜』が具体的な軍事を説くのに対し、『三略』は君主を対象として政治的な理念を説いている。儒家・法家・墨家・陰陽家などの思想も見られる。

【全訳】眞鍋呉夫『三略』（中公文庫、二〇〇四年）、守屋洋ほか『六韜　三略』（プレジデント社・全訳「武経七書」、一九九九年）

【注釈書】劉寅『三略直解』（冨山房・漢文大系『七書』所収、一九七五年）

『爾雅』（じが）

中国最古の訓詁（字引）の書。伝説では、周公の作とされる。しかし、内容から考えると、漢代に成立したと推測される。書名の「爾雅」は、「爾」が「近い」を意味し、「雅」が「正しい」を意味し、「正しい言葉に近いものを用いて、様々な文字を説明する」ことを意味すると言う（『釈名』の説明）。儒教の経書の字引として有用であるということから、「十三経」の一つに加えられる。古代言語学の研究が盛んであった清代には、この書物について多くの研究が行われた。

【注釈書】邵晋涵『爾雅正義』（『邵晋涵集』所収、浙江古籍出版社、二〇一六年）、郝懿行『爾雅義疏』（安作璋主編『郝懿行集　第四冊』所収、斉魯書社、二〇一〇年）

『史記』（しき）

前漢の司馬遷（前一四五頃～前八六頃）の書いた歴史書。神話時代の皇帝から始まり司馬遷の生きた漢代までの歴史を述べる。司馬遷は当時流行した語り物を歴史的事実と考え、その表現をそのまま利用したため、描写が精彩を帯びておもしろい。また、秦の始皇帝出生にまつわる根拠のない説話などを列伝に書き加えたため（本紀にはない）、後世に混乱を与えるようなことも多く存在する。現在に至るまで、きわめて多くの注釈・評論などの研究が行われている。普通は中華書局版標点本『史記』を用いるが、専門的に『史記』を取り扱う場合には、瀧川亀太郎『史記会注考証』を利用する。

【全訳】吉田賢抗ほか『史記』全一五冊（明治書院・新釈漢文大系、一九七三～二〇一四年）、野口定男ほか『史記』全三冊（平凡社・中国古典文学大系、一九六八～一九七一年）。

【抄訳】小川環樹ほか『史記列伝』全五冊（岩波文庫、一九七五年）、小川環樹ほか『史記世家』全三冊（岩波文庫、一九八〇～一九九一年）

『詩経』（しきょう）

中国最古の詩集。各地の民謡を集めた「国風」（一六〇篇）、宮廷の儀礼の歌の「雅」（小雅七四篇・大雅三一篇）、宮廷の廟での祭祀の歌の「頌」（四〇篇）から成る。伝説では、三千編ほどあったものを孔子が三百編あまりに編集したと言われる。孔子が関わったということから儒家の経典となる。漢代の頃から一字一句に当時の政治的意味が込められていると理解することが普通になり、詩文は、政治性を帯びて創作しなければならないという中国文学の伝統を形成することになる。

【全訳】高田眞治『詩経』全二冊（集英社・漢詩体系、一九六六～一九六八年）、石川忠久『詩経』全三冊（明治書院・新釈漢文大系、一九九七～二〇〇〇年）、白川静『詩経国風』（平凡社・東洋文庫、一九九〇年）、白川静『詩経雅頌』全二冊（平凡社・東洋文庫、一九九八年）、海音寺潮五郎『詩経』（中公文庫、一九九〇年）

『資治通鑑』（しじつがん）

戦国時代から五代末までの歴史を編年体で記した歴史書。二九四巻ある。北宋の英宗の命を受け、司馬光（一〇一九～八六）が一九年の歳月をかけて完成する。政治・軍事などの重要な事柄と君臣の言行を中心として記述される。著述に当たって、今でも通用するような実証的方法を用いて資料の取捨選択が行われた。以後の歴史研究に多大な影響を与えた書物であるので、評論・注釈書はきわめて多い。現在、本文を見るときには、当時の著名な学者を動員して標点・校訂作業を行って出版された中華書局版『資治通鑑』全二〇冊（一九五六年刊）が用いられる。今のところ全訳はない。ただ、加藤繁・公田連太郎が全文を読み下した『資治通鑑』全一八冊が『続国訳漢文大成　経史子部』に収められている。

【抄訳】頼惟勤ほか『資治通鑑選』（平凡社・中国古典文学大系、一九七〇年）、田中謙二『資治通鑑』（朝日新聞社・中国文明選、一九七四年）

『周易』（しゅうえき）

儒教の経書の一つ。一般的には、うらないの書と理解されるが、処世学の書でもあり、「道」を明らかにする哲学書でもある。本文（経）と解説の部分（伝）とから成り立っている。本文（経）は、六四の符号（卦）とそれにつけられた卦辞（卦全体の意味を説明する）・爻辞（個々の符号の意味を説明する）である。解説の部分（伝）は、彖伝（上・下）・象伝（上・下）・繫辞伝（上・下）・文言伝・説卦伝・序卦伝・雑卦伝の合計一〇篇（総称して「十翼」とも言う）である。なお、解説の部分（十翼）は、孔子が書いたと伝えられる。古来、多くの人たちが『周易』に魅せられて注釈書を書いている。ただ、きわめて漠然とした内容の書物であるため、それぞれの解釈に大きな違いがある。

【全訳】高田眞治ほか『易経』全二冊（岩波文庫、一九六九年）、今井宇三郎ほか『易経』全三冊（明治書院・新釈漢文大系、一九八七〜二〇〇八年）、本田済『易』（朝日新聞社・中国古典選、一九六六年）

『周礼』（しゅらい）

儒家が理想とする行政組織について、規定説明した書物。六巻から成る。儒教の重要な経典の一つ。伝統的に「しゅらい」と読む。伝説では、周の周公旦が定めた制度を記した書物であると言われる。もともとは、「周官」と呼ばれた。成立については、早いものは西周末と考えるものから、遅いものでは前漢末の王莽の時期とするものまで、様々である。現在に至るまで、『周礼』に表れた制度や文物について・成立年代について・後世に与えた影響についてなど、様々な角度から研究が行われる。訓点をふった和刻本が江戸時代に出されている。

【解説書】宇野精一『中国古典学の展開』（『宇野精一著作集』第二巻所収、明治書院、一九八六年）

『荀子』（じゅんし）

戦国時代の荀子（趙の人。名は況、字は卿。孫卿とも呼ばれる）の著作と伝えられるが、すべて荀子自身が書いたものではない。荀子（荀況）は、孔子・孟子と続く儒家に位置し、この時代の思想的環境から、儒家における「礼」を重視する。この観点は、後の法家に発展してゆく。また、いわゆる「性悪説」を唱えたとされるため、孟子の「性善説」を信奉する朱熹以後の宋学者たちからひどく嫌われる。荀子が再び注目されるようになるのは、一八世紀に入ってからのことである。

【全訳】金谷治『荀子』全二冊（岩波文庫、一九六一〜一九六二年）、藤井専英『荀子』全二冊（明治書院・新釈漢文大系、一九六六〜一九六九年）

【注釈書】王先謙『荀子集解』全二冊（中華書局・新編諸子集成第一輯、一九八八年）

『春秋公羊伝』（しゅんじゅうくようでん）

『春秋』に対して公羊高が著したとされる注釈書。「春秋三伝」の一つ。斉の公羊高は子夏の弟子とされるが、成立は漢初と考えられる。『春秋』の経文に込められた孔子の「微言大義」を、問答体の注釈形式で明らかにする。その注釈は、「大一統」の理念に基づき、行為の動機を重視し、復讐を肯定するなどの点に特徴がある。漢代には今文学派の主要な経典となり董仲舒がその理論的根拠とした。清末にはこの書物に依拠して公羊学派が興り、攘夷思想などが社会変革の原動力となった。

【抄訳】日原利国「春秋公羊伝」吉川幸次郎ほか編『世界文学全集　五経・論語集』（筑摩書房、一九七〇年）

【解説書】野間文史『春秋学――公羊伝と穀梁伝』（研文出版、二〇〇一年）

【注釈書】岩本憲司『春秋公羊伝何休解詁』（汲古書院、一九九三年）

『春秋穀梁伝』（しゅんじゅうこくりょうでん）

『春秋』に対して穀梁赤が著したとされる注釈書。「春秋三伝」の一つ。魯の穀梁赤は子夏の弟子と言われるが、成立は漢初と考えられる。『春秋』に対する注釈の中で、『左氏伝』が歴史事実を注釈するのに対し、『穀梁伝』は『公羊伝』に似て義理を追究する。ただし、その際『公羊伝』が心情倫理（動機）を重視するのに対し、『穀梁伝』は責任倫理（結果）を重視する。たとえば、泓水の戦いでの「宋襄の仁」に対しては批判的である。

【解説書】野間文史『春秋学――公羊伝と穀梁伝』（研文出版、二〇〇一年）

【注釈書】岩本憲司『春秋穀梁伝范甯集解』（汲古書院、一九八八年）

『春秋繁露』（しゅんじゅうばんろ）

前漢の董仲舒が著した儒家の思想書。『春秋』『公羊伝』の解説書。董仲舒（前一七九頃～前一〇四頃）は漢の武帝に仕えた公羊学者で、五経博士の設置を提案して儒教を官学化した人物とされる。ただしその事跡は史実でないという異論もある。春秋公羊学の立場から、春秋の筆法を解説し、政治・社会・制度などを論じる。さらに陰陽五行理論を用い、天（自然現象）と人（人間の行動）との間には因果関係があると考える天人相関説（災異説）を主張する。政治的には「大一統」を説き、漢王朝を正当化し君主権を擁護する。現行本は『永楽大典』から復元したもの。

【全訳】近藤則之「春秋繁露通解並びに義証通読稿」（『佐賀大国文』二一～『佐賀大学文化教育学部研究論文集』一〇（一）所収、一九九二～二〇〇五年）

【抄訳】日原利国『春秋繁露』（明徳出版社・中国古典新書、一九七七年）

【注釈書】蘇輿『春秋繁露義証』（中華書局・新編諸子集成第一輯、一九九二年）

『商君書』（しょうくんしょ）

戦国時代の公孫鞅（商鞅）の学説を集めた法家の思想書。公孫鞅（?～前三三八）は秦の孝公に仕えて、

「商鞅の変法」と呼ばれる富国強兵策を実行した。のち商の地に封ぜられたので商君と称し、商鞅とも呼ばれる。君主権を強化して厳格な法治を実施し、刑罰を多く重くすること、民を農業に専念させ商工業を抑制すること、兵を強くすることを主張する。商鞅のこの法家思想は韓非子に受け継がれた。自著に近い部分と、後人が付加したと見られる部分とがある。

【全訳】好並隆司「商君書の校訂と和訳」『商君書研究』（溪水社、一九九二年）

【抄訳】清水潔『商子』（明徳出版社・中国古典新書、一九七〇年）

【注釈】蔣礼鴻『商君書錐指』（中華書局・新編諸子集成第一輯、一九八六年）

『水滸伝』（すいこでん）

北宋の徽宗皇帝の時期を舞台にした口語で書かれた歴史長編小説。明代になって、長い年月をかけて練られていった様々な豪傑たちの講談を一つにまとめたものである。元の施耐庵（あるいは明の羅貫中）が集大成したと言われるが定説はない。内容は大きく①豪傑が梁山泊に立てこもる、②遼を屈服させる、③田虎・王慶の叛乱を鎮圧する、④方臘の乱を平定する、に分かれる。百回本は①②だけを収め、一二〇回本は①②③④の内容を収める。清初の金聖嘆が百回本から①だけを取り出し、それ以下は偽作だとして切り捨て七〇回本を作る。以後、『水滸伝』と言えば、この七〇回本を指すようになる。日本においても江戸時代からおおいに流行した。

【全訳】吉川幸次郎・清水茂の百回本全訳『水滸伝』全一〇冊（岩波文庫、一九九八〜一九九九年）、駒田信二の一二〇回本全訳『水滸伝』全三冊（平凡社・中国古典文学大系、一九六七〜一九六八年。ちくま文庫・全八冊、二〇〇五年）などがある。

『説苑』（ぜいえん）

前漢の劉向が編纂した、先秦・漢代の逸話集。劉向（前七七〜前六）は当時伝わっていた書物を校訂して解題を書いた学者であり、中国目録学の祖でもある。先秦・漢代の逸話を「君道」「臣術」など二〇篇に分類し、それらの故事逸話を用いて儒家的立場から天子を戒めようとした書である。各篇首でまず「序説」を述べ、その後諸書から故事を引用する。引用する先秦の諸書の中には現在では失われた書物もある。現行本は北宋の曾鞏が復元整理したものである。

【抄訳】高木友之助『説苑』（明徳出版社・中国古典新書、一九六九年）、池田秀三『説苑　知恵の花園』（講談社、一九九一年）

【和刻本】長澤規矩也編『和刻本諸子大成　第三輯』（汲古書院、一九七五年）
【注釈書】向宗魯『説苑校証』（中華書局、一九八七年）

『世説新語』（せせつしんご）

南朝宋の劉義慶（四〇三〜四四四）が著した人物逸話集。後漢末から東晋時代までの人物の逸話を、「徳行」「言語」など類型別に記す。志人小説の祖とされる。逸話集であり史実ではない部分が多く含まれてはいるが、魏晋時代の社会制度や貴族の生活などを読み取ることができる。また竹林七賢などの当時の有名人がどのような人物として捉えられていたかをうかがい知ることができる。梁の劉峻（孝標）の注が多くの佚書を引用していて史料価値が高い。

【全訳】目加田誠『世説新語』全三冊（明治書院・新釈漢文大系、一九七五〜一九七八年）、井波律子『世説新語』全五冊（平凡社・東洋文庫、二〇一三〜二〇一四年）
【注釈書】余嘉錫『世説新語箋疏』全三冊（中華書局、二〇〇七年）、徐震堮『世説新語校箋』全四冊（中華書局、二〇〇六年）

『説文解字』（せつもんかいじ）

後漢の許慎が著した部首別字書。許慎（三〇頃〜一二四頃）は後漢の経学者で、経書の文字とその解釈を巡る今古文論争に関しては『五経異義』という著作もあった。許慎は小篆を親字とし、字形に着目して漢字を部首別に分類し、六書説によってそれぞれの漢字の成り立ちを解説した。甲骨文の発見などによりその説には修正が必要となったものの、漢字の本義を考える上で現在でも重要な字書である。

【全訳】尾崎雄二郎編『訓読説文解字注』既刊五冊（東海大学出版会、一九八一〜一九九三年）
【解説書】頼惟勤監修『説文入門』（大修館書店、一九八三年）、阿辻哲次『漢字学』（東海大学出版会、一九八五年）
【注釈書】段玉裁『説文解字注』（経韻楼本）（上海古籍出版社、一九八一年）、丁福保『説文解字詁林』全二〇冊（中華書局、一九八八年）

『荘子』（そうし・そうじ）

戦国時代の荘子（名は周）およびその後学が著した道家の思想書。荘子（前三六五頃〜前二九〇頃）は蒙の漆園の役人となり、後に楚王の招聘を断ったという。『荘子』は内篇・外篇・雑篇に分かれ、内篇が荘周の自著に近いとされるが、そこでは「万物斉同」や「無」などを説く。寓話を駆使して展開されるその論理を超えた思想は、後の中国文化に大きな影響を与えた。思想書であると同時に、優れた文学書でもある。

【全訳】赤塚忠『荘子』全二冊（集英社・全釈漢文大系、一九七四〜一九七七年）、福永光司ほか『荘子』全三冊（ちくま学芸文庫、二〇一三年）、池田知久『荘子　全訳注』全二冊（講談社学術文庫、二〇一四年）

【注釈書】郭慶藩『荘子集釈』全四冊（中華書局・新編諸子集成第一輯、一九六一年）、陳鼓応『荘子今注今訳』（中華書局、一九八三年）

『楚辞』（そじ）

戦国時代の楚の屈原とその後継者たちが作ったとされる歌辞集。楚の大夫、屈原（前三四〇頃〜前二七八頃）は秦との同盟に反対して失脚し、入水自殺した。屈原が楚から追放されて、失意のうちに詠んだ作品が「離騒」だと言われている。『楚辞』には、屈原のその他の作品やその後継者たちの作品が収められる。中原の『詩経』に比べ、南方の幻想的・宗教的作風を特徴とする。なお、「離騒」およびその他の作品は屈原と関わりがないとする説もある。現行本は漢の王逸『楚辞章句』が基になっている。

【全訳】星川清孝『楚辞』（明治書院・新釈漢文大系、一九七〇年）

【注釈書】洪興祖『楚辞補注』（中華書局、一九八三年）、吹野安『楚辞集注全注釈』全八冊（明徳出版社、二〇〇四〜二〇一三年）

『大学』（だいがく）

曾子（前五、六世紀の人）の説を伝えたとされる儒教の経典。四書の一つ。もとは『礼記』の「大学篇」であったが、宋代になって「四書」の『大学』として尊重されるようになった。儒教の倫理学・政治学である「修己治人」を説く。具体的には、「明明徳」「親民（新民）」「止至善」の三綱領と、「格物」「致知」「誠意」「正心」「修身」「斉家」「治国」「平天下」の八条目とを説く。南宋の朱熹はこれを改訂して「経」と「伝」とに分け、経の「格物致知」に対しては自ら「伝」を補った。

【全訳】山下龍二『大学・中庸』（集英社・全釈漢文大系、一九七四年）、島田虔次『大学・中庸』（朝日新聞社・中国古典選、一九六七年）、矢羽野隆男『大学・中庸』（角川ソフィア文庫、二〇一六年）

【注釈書】朱熹『四書章句集注』（中華書局・新編諸子集成第一輯、一九八三年）

『中庸』（ちゅうよう）

子思（前五世紀の人）の説を述べたとされる儒教の経典。四書の一つ。もとは『礼記』の「中庸篇」であったが、宋代になって「四書」の『中庸』として尊重されるようになった。「中庸」は、偏らず過不及もない、調和のとれた状態を言う。『中庸』は「天」に基づく倫理として人の「誠」を説き、儒教に哲学的理論を与えた。徳目として「知」「仁」「勇」を説き、修養法として「尊徳性」「道問学」を説いている。

【全訳】山下龍二『大学・中庸』（集英社・全釈漢文大系、一九七四年）、島田虔次『大学・中庸』（朝日新聞社・中国古典選、一九六七年）

【注釈書】朱熹『四書章句集注』（中華書局・新編諸子集成第一輯、一九八三年）

『伝習録』（でんしゅうろく）

明の王陽明（一四七二～一五二八。名は守仁、字は伯安、諡は文成。陽明は号である）と弟子との対話・書簡集。朱子学と並び称される陽明学を理解する上での基本的文献。もともと王陽明は、自分の考えを論理的に解説せず、具体的に生き生きと表現することで説明しようとする傾向がある。この表現方法は、中国人が理解するには有効であるものの、文化の土壌の異なる外国人には向いていない。この『伝習録』においてもその説明方法がとられているので、なかなか理解しにくい書物となっている。

【全訳】近藤康信『伝習録』（明治書院・新釈漢文大系、一九六一年）、溝口雄三『伝習録』（中公クラシックス、二〇〇五年）

【抄訳】吉田公平『伝習録』（角川書店・鑑賞中国の古典、一九八八年）、『王陽明「伝習録」を読む』（講談社学術文庫、二〇一三年）

『二程全書』（にていぜんしょ）

北宋の儒家程顥（明道）・程頤（伊川）兄弟の文集・語録。「二程遺書」「二程外書」や「明道先生文集」「伊川先生文集」などから成る。程明道（一〇三二～八五）は「天理」や「万物一体の仁」などを説き、程伊川（一〇三三～一一〇七）は存在論としての「理気説」、倫理説としての「性即理」、修養論としての「居敬窮理」などを説いた。これらの思想は南宋の朱熹の思想に決定的な影響を与えた。

【抄訳】市川安司ほか「程明道・程伊川」諸橋轍次ほか監修『朱子の先駆』上（明徳出版社・朱子学大系、一九七八年）

【和刻本】『二程全書』（中文出版社・近世漢籍叢刊思想

初編、一九八五年）
【解説書】島田虔次『朱子学と陽明学』（岩波新書、一九六七年）

『風俗通義』（ふうぞくつうぎ）

後漢の応劭が著した筆記。応劭（二世紀頃の人）は後漢の儒者。儒家の立場から、古代の歴史や当時の文化などを広く考証している。事物の名前を考証して名義を正し、祭祀や典礼について解説し、また当時の迷信や俗説を批判している。それらを批判の対象としたことで、かえってこの書から当時の迷信・俗説を知ることができる。その他に、音律や楽器についての考察にも価値がある。『風俗通』とも言う。
【抄訳】中村璋八ほか『風俗通義』（明徳出版社・中国古典新書、二〇〇二年）
【和刻本】『和刻本漢籍随筆集　第十集』（汲古書院、一九七四年）
【注釈書】呉樹平『風俗通義校釈』（天津古籍出版社、一九八〇年）、王利器『風俗通義校注』全二冊（中華書局・新編諸子集成続編、二〇一〇年）

『抱朴子』（ほうぼくし）

東晋の葛洪が著した道教の理論書。葛洪（二八三〜三四三）は、東晋の道教思想家。抱朴子はその号。「内篇」と「外篇」とから成り、「内篇」は道教の理論書として重要である。神仙の実在を説き、修行法としては煉丹術を中心とし、その他服餌・房中・導引・辟穀・守一など不老不死のための具体的実践方法を解説している。自身も著述のかたわら煉丹を実践した。「外篇」は、儒家思想を中心として政治や風俗の得失などを説いており、当時の世情を知ることができる。
【全訳】本田済『抱朴子』全三冊（平凡社・東洋文庫、一九九〇年）
【解説書】村上嘉実『中国の仙人——抱朴子の思想』（平楽寺書店、一九五六年）
【注釈書】王明『抱朴子内篇校釈（増訂本）』（中華書局・新編諸子集成第一輯、一九八五年）

『本草綱目』（ほんぞうこうもく）

明の李時珍（一五一八〜九三）によって編纂された。それまでの薬学についての書物などを集大成する。分量・内容ともに充実した薬学に関する書物である。五二巻から成る。李時珍が『本草綱目』の著作を始めたのは三五歳頃と言われ、その完成に二六年間を費やし、一五七八年に完成する。李時珍の没後、一五九六年に南京で出版された。日本でも一六三七年に翻刻されたのを最初として、何度も翻刻本が出版され、本草学の基本書として大きな影響を及ぼした。

【全訳】木村康一ほか『新註校定国訳本草綱目』全一五冊・附図二冊（春陽堂、一九七三～一九七九年）

『蒙求』（もうぎゅう）

唐の李瀚（八世紀頃の人）が著した、類書形式の幼学書。書名は『易』蒙卦の「童蒙我に求む」にちなみ、児童のための書という意味。両漢・魏晋などの歴史上の人物の故事を、四字句の対句形式で押韻して述べる。自注本よりも宋の徐子光の補注本が普及し、李瀚の本文はむしろその標題のように読まれてきた。日本にも平安時代に渡来し、以後広く読まれた。

【全訳】早川光三郎『蒙求』全二冊（明治書院・新釈漢文大系、一九七三年）

【抄訳】今鷹真『蒙求』（角川書店・鑑賞中国の古典、一九八九年）

【注釈書】池田利夫編『蒙求古註集成』全四冊（汲古書院、一九八八～一九九〇年）

『孟子』（もうし）

戦国時代の儒家、孟子（名は軻）とその弟子の言行録。孟子（前三七二頃～前二八九頃）は孔子に私淑し、魏の恵王などの諸侯たちに対して仁義による王道政治を説いた。天を根拠とする性善説を主張し、それが儒家の正統思想となり、その書はのち朱熹によって四書の一つとして尊重された。良知良能の説は王陽明の良知説の根拠となった。修養法としての養気説や経済策としての井田制などを提起し、また革命を是認した。近年の出土資料の発掘により、天を根拠とする性説は孟子以前から存在したことが明らかになっている。

【全訳】内野熊一郎『孟子』（明治書院・新釈漢文大系、一九六二年）、宇野精一『孟子』（集英社・全釈漢文大系、一九七三年）

【抄訳】佐野大介『孟子』（角川ソフィア文庫、二〇一五年）

【注釈書】焦循『孟子正義』全二冊（中華書局・十三経清人注疏、一九八七年）

『文選』（もんぜん）

梁の昭明太子蕭統（五〇一～五三一）が編纂した詩文選集。先秦から南朝梁当時までの賦・詩から祭文まで、文体別に作品を集めている。その際、経書や諸子の文章などは「立意を主とするもの」として採らず、文学的観点から優れた作品を選んでいる。修辞的な四六駢儷体の作品が特徴的である。『枕草子』にも「文は（白氏）文集、文選」という一節があるように、日本でも広く読まれた。現存する最古の詩文総集であり、『文選』が編まれたからこそ残った作品も多く、唐代以前の文学作品を読むためには不可欠である。

【全訳】内田泉之助ほか『文選』全八冊（明治書院・新釈漢文大系、一九六三～二〇〇一年）、小尾郊一ほか『文選』全七冊（集英社・全釈漢文大系、一九七四～一九七六年）

【注釈書】李善注『文選』（胡刻本）（芸文印書館、一九五五年）、『六臣註文選』（商務印書館・四部叢刊初編、一九一九年）

『李衛公問対』（りえいこうもんたい）

唐の太宗・李世民と、その将軍李靖との問答で構成される兵書。「武経七書」の一つ。宋の阮逸による偽作であるという説もあるが、現行本は李靖の兵法を伝えているテキストであると推測される。李靖（五七一～六四九）は唐の太宗（五九八～六四九）に仕えて功績があり、衛国公に封ぜられたので「李衛公」と呼ばれた。「奇正」「虚実」「主客」などの概念や、部隊の編成、陣形などについて論じた上で、歴史上の実例で用兵を説いている。そこには、伝統的兵学に見られた人事主体の思考を基盤としつつ、呪術的兵法の要素を「詭道」の一種として利用する態度が見られる。

【全訳】守屋洋ほか『司馬法　尉繚子　李衛公問対』（プレジデント社・全訳「武経七書」、一九九九年）

【解説書】湯浅邦弘『よみがえる中国の兵法』（大修館書店、二〇〇三年）

【注釈書】劉寅『李衛公問対直解』（冨山房・漢文大系『七書』所収、一九七五年）、呉如嵩ほか『李衛公問対校注』（中華書局、二〇一六年）

『六韜』（りくとう）

周の呂尚が著したとされる兵書。「武経七書」の一つ。呂尚（前一一世紀頃の人）は周の軍師である。文王・武王を助けて周王朝の成立に功績があり、斉に封ぜられた。「韜」とは弓や剣を入れる袋のことで、ここでは用兵の策略を意味する。呂尚が文王・武王に対して軍事・政治について語る形式をとり、軍備・戦術・組織から人心掌握に至るまで広く論じている。銀雀山漢墓からその竹簡の一部が出土したため、戦国末期には成立していたと見られるが、現行本は系統の異なる資料が漢代から六朝にかけて編集されたものと思われる。

【全訳】林富士馬『六韜』（中公文庫、二〇〇五年）、守屋洋ほか『六韜　三略』（プレジデント社・全訳「武経七書」、一九九九年）

【注釈書】劉寅『六韜直解』（冨山房・漢文大系『七書』所収、一九七五年）

『列子』（れっし）

戦国時代の列禦寇が著したとされる道家の思想書。前漢の劉向が各種の伝本二〇篇の重複を除いて八篇としたものだが、現行本は魏晋の時代に作られた偽書と言われており、東晋の張湛の注がついている。『荘子』に似て寓話を用いて道家の思想を語っているが、その内容は雑多であり、力命篇では運命論を説き、楊朱篇では楊朱の為我主義を説き、仲尼篇では有為自然を説く。

【全訳】小林信明『列子』（明治書院・新釈漢文大系、一九八七年）、小林勝人『列子』全二冊（岩波文庫、一九八七年）、福永光司『列子』全二冊（平凡社・東洋文庫、一九九一年）

【注釈書】楊伯峻『列子集釈』（中華書局・新編諸子集成第一輯、一九七九年）

『列仙伝』（れっせんでん）

前漢の劉向（前七七～前六）が編纂したとされる仙人の伝記集。上古から前漢までの、様々な仙人の事跡を集めている。ただし現行本は劉向の撰ではないとされる。赤松子や彭祖などの典型的仙人もいるが、呂尚や范蠡などの歴史上の人物についても、仙人としてその不思議な事跡を伝えている。仙人の伝記集としては現存最古のものである。この書を受け継いで、後に晋の葛洪が『神仙伝』を著した。

【全訳】前野直彬『山海経・列仙伝』（集英社・全釈漢文大系、一九七五年）、沢田瑞穂『列仙伝・神仙伝』（平凡社ライブラリー、一九九三年）

【注釈書】王叔岷『列仙伝校箋』（中華書局、二〇〇七年）

『論衡』（ろんこう）

後漢の王充が著した思想書。雑家に分類される。王充（二七～一〇〇頃）は、後漢の思想家。「論衡」とは、論を平定するという意味である。王充は、世界を気の自律的運動と捉え、偶然と必然（運命論）の問題を論じている。また俗説の虚妄を嫉み、天人相関説や讖緯説、陰陽五行説などの当時の思想をその独特な合理主義で批判した。諸子のみならず孔子や孟子までも批判したため、儒教体制下では評価されることはなかった。

【全訳】山田勝美『論衡』全三冊（明治書院・新釈漢文大系、一九七六～一九八四年）

【注釈書】黄暉『論衡校釈』全四冊（中華書局・新編諸子集成第一輯、一九九〇年）

終章　現代中国で「中国古典」はどう読まれているか

白　雨田

中国小学校6年生後期国語テキスト表紙

現代中国の古典ブーム

現在中国は、かつてない古典ブームにある。

書店では、『三字経』『千字文』など伝統的な童蒙書や、『論語』をはじめとする「四書五経」などが長年ベストセラーとなっている。『三字経』とは、三文字一句で平易な文を連ねた学習書、『千字文』は千の漢字を書の手本として漢詩のように並べたものである。『論語』は言うまでもなく最重要の儒教経典。「四書五経」は、この『論語』に『大学』『中庸』『孟子』を加えた「四書」と、『易経』『書経』『詩経』『礼記』『春秋』の「五経」を言う。

また、テレビやラジオなどのメディアでも、古典に関連する番組が高い視聴率を維持している。たとえば、二〇〇一年から放送し始めた『百家講壇』（中国伝統文化や歴史などを講座風に解説する番組）は、二〇〇八年に「ネットで最も影響力のある番組」と評価され、現在も高い人気を誇っている。また、二〇一七年の春節（旧暦の正月）特番で、『中華詩詞大会』（古詩詞の記憶を競う番組）の視聴率は一・一七％となり、第二位の〇・七六％を大きく引き離して、いきなり全テレビ局の番組トップに立った。

さらに、小中学校の国語教科書が改訂され、古典の占める比率が大幅に増加している。大学では、北京大学をはじめ、各大学で「国学研究院」や「儒学研究院」が相次いで開設され、古典研究や関連人材の育成に熱を入れている。民間でも様々な古典を学習する「国学塾」や「読経塾」が設立され、大勢の児童や青少年たちが参加している。

国学ブームと読経運動

この古典ブームは、二〇世紀九〇年代頃から始まった「国学ブーム」や「読経運動」の余波でもあった。

「国学」は、二〇世紀初頭に現れた概念で、一般的に「中国の伝統的な学術・文化」を指している。一九五〇年代以降、複数の文芸批判運動により、「国学」は「時代遅れ」の代名詞として批判され、しばらく姿を消したが、一九九〇年代から始まった中国伝統文化の復興運動に伴い、再び注目されるようになる。

一方、「読経運動」は「児童読経運動」とも呼ばれ、一九九四年に王財貴（おうざいき）が台湾で初めて提唱し、実践した教育運動である。「四書」をはじめ、『易経』『詩経』『老子』『荘子』などの古典を子供に朗読、暗唱させる。一九九七年に中国大陸に導入後、社会で大きな反響を呼び起こした。その大量の古典を丸暗記させる教育手法や、一部の児童が学校を中退して全日制の読経塾に参加する現象など、たびたび社会で論争を引き起こした。近年、政府も積極的にその「読経運動」に関与するようになり、二〇〇八年には、中央宣伝部、教育部など七つの官署の主催で全国的な「中華経典誦読」活動が展開された。各小中学校では教育カリキュラムが調整され、補助教材として、『三字経』『百家姓』（中国の代表的な姓を韻文形式で並べた漢字の学習書）『千字文』なども取り入れられた。

一九九〇年代末頃から始まった古典ブームは、二十数年を経ても衰えることなく、むしろ過熱気味の様相を呈している。

では、中国で「古典」はどのように読まれてきたのか。また、古典教育は、どう展開してきたのか。振り返ってみよう。

二〇世紀の古典教育

中国では古くから「古典」が重要視されてきた。春秋戦国時代の『詩経』『書経』の学習や、漢代以降の儒家系経典の学習など、「古典」教育は学校教育の最も重要な内容であった。

しかし、一九〇五年に科挙が廃止され、一九一七年以降に始まった白話文（はくわぶん）運動（言文一致運動）の展開に伴い、学校教育もこれまでの文言文（ぶんげんぶん）（文語体文）教育から白話文（口語体文）教育に大きく転換した。

一九二〇年に、教育部（日本の文部科学省に相当）が公立小学校の「国文科」を「国語科」に改正。さらに、小学校「国語科」教科書での文言文使用を廃止し、すべて白話文を使用することとした。

また、一九二二年の学制改革により、「新学制課程標準綱要」（日本の学習指導要領に相当）が公布された。その中の「初級中学国語課程綱要」では、古典学習の目的が「学生が平易に古文を読める」「学生たちの中国文学への興味を引き起こす」という程度に留まり、古典教育の内容も清朝末期の「読経」（儒家系経典の朗読・暗誦、解釈）から、『西遊記』『三国志演義』などの小説と元明清の戯曲とに変更された。

新中国の古典教育

一九四九年、中華人民共和国が建国されると、学校教育は基本的に「政治第一、芸術第二」という原則のもとに展開されていった。一九五六年には、旧ソ連の教育理論の影響で、文学が重視され、中学の語文科（国語科）は、漢語（中国語）と文学に分けられた。

しかし、一九五〇年代に繰り返される政治運動の影響で、古典教育が「厚古薄今」（古代を重んじ、現代を軽んずること）とされ、削除すべきだと批判されるようになる。一九六〇年以降は、過激な政治運動への反動で、古典がしばらく教科書に復帰した。しかし、一九六六年、「文化大革命」（一九六六〜一九七六）が勃発し、それまでの一七年間の教育成果が完全に否定された。さらに、「政治」科と「語文」科が統合され、毛沢東の著作が基本教材とされ、古典教育は最大限に圧縮されるに至った。

文化大革命が終了すると、古典教育も再建され、古典作品が中学の語文教科書に再登場した。一九八〇年代には、長期的な古典教育の欠如により、古籍を整理する人材の不足が深刻となったため、政府は、『関於整理我国古籍的指示』という政令を公布し、小学校からの古典教育を求めるようになった。

古典教育の状況がさらに大きく変化し始めたのは、一九九〇年代末頃になる。その頃、民間では「読経運動」や「国学ブーム」などが盛んになってくる。小中学校の語文教育でも、古代詩文の教育が次第に重視され、大学受験にも古代詩文読解は重要項目として取り入れられるようになる。大学では、古典教育を特徴とした大学語文（国語）の授業が開設され、社会でも多くの古典教育に関連する書籍が出版されるようになる。

二一世紀からの課程改革

二〇〇一年六月に、中国教育部が『国家基礎教育課程改革綱要（試行）』を制定し、中国基礎教育の第八回の課程改革を開始した。

この改革の要点は、当時使用中の小中学校各科目「教学大綱」および教科書の修訂であった。特に、「中華民族の優秀な伝統の継承及び発揚」を重要な目標として挙げた上で、古典教育に関しては、「古代詩詞と平易な文言文を誦読（朗読）する、辞書類を借りてその内容を理解する、一定の数の名篇を暗誦する」などが求められた。また、本文の選定に関しては、「古代詩詞と文言文は三〇％前後」と明記された。そのため、新しく公表した小中学校「教学大綱」には、これまでなかった「古詩文暗誦篇目」が規定された。小学校は古詩詞（古代の漢詩と詞）八〇首、中学校は古詩詞五〇首と古文二〇篇、高校は古詩詞五〇首と古文二〇篇の暗誦が求められている。その範囲は、『詩経』『楚辞』から、唐宋の詩詞、唐宋の古文、明清の散文までであった。

同じく二〇〇一年に公布された『全日制義務教育語文課程標準（実験稿）』や二〇一三年に公布された『普通高中語文課程標準』にも、課程の全体目標を、「中華文化の豊厚博大（重厚で広範なこと）を認識し、民族文化の知恵を吸収する」「中国の言語文字を熱愛する感情を養成する」などとし、伝統文化を重視した。かつてなく古典教育に力を入れていることが分かる。これにより、中学・高校語文教科書における古詩文の割合はそれぞれ三五％と四三％まで増加した。

大学受験に関する古典教育

中国は毎年六月七～九日に「普通高等学校招生全国統一考試」（通称「高考」）という大学統一試験が実施されている。大学進学率も一九七七年の五％から二〇一六年の八二％へと大きく上昇したが、四年制大学の進学率は四〇％に留まるため、受験競争が激しく、社会の注目度も高い。

現在、「高考」の入試問題は教育部出題と各地方出題など多様な形式になっているが、その内容が「考試大綱」（教育部が作成した「普通高等学校招生全国統一考試大綱」）によって規定されている。それによれば、語文試験の内容は、閲読と表現の二つの部分に分かれ、閲読部分は現代文の閲読と古詩文の閲読から成る。「平易な古代詩文を閲読する」という前提で、「記憶」「理解」「分析」「鑑賞」などが推奨されている。

大学の古典教育

中国の大学での古典教育は、国語、歴史などの人文学学科の専門課程として位置づけられているほか、一九八二年から、「大学語文」として一般教養の科目にも指定された。さらに、二〇〇七年以後、「大学語文」が全大学の必修科目にも指定された。その「大学語文」の設置目的を、人民教育出版社の『大学語文』（一九九六年）の前言は次のように明記する。

大学語文課は、大学の文（中国言語文学専攻以外）、理、工、農、医、財経、政法、外国語、芸術、教育など各類の専攻のために開設した素養教育課程である。課程設置の目的は、学生が中国語言語文学分野での閲読、鑑賞、理解および表現能力を養成すること。これも大学生の重要な素養の一つである。

現在、「大学語文」には、統一的な教材はないものの、各大学は例外なく古典教育に力を入れている。たとえば、現在最もよく使われている徐中玉（じょちゅうぎょく）が編集した『大学語文』（第一〇版、華中師範大学出版社、二〇一三年）では、全八〇講のうち、古典は四二講あり、五五％を占めている。参考までにその題目を掲げてみよう。

樊遅、仲弓問仁（『論語』）　兼愛（上）（『墨子』）　斉桓晋文之事（『孟子』）
馮諼客孟嘗君（『戦国策』）　又呈呉郎（唐・杜甫）　［正宮］端正好・上高監司（前套）（元・劉時中）

原君（清・黄宗羲）　範県署中寄舎弟墨第四書（清・鄭燮）　『老子』二章（『老子』）
晏子対斉侯問（『左伝』）　史伯対桓公問（『国語』）　秋水（節選）（『荘子』）
大同（『礼記』）　召公諫厲王弭謗（『国語』）　諫逐客書（秦・李斯）
過秦論（上）（前漢・賈誼）　五代史伶官伝序（宋・欧陽修）　哀郢（戦国楚屈原）
古風（其一九）（唐・李白）　秋興八首（其一、其四）（唐・杜甫）　賀新郎同父見和再用韻答之（宋・辛棄疾）
哀江南賦序（北周・庾信）　蒹葭（『詩経』）　長恨歌（唐・白居易）
鵲橋仙（纖雲弄巧）（宋・秦観）　沈園二首（宋・陸游）　嬰寧（清・蒲松齢）
渉務（北斉・顔之推）　枕中記（唐・沈既済）　［般渉調］哨遍高祖還郷（元・睢景臣）
始得西山宴遊記（唐・柳宗元）　徐霞客伝（清・銭謙益）　蘇武伝（節選）（後漢・班固）
張中丞伝後叙（唐・韓愈）　段太尉逸事状（唐・柳宗元）　正気歌並序（宋・文天祥）
梅花嶺記（清・全祖望）　念奴嬌過洞庭（宋・張孝祥）　書魯亮儕事（清・袁枚）
飲酒（其五）（晋・陶淵明）　赤壁賦（宋・蘇軾）　閑情記趣（清・沈復）

中国古典教育の行方

このように、現代中国の大学生は、『詩経』『論語』『孟子』などの儒教経典、『国語』『左伝』『戦国策』などの史書、『老子』『荘子』『墨子』などの諸子百家、李白・杜甫をはじめとする詩文など、広範な古典漢文を学習している。

その時代の政治に翻弄されながらも、中国の古典教育は確実に復興を遂げていると言えよう。

あとがき

各章の扉裏に一枚ずつ掲げられた図版を見て、編者自身、改めて中国古典の魅力を知らされた。今から二千年以上前の墓の中から出土した竹簡もあれば、木版印刷によって普及した刊本もある。また中国で刊行されたもののほかに、日本で刊行されたもの、いわゆる和刻本もある。和刻本からは、我々の先祖がどのように中国古典と格闘してきたのかが分かる。テキストの図版は、中国古典がたどった悠久の歴史を雄弁に物語っていると言えよう。

全五部構成によって中国古典の世界を展開しようという企画が立ち上がったのは、前著『テーマで読み解く中国の文化』が刊行されてから間もなくのことであった。そこに、是非とも本の姿を入れたいと思った。どのような姿で本は読まれてきたのか。大きな図版が一枚あれば、理解が進むと考えた。また、原文、書き下し文、現代語訳、と段階を追って咀嚼してきた歴史を思い、各章の末尾に二条ずつ、具体的な名文を載せることにした。図版とこの名文とによって、できるだけ直接古典と向き合っていただきたいとの願いを込めた。

また、第五部は、本章からは漏れたものの、きわめて重要な古典を五〇冊取り上げることとした。簡易な辞典の役割も担っている。さらに、終章は、現代中国で古典がどのように読まれているのかという問題を取り上げた。意外にも「古典ブーム」が沸き起こっていることに驚かされる。

中国古典の行方は、中国にとっても、それを真摯に受容してきた我が国にとっても、大きな関心事である。古典が伝承されなくなればどうなるか。古典を知らぬ教養というものがあるのか。深く考えてみなければならない。

こうした編者の思いを、今回しっかりと受け止めていただいたのは、ミネルヴァ書房編集部の前田有美さんである。企画段階から相談に乗っていただき、率直な意見交換をした。企画は何度も調整を加えた後、執筆陣を確定した。幸いに原稿は予定通りに出揃い、取りまとめを終えた後、前田さんと六時間かけて読み合わせを行った。大量の原稿を読み終えた感想、それをひとことで表せば、「心地よい疲れ」というものであった。

読者各位にも、その体験を共有していただければ幸いである。中国古典は、手の届かない彼方にあるのではない。確かに一人で原文を読むのは大変だ。しかし、こうした解説書を手がかりに読み進めれば、必ずや共感する言葉に出会えるであろう。社会と家庭と人間について、時に厳しく戒め、時にやさしく慰めてくれる名文の数々。人生の糧として古典を学んでいただきたい。

二〇一七年一二月

湯浅邦弘

中国古典関係略年表

凡　例

（一）「時代」「年号」「西暦」「関連事項」「関係資料」より成る。
（二）人物については没年を記し、生年が分かる場合は（　）内に記載する。
（三）「関係資料」について、文献の成立や編纂の年代が重要なものについては、その年に記載している。それ以外のものについては、作者の没年の箇所に主要著作を掲載している。
（四）三国や南北朝などの分裂期に関しては、各国の出来事に対する各国の年号を「（国名）年号」と記した。
（五）日本の事柄には、冒頭に「＊」を付す。〔　〕内は、日本の年号。

時代	年号	西暦	関連事項	関係資料
殷（前1600頃～前1100頃）		**紀元前** 前一六〇〇頃 前一三〇〇頃	湯王、夏の桀王を滅ぼし、亳を都とする。 盤庚、殷を都とする。（他に、前一四〇〇年頃とする説もあり）	殷墟 甲骨文字
西周（前1100頃～前770）		前一一〇〇頃	武王、殷の紂王を滅ぼし即位。鎬京を都とする。	毛公鼎（前八二七～前七八二）

東周（前770～前256）

春秋時代（前770～前453）

平王一	前七七〇	平王、洛邑に遷都（周の東遷）。	
四九	前七二二	『春秋』の記事始まる。	
襄王一	前六五一	斉の桓公、覇者となる（葵丘の会盟）。	
七	前六四五	斉の管仲、没。	
二〇	前六三二	晋の文公、覇者となる（践土の会盟）。	
霊王二四	前五四八	斉の崔杼が主君の荘公を殺害する。	
景王二三	前五二二	鄭の子産、没。	
敬王一四	前五〇六	呉王闔廬の軍が、楚の都、郢を陥落させる。 この頃、孫子（孫武）が活躍。	
二〇	前五〇〇	斉の晏嬰、没。	
二四	前四九六	呉王闔廬、没。	
三一頃	前四八九頃		晋・侯馬盟書（一九六五年出土、山西省）
三九	前四八一	『春秋』の記事終わる。	
四一	前四七九	孔子（前五五一〔一説に前五五二〕～）、没。	
貞定王一六	前四五三	韓・魏・趙が晋の智氏を滅ぼして自立。戦国時代の開始（戦国時代の開始を前四〇三年とする説もあり）。	
考王八頃	前四三三頃	この頃、墨子が活動。	曾（随）・曾侯乙墓竹簡（一九七八年出土、湖北省）
安王二一頃	前三八一	呉子（呉起、前四四〇頃～）、没。	
烈王三	前三七三	炭素一四の年代測定による上博楚簡の上限。	
顕王一〇	前三五九	秦の孝公、商鞅を登用して変法を行う。	
一六	前三五三	桂陵の戦い。魏が趙に侵攻し、趙が斉に援軍を求める。斉の孫臏の計略により、斉軍が魏軍を破る。	
二八	前三四一	馬陵の戦い。魏・趙の連合軍が韓を攻め、韓が斉に援軍を求める。孫臏の計略により、斉が魏を完全に破	

時代	年	西暦	事項	作品・出土資料
			る。魏の将軍、龐涓が自害。	
戦国時代（前453〜前221）	三一	前三三八	商鞅、没。	
	赧王一頃	前三一四頃	恵施、没。	
	六〜	前三〇九〜		秦・青川秦牘（一九七九年出土、四川省）／楚・包山楚簡（一九八六年出土、湖北省）
	八頃	前三〇七頃		
	一五頃	前三〇〇頃	郭店一号楚墓の造営時期。	楚・郭店楚簡（一九九三年出土、湖北省）／楚・上博楚簡（一九九四年以前出土、湖北省）
	二五頃	前二九〇頃	荘子（前三六五頃〜）、没。	
	二六頃	前二八九頃	孟子（前三七二頃〜）、没。	
	三六	前二七九	藺相如、趙王を助け秦王と澠池で会見（澠池の会）。	
	三七	前二七八	秦の将軍白起、楚の都の郢を攻略。楚は陳に遷都（郭店楚簡・上博楚簡の書写・成立の下限）。屈原、没。	屈原「離騒」
	五九	前二五六	秦が周を滅ぼす。	
	恵公六頃	前二五〇頃	公孫龍（前三二〇頃〜）、没。	
	秦王政七頃	前二四〇頃	鄒衍、没。	
	一二	前二三五	呂不韋、没。	呂不韋『呂氏春秋』
	一四	前二三三	韓非子（前二八〇頃〜）、没。	韓非子『韓非子』
	一七頃	前二三〇頃	荀子（前三二〇頃〜）、没。	
	二五〜	前二二二〜		里耶秦簡（二〇〇二年出土、湖南省）
秦（前221〜前206）	秦王政二六（始皇帝一）	前二二一	秦王の嬴政、天下を統一し、始皇帝を称す。貨幣・度量衡・文字などの統一。	
	三四	前二一三	医薬・農業・卜占以外の書物が焼き払われる（焚書）。挟書律の制定。	
	三五	前二一二	咸陽で数百人の学者が坑埋めにされる（坑儒）。	

	二世皇帝一	前二〇九	陳勝《ちんしょう》・呉広《ごこう》の乱。	
	二	前二〇八	李斯《りし》、没。	
前漢（前206～後7）	高祖一	前二〇六	秦王の子嬰《しえい》、劉邦《りゅうほう》（高祖）に降伏し、秦滅ぶ。	
	五	前二〇二	劉邦、皇帝として即位。洛陽を都とする（後、長安に遷都）。	
	恵帝四	前一九一	挟書律の廃止。	
	少帝恭二頃	前一八六頃	長《ちょう》沙《さ》馬《ま》王《おう》堆《たい》漢墓二号墓。	張《ちょう》家《か》山《ざん》漢簡（一九八三年出土、湖北省）
	少帝弘四	前一八〇	呂氏《りょし》一族、誅滅。	
	文帝三	前一七七	劉長、審食其《しんいき》を殺害する。	
	一一頃	前一六九頃	賈誼《かぎ》（前二〇一頃～）、没。	賈誼『新書《しんじょ》』
	一二	前一六八	長沙馬王堆漢墓三号墓（一号墓はこの後数年の間）。	馬王堆帛書（一九七三年出土、湖南省）
	景帝前三	前一五四	呉楚七国《ごそしちこく》の乱。	この頃、魯（山東省曲阜）の孔子旧宅より「壁中書」発見。
	建元一～	前一四〇～		銀雀山《ぎんじゃくざん》漢簡（一九七二年出土、山東省）
	元狩五頃	前一一八頃		
	建元五	前一三六	武帝、五経博士《ごきょうはかせ》を置く。	
	元狩一	前一二二	劉安《りゅうあん》（前一七九～）、没。	劉安『淮南子《えなんじ》』
	四	前一一九	塩鉄専売制《えんてつせんばいせい》の開始。	
	元封一	前一一〇	武帝、封禅《ほうぜん》を行う。	
	太初一頃	前一〇四頃	武帝、太初暦を作る。董仲舒《とうちゅうじょ》（前一七九頃～）、没。	董仲舒『春《しゅん》 秋《じゅう》 繁《ばん》露《ろ》』
	天漢二	前九九	李陵《りりょう》、匈奴に降服。翌年、司馬遷《しばせん》宮刑《きゅうけい》。	この頃、北京大学蔵西漢竹書の書写。
	始元一	前八六頃	司馬遷《しばせん》（前一四五頃～）、没。	司馬遷『史記《しき》』

王朝	年号	西暦	事項	著作
	六	前八一	塩鉄会議開催。	宣帝期、桓寛が塩鉄会議の内容を『塩鉄論』として編集。
	甘露三	前五一	石渠閣会議。	
	建平一	前六	劉向（前七七〜）、没。	劉向『新序』『説苑』『列女伝』
		紀元後		
	元始一	一	王莽、安漢公となり政権を執る。	
	五	五	平帝、没。王莽、孺子嬰を皇太子とし、自ら摂政となる。	
新（8〜23）	初始一	八	王莽、即位。国号を「新」に改める。前漢滅亡。	
	天鳳五	一八	赤眉の乱。	
	更始一	二三	劉歆、没。	劉歆『七略』
後漢（25〜220）	建武一	二五	劉秀（光武帝）、即位して漢を復興（後漢）。洛陽を都とする。	
	七頃	三一頃	桓譚（前四〇頃〜）、没。	桓譚『新論』
	建初四	七九	白虎観会議の開催。	班固『白虎通義』
	永元三	九一		王充『論衡』成立。
	四	九二	班固（三二〜）、没。	班固『漢書』
	一二	一〇〇頃	王充（二七〜）、没。	許慎『説文解字』成立。
	元興一	一〇五	蔡倫が製紙法を改良。	
	延光三	一二四頃	許慎（三〇頃〜）、没。	
	延熹九	一六六	馬融（七九〜）、没。第一次党錮事件。	馬融『春秋三伝異同説』
	永康一頃	一六七頃	王符（八〇頃〜）、没。	王符『潜夫論』
	熹平四	一七五	太学門外に石経を建立（熹平石経）。	
	光和五	一八二	何休（一二九〜）、没。	何休『春秋公羊解詁』
	七	一八四	黄巾の乱。	

	初平三	一九二	蔡邕（一三二～）、没。	鄭玄『六芸論』『駁五経異義』『毛詩鄭箋』『三礼注』
	建安五	二〇〇	鄭玄（一二七～）、没。	
	六	二〇一	趙岐、没。	趙岐『孟子章句』
	一四	二〇九	荀悦（一四八～）、没。	荀悦『申鑒』
	二四	二一九	仲長統（一七九～）、没。	仲長統『昌言』
三国（220～280）	（魏）黄初一	二二〇	魏の曹操（武帝）（一五五～）、没。魏の曹丕（文帝）、即位。洛陽を都とする。九品官人法（九品中正制度）の導入。	曹操「魏武帝注孫子」
	（蜀）章武一	二二一	蜀の劉備（昭烈帝）、即位。成都を都とする。	
	（呉）黄龍一	二二九	呉の孫権（大帝）、即位。建業を都とする。	
	（魏）正始一～嘉平一頃	二四〇～二四九頃	洛陽の太学に「正始石経（三体石経）」建立。	
	（魏）嘉平一	二四九	何晏（一九〇頃～）、没。王弼（二二六～）、没。	何晏『論語集解』、王弼『周易注』 『老子注』
	（魏）甘露一	二五六	王粛（一九五～）、没。	
西晋（265～316）	泰始一	二六五	司馬炎（武帝）、洛陽を都とし、西晋を建国。	
	咸寧五	二七九	河南省汲郡の戦国時代の古墓から「汲冢書」出土。	
	太康一	二八〇	西晋が呉を滅ぼし、天下を統一する。	
	五	二八四	杜預（二二二～）、没。	杜預『春秋経伝集解』
	元康七	二九七	陳寿（二三三～）、没。	
	永安一	三〇四	五胡十六国の時代（～四三九）。	
	永嘉六	三一二頃	郭象（二五二頃～）、没。	郭象『荘子注』
	建武一	三一七	司馬睿（元帝）、即位。建業を都として、東晋を建国。	
	建元一	三四三	葛洪（二八三～）、没。	葛洪『抱朴子』『神仙伝』

時代	年号	西暦	事項	著作
東晋(317~419)	永和九	三五三		王羲之「蘭亭序」
	昇平五	三六一?	王羲之(三〇三頃~)、没。	
	義熙五	四〇九	鳩摩羅什(三五〇~)、没。	鳩摩羅什『妙法蓮華経』『阿弥陀経』などの仏典翻訳。
南北朝(420~589)	(宋)永初一	四二〇	劉裕(武帝)、即位。建康を都として、劉宋を建国。	
	元嘉一〇	四三三	謝霊運(三八五~)、没。	
	(北魏)太延五	四三九	北魏の拓跋燾(太武帝)、華北を統一。	
	(宋)元嘉二一	四四四	劉義慶(四〇三~)、没。	劉義慶『世説新語』
	(北魏)太平真君七	四四六	北魏太武帝、仏教を弾圧する。	
	(梁)中大通三	五三一	蕭統(五〇一~)、没。	
	(西魏)大統一	五三五	北朝、北魏が東魏と西魏に分裂。	
	一一	五四五	皇侃(四八八~)、没。	皇侃『論語義疏』
	(梁)太清三	五四九	蕭衍(梁武帝)(四六四~)、没。	
	(北周)建徳六	五七七	北周武帝、仏教を弾圧する。	
	(隋)開皇一	五八一	楊堅(文帝)、北周から禅譲され、隋を建国。大興(長安)を都とする。	
隋(581~617)	開皇九	五八九	隋、陳を滅ぼし、南北を統一する。仏教復興。	
	一五	五九五	科挙制度始まる(一説に、六〇五)。	
	仁寿二頃	六〇二頃	顔之推(五三一~)、没。	顔之推『顔氏家訓』
	武徳一	六一八	李淵(高祖)、即位。長安を都とする。	
	四頃	六二一頃	祆教(ゾロアスター教)伝来。	
	貞観七	六三三		五経定本の成立。
	九	六三五	王遠知(五二八~)、没。景教(ネストリウス派キリスト教)伝来。	
	一九	六四五	顔師古(五八一~)没。玄奘、西域より帰国。	顔師古『漢書注』、玄奘『大唐西域記』

唐（618〜907）	二二	六四八	孔穎達（五七四〜）、没。	
	二三	六四九	李靖（五七一〜）、没。	
	永徽四	六五三		『五経正義』成立。
	麟徳一	六六四	玄奘（六〇二〜）、没。	玄奘『成唯識論』
	先天一	七一二	玄宗、即位。	＊太安万侶『古事記』
	開元一	七一三	開元の治（〜七四一）。	
	天宝五	七四六頃		李瀚『蒙求』
	八	七四九	呉競（六七〇〜）、没。	呉競『貞観政要』
	一四	七五五	安禄山・史思明の乱（〜七六三）。	
	宝応一	七六二	李白（七〇一〜）、没。	王水『黄帝内経素問』を再編。
	大暦五	七七〇	杜甫（七一二〜）、没。	＊百万塔陀羅尼
	原和一四	八一九	柳宗元（七七三〜）、没。	柳宗元『天説』『非国語』
	長慶四	八二四	韓愈（七六八〜）、没。	韓愈『原道』『論仏骨表』
	開成二	八三七	「開成石経」建立。	
	会昌五	八四五	武宗、仏教を弾圧する（会昌の廃仏）。	
	六	八四六	白居易（七七二〜）、没。	白居易『白氏文集』
五代十国（907〜960）	（後梁）開平一	九〇七	朱全忠（太祖）、唐を滅ぼし後梁を建国。開封を都とする。	
	（後周）顕徳二	九五五	後周の世宗、廃仏令を出す。	
	建隆一	九六〇	趙匡胤（太祖）、即位。開封を都とする。	
	雍熙一	九八四		＊丹波康頼『医心方』
	大中祥符一	一〇〇八	真宗、天書が降ったことをきっかけに道教を推進する。玉皇大帝の信仰広まる。	
	慶暦三	一〇四三	仁宗時代の「慶暦新政」始まる。范仲淹（九八九〜一〇五二）・欧陽脩・胡瑗（九九三〜一〇五九）・	

王朝	年号	西暦	事項	古典
北宋（960～1126）	熙寧二	一〇六九	孫復（九九二～一〇五七）・石介（一〇〇五～五四）ら活躍する。 王安石、「新法」を開始。科挙制度と学校制度を改革。	王安石『三経新義』
	五	一〇七二	欧陽脩（一〇〇七～）、没。	
	六	一〇七三	周敦頤（一〇一七～）、没。	周敦頤『太極図説』
	元豊八	一〇八五	程顥（一〇三二～）、没。神宗（一〇四八～）、没。新法が一旦廃され、旧法が復活する（以後、新法派と旧法派と抗争が南宋初期まで続く）。	「武経七書」成立。
	元祐一	一〇八六	王安石（一〇二一～）・司馬光（一〇一九～）、没。	司馬光『資治通鑑』
	大観一	一一〇七	程頤（一〇三三～）、没。	
	政和五	一一一五	金、建国。	
	宣和七	一一二五	金、遼を滅ぼす。	
	靖康一	一一二六	靖康の変。	
南宋（1127～1279）	建炎一	一一二七	金軍により徽宗・欽宗が捕えられ、北宋滅亡。趙構（高宗）、即位して宋を復興（南宋）。のち臨安に都を置く。	
	紹興一二	一一四二	宋と金の和議成る。	
	淳熙二	一一七五	朱熹と陸九淵による会談（「鵝湖の会」）。	朱熹・呂祖謙『近思録』
	六	一一七九	朱熹、白鹿洞書院を復興。	
	一四	一一八七	＊栄西、入宋。帰国（一一九一）後、臨済宗を伝える。	
	紹熙三	一一九二	陸九淵（一一三九～）、没。	
	慶元一	一一九五	慶元党禁による朱子学弾圧始まる（～一二〇二）。	
	五	一一九九	＊俊芿、入宋。帰国（一二一一）後、朱子学を伝える。	
	六	一二〇〇	朱熹（一一三〇～）、没。	朱熹『四書集注』（『大学章句』

王朝	年号	西暦	事項	著作
				『中庸章句』『論語集注』『孟子集注』）『家礼』
	開禧一	一二〇五	袁枢（一一三一〜）、没。	袁枢『通鑑紀事本末』
	二	一二〇六	チンギス＝ハン、即位。モンゴル帝国の成立。	
	嘉定一六	一二二三	＊道元、入宋し、帰国（一二二七）後、曹洞宗を伝える。	
	宝慶三	一二二七	チンギス＝ハン、西夏を滅ぼす。	
	端平一	一二三四	金、モンゴル・南宋軍に攻められ、滅亡。	
	二	一二三五	＊円爾弁円、入宋し、帰国（一二四一）後、京都東福寺を開く。	
	淳祐一	一二四一	周敦頤・張載・程顥・程頤・朱熹を孔子廟に従祀する。朱子学の正統性確立。	
	景定一	一二六〇	フビライ＝ハン、即位。	
	咸淳六	一二七〇		『朱子語類』編纂。
	七	一二七一	フビライ＝ハン、国号を「元」と改める。	
	一〇	一二七四	＊元軍の日本遠征（元寇、文永の役）〔文永一一〕。	
	景炎一	一二七六	南宋の臨安、陥落。	
元（1279～1367）	至元一六	一二七九	南宋、元軍の攻撃により滅亡。	
	一八	一二八一	＊元軍の日本遠征（元寇、弘安の役）〔弘安四〕。	
	皇慶二	一三一三	元の建国当初に中止された科挙再開の詔が下される。	
	至正一一	一三五一	紅巾の乱。	
	洪武一	一三六八	元の大都、陥落。朱元璋（太祖・洪武帝）、即位。国号を「明」とし、南京を都とする。	
	建文四	一四〇二	永楽帝、即位。方孝孺（一三五七〜）、没。	『永楽大典』編纂。
	永楽三	一四〇五	鄭和、七回の航海（西洋下り）を開始（〜一四三三）。	

明
(1368～1644)

年号	西暦	事項	書籍
一三	一四一五		「永楽三大全」(『五経大全』『四書大全』『性理大全書』)刊行。
一九	一四二一	北京へ遷都。	
正統一〇	一四四五	(独)ヨハネス・グーテンベルク、活版印刷技術を考案。	
正徳三	一五〇八	王守仁、龍場で大悟する。	
一三	一五一八		王守仁『朱子晩年定論』『古本大学』『伝習録』(現行本の上巻)刊行。
嘉靖七	一五二八	王守仁(一四七二～)、没。	
隆慶六	一五七二	薛瑄、孔子廟に従祀。	『王文成公全書』(冒頭の三巻が『伝習録』)刊行。
万暦七	一五七九	張居正(一五二五～八二)、全国の書院を閉鎖させる。	
一二	一五八四	陳献章・胡居仁・王守仁、孔子廟に従祀。	
二〇	一五九二	＊豊臣秀吉の朝鮮出兵(文禄の役)〔文禄一〕。	
二一	一五九三	呂新吾『呻吟語』刊行。李時珍(一五一八～)、没。	
二五	一五九七	＊豊臣秀吉の朝鮮出兵(慶長の役)〔慶長二〕。	
二八	一六〇〇	＊関ヶ原の戦い。藤原惺窩、徳川家康に謁見する〔慶長五〕。	
三一	一六〇三	＊徳川家康、征夷大将軍になる〔慶長八〕。	
四四	一六一六	ヌルハチ(清の太祖)、後金を建国。	王圻『三才図会』
四七	一六一九	＊藤原惺窩(一五六一～)、没〔元和五〕。	
崇禎三	一六三〇	＊林羅山、上野忍岡に私塾を開く〔寛永七〕。	
六	一六三三	＊鎖国令(奉書船以外の渡航禁止)〔寛永一〇〕。	
八	一六三五	＊鎖国令(海外渡航禁止・帰国禁止)〔寛永一二〕。	
九	一六三六	ホンタイジ(清の太宗)、国号を後金より「清」と改め	

	一二	一六三九	る。＊鎖国令（ポルトガル人を出島に移す）〔寛永一三〕。＊鎖国令（ポルトガル人来航禁止）〔寛永一六〕。	
清（1644～1911）	順治一	一六四四	明、滅亡。清、北京に遷都。	
	一四	一六五七	＊林羅山（一五八三〜）、没〔明暦三〕。	
	康熙一	一六六二	明の永暦帝没後、明の王統滅ぶ。＊伊藤仁斎、古義堂を開く〔寛文二〕。	
	二九	一六九〇	＊徳川綱吉の命により、忍岡の孔子廟を湯島に移築（湯島聖堂）。あわせて林家の学問所も移転（講堂・学寮を整備）〔元禄三〕。	
	四四	一七〇五	＊伊藤仁斎（一六二七〜）、没〔宝永二〕。	＊伊藤仁斎『論語古義』『孟子古義』
	五五	一七一六	＊享保の改革〔享保一〕。	
	五九	一七二〇	＊漢訳洋書の輸入制限を緩和〔享保五〕。	
	雍正二	一七二四	＊懐徳堂設立〔享保九〕。	
	四	一七二六	＊懐徳堂、官許学問所となる〔享保一一〕。	
	六	一七二八	＊荻生徂徠（一六六六〜）、没。	＊荻生徂徠『弁道』『弁名』『論語徴』
	乾隆三七	一七七二		『四庫全書』編纂（〜一七九〇）。
	四二	一七七七	戴震（一七二三〜）、没。	戴震『孟子字義疏証』
	五二	一七八七	＊寛政の改革、始まる〔天明七〕。	
	五五	一七九〇	＊老中・松平定信、昌平坂学問所内での教育を朱子学専一にするよう林家に指示（寛政異学の禁）〔寛政二〕。	
	嘉慶二	一七九七	＊昌平坂学問所、幕府直轄の学問所となる〔寛政九〕。	
	一〇	一八〇五	紀昀（一七二四〜）、没。	紀昀『四庫全書総目提要』

	一二	一八〇七		段玉裁『説文解字注』
	二〇	一八一五	段玉裁（一七三五～）、没。	
	道光二〇	一八四〇	アヘン戦争（～一八四二）。	
	二九	一八四九	阮元（一七六四～）、没。太平天国の乱（～一八六四）。	阮元『皇清経解』
	咸豊六	一八五六	第二次アヘン戦争（～一八六〇）。林則徐（一七五八～）、没。	
	八	一八五八	天津条約・安政条約成立。	
	同治三	一八六四		マーティン『万国公法』
	六	一八六七	＊大政奉還、王政復古の大号令（慶応三）。	
	七	一八六八	＊一時閉鎖していた昌平坂学問所が官立の「昌平学校」として再開（明治二）。	
	八	一八六九	＊版籍奉還。	
	光緒二〇	一八九四	日清戦争（～一八九五）。	
	二四	一八九八	戊戌変法。	
	二六	一九〇〇	義和団事変。	
	三一	一九〇五	科挙廃止。	
	宣統三	一九一一	辛亥革命。清朝、崩壊。	
中華民国（1912～）	民国一	一九一二	中華民国成立。	
	六	一九一七	王先謙（一八四二～）、没。	王先謙『荀子集解』『皇清経解続編』
	八	一九一九	パリ講和会議への抗議から五四運動が起こる。	
		一九四九	中華人民共和国成立。国民政府、台湾に移る。	
		一九七一	中国図書館（図書）分類法の作成開始。	
		一九七二	銀雀山漢墓竹簡（銀雀山漢簡）の出土。	
		一九七三	馬王堆漢墓帛書（馬王堆帛書）の出土。	

中華人民共和国（1949〜）	
一九七五	睡虎地秦墓竹簡（睡虎地秦簡）の出土。
一九七六	毛沢東（一八九三〜）、没。「文化大革命」が事実上、終息。
一九九八	郭店楚墓竹簡（郭店楚簡）の公開。
二〇〇一	上海博物館蔵戦国楚竹書（上博楚簡）の公開開始。
二〇〇二	里耶秦簡発掘。
二〇一〇	岳麓書院蔵秦簡（岳麓秦簡）の公開開始。清華大学蔵戦国竹簡（清華簡）の公開開始。

人名索引

あ 行

か 行

さ 行

た 行

な 行

は 行

ま　行

や　行

ら　行

事項索引

あ 行

か 行

さ　行

ま　行

や　行

ら　行

わ　行

執筆者紹介（所属・執筆分担・執筆順，＊印は編者）

＊湯浅邦弘（大阪大学大学院文学研究科教授，はしがき，序章，第十四章，第十七章，第十八章，あとがき）

矢羽野隆男（四天王寺大学人文社会学部教授，第一章，第四章）

中村未来（福岡大学人文学部専任講師，第二章，第九章）

湯城吉信（大東文化大学文学部教授，第三章）

佐野大介（大阪大学大学院文学研究科教務補佐員，第五章，第十二章）

藤居岳人（阿南工業高等専門学校教授，第六章）

椛島雅弘（京都産業大学非常勤講師，第七章）

池田光子（松江工業高等専門学校助教，第八章）

清水洋子（福山大学人間文化学部准教授，第十章）

草野友子（大阪大学大学院文学研究科助教，第十一章，第十三章）

久米裕子（京都産業大学文化学部教授，第十五章）

佐藤由隆（大阪大学大学院文学研究科博士後期課程在学，第十六章）

滝野邦雄（和歌山大学経済学部教授，第Ｖ部）

杉山一也（岐阜協立大学経済学部准教授，第Ｖ部）

白　雨田（岡山大学非常勤講師，終章）

《編著者紹介》

湯浅　邦弘（ゆあさ・くにひろ）

1957年　島根県生まれ。
1985年　大阪大学大学院文学研究科（中国哲学専攻）博士後期課程中退。
1997年　博士（文学，大阪大学）。
現　在　大阪大学大学院文学研究科教授。
主　著　『テーマで読み解く中国の文化』（編著）ミネルヴァ書房，2016年。
『概説 中国思想史』（編著）ミネルヴァ書房，2010年。
『名言で読み解く中国の思想家』（編著）ミネルヴァ書房，2012年。
『軍国日本と『孫子』』ちくま新書，2015年。
『入門 老荘思想』ちくま新書，2014年。
『竹簡学――中国古代思想の探究』大阪大学出版会，2014年。
『論語』中公新書，2012年。
『故事成語の誕生と変容』角川叢書，2010年。
『菜根譚』中公新書，2010年。
『諸子百家』中公新書，2009年。
『孫子・三十六計』角川ソフィア文庫，2008年。
『戦いの神――中国古代兵学の展開』研文出版，2007年。
『上博楚簡研究』（編著）汲古書院，2007年。

教養としての中国古典

2018年4月30日　初版第1刷発行
2019年6月20日　初版第3刷発行

〈検印廃止〉

定価はカバーに
表示しています

編著者　湯　浅　邦　弘
発行者　杉　田　啓　三
印刷者　藤　森　英　夫

発行所　株式会社　ミネルヴァ書房
607-8494　京都市山科区日ノ岡堤谷町1
電話代表　(075)581-5191番
振替口座　01020-0-8076番

亜細亜印刷・藤沢製本

ISBN978-4-623-08275-9

Printed in Japan